기적의 쓰기 학습법으로 공부하는

JLPT N2
일본어 단어
쓰기 노트

박다진 지음

세나북스

외국어를 잘하려면 어떤 능력을 길러야 할까요?

언어의 4가지 기능(듣기, 말하기, 읽기, 쓰기)을 유기적으로 연계하여 자연스러운 의사소통을 하려면 상황에 맞는 적절한 단어를 사용할 수 있어야 합니다. 따라서 언어 학습에서 '단어 암기'는 가장 기본이 되는 첫 번째 요소라 할 수 있습니다. 일본어는 우리말과 어순이 같아 쉽게 접근할 수 있는 외국어기도 하지만 한자가 대부분이기 때문에 어려움 또한 많이 느낄 수밖에 없습니다.

급수가 올라갈수록 단어 수가 증가하고 한자를 익히는 데에 적지 않은 시간이 소요되어 학습에 많은 시간을 투자해야 합니다. 완벽한 문장을 구사하고자 한다면 그만큼 다양한 단어를 알아야 표현이 자유로울 수 있습니다. 이것이 단어학습에 많은 시간을 투자해야만 하는 이유입니다.

이 책은 JLPT(일본어능력시험) N2에서 반드시 알아야 하는 필수 단어와 한자를 다루고 있습니다. 단어는 품사별로 구성하고 50음도 순으로 배치하였으며 출제 빈도가 높은 JLPT N2 단어 1,500개를 엄선하였습니다. 또한 단어만 학습하는 것보다 문장 속에서의 쓰임을 통해 그 의미를 파악하는 것이 단어 습득 면에서 효율성이 뛰어나고 기억에 오래 남기에 문장과 함께 익힐 수 있도록 구성하였습니다.

소리 내어 읽고 싶은 일본어』라는 책으로 일본에서 유명한 저자 '사이토 다카시'는 『書いて心に刻む日本語』(써서 마음에 새기는 일본어)라는 책에서 쓰기의 힘에 관해 이야기합니다. 글을 쓴다는 것은 자신의 몸을 사용한다는 적극성이 단어와의 관계를 더 깊게 해주고 그 문자를 마음에 새기는 효과가 있다고 말합니다. 그리고 문자를 쓴다는 행위에는 마음을 편하게 하는 효과도 있다고 합니다.

이 책은 반드시 알아야 하는 JLPT N2 필수 단어와 관련 문장을 직접 써보고 익힐 수 있도록 구성하였습니다. 이 방법은 머리와 함께 손이 기억하는 '기적의 쓰기 학습법'이라고 확신합니다. 오래 머리에 남아 학습 효과도 좋지만 공부하는 과정을 충분히 즐기고 색다른 성취감을 얻을 수 있습니다. 이 책을 다 공부하고 나면 JLPT N2 단어 실력이 월등히 좋아졌음을 몸으로 느끼실 수 있을 겁니다. JLPT N2 단어 준비와 동시에 중급으로 가는 단어와 한자 실력을 제대로 갖출 수 있게 됩니다.

매일 20개의 단어와 문장을 60일 동안의 학습으로 엮은 이 한 권의 책이 여러분의 일본어 공부에 도움이 되는 작은 디딤돌이 되기를 진심으로 기원합니다.

저자 박다진

목차

들어가며   2

이 책의 사용법   8

Part 1. N2 훈독명사

Day 01   [N2 훈독명사] あ행~か행 단어 쓰기   12

Day 02   [N2 훈독명사] さ행~た행 단어 쓰기   18

Day 03   [N2 훈독명사] な행~は행 단어 쓰기   24

Day 04   [N2 훈독명사] ま행~わ행 단어 쓰기   30

Part 2. N2 음독명사

Day 05   [N2 음독명사] あ행 단어 쓰기   38

Day 06   [N2 음독명사] あ행 단어 쓰기   44

Day 07   [N2 음독명사] か행 단어 쓰기   50

Day 08   [N2 음독명사] か행 단어 쓰기   56

Day 09   [N2 음독명사] か행 단어 쓰기   62

Day 10   [N2 음독명사] か행 단어 쓰기   68

Day 11   [N2 음독명사] か행 단어 쓰기   74

Day 12   [N2 음독명사] か행 단어 쓰기   80

Day 13   [N2 음독명사] か행 단어 쓰기   86

Day 14   [N2 음독명사] か행 단어 쓰기   92

Day 15   [N2 음독명사] か행 단어 쓰기   98

Day 16   [N2 음독명사] さ행 단어 쓰기   104

Day 17   [N2 음독명사] さ행 단어 쓰기   110

Day 18   [N2 음독명사] さ행 단어 쓰기   116

Day 19   [N2 음독명사] さ행 단어 쓰기   122

Day 20   [N2 음독명사] さ행 단어 쓰기   128

Day 21   [N2 음독명사] さ행 단어 쓰기   134

Day 22   [N2 음독명사] さ행 단어 쓰기   140

Day 23   [N2 음독명사] さ행 단어 쓰기   146

Day 24 [N2 음독명사] さ행 단어 쓰기   152

Day 25 [N2 음독명사] さ행 단어 쓰기   158

Day 26 [N2 음독명사] た행 단어 쓰기   164

Day 27 [N2 음독명사] た행 단어 쓰기   170

Day 28 [N2 음독명사] た행 단어 쓰기   176

Day 29 [N2 음독명사] た행 단어 쓰기   182

Day 30 [N2 음독명사] た행 단어 쓰기   188

Day 31 [N2 음독명사] な행 단어 쓰기   194

Day 32 [N2 음독명사] は행 단어 쓰기   200

Day 33 [N2 음독명사] は행 단어 쓰기   206

Day 34 [N2 음독명사] は행 단어 쓰기   212

Day 35 [N2 음독명사] は행 단어 쓰기   218

Day 36 [N2 음독명사] ま행 단어 쓰기   224

Day 37 [N2 음독명사] や~ら행 단어 쓰기   230

Day 38 [N2 음독명사] や~わ행 단어 쓰기   236

Part 3. N2 형용사

Day 39 [N2 형용사] い형용사 단어 쓰기   244

Day 40 [N2 형용사] い형용사 단어 쓰기   250

Day 41 [N2 형용사] な형용사 단어 쓰기   256

Day 42 [N2 형용사] な형용사 단어 쓰기   262

Part 4. N2 동사 & 복합동사

Day 43 [N2 동사] あ행 단어 쓰기   270

Day 44 [N2 동사] あ행 단어 쓰기   276

Day 45 [N2 동사] あ행 단어 쓰기   282

Day 46	[N2 동사] か행 단어 쓰기	288
Day 47	[N2 동사] か행 단어 쓰기	294
Day 48	[N2 동사] か행 단어 쓰기	300
Day 49	[N2 동사] さ행 단어 쓰기	306
Day 50	[N2 동사] さ행 단어 쓰기	312
Day 51	[N2 동사] た행 단어 쓰기	318
Day 52	[N2 동사] た행 단어 쓰기	324
Day 53	[N2 동사] た행 단어 쓰기	330
Day 54	[N2 동사] な행 단어 쓰기	336
Day 55	[N2 동사] は행 단어 쓰기	342
Day 56	[N2 동사] は행 단어 쓰기	348
Day 57	[N2 동사] ま행 단어 쓰기	354
Day 58	[N2 동사] ま행 단어 쓰기	360
Day 59	[N2 동사] や~わ행 단어 쓰기	366
Day 60	[N2 복합동사] 단어 쓰기	372

부록. 플러스 단어 300

그 밖의 명사 쓰기	380
파생어 쓰기	382
부사 쓰기	384
가타카나 쓰기	390

이 책의 사용법

🖊️ 총 60일차의 일자별 구성으로 매일 공부!

DAY1을 끝내면
총 **1500**개 단어 중
20개 클리어!

🖊️ 써보면서 단어와 읽는 법을 익히도록 구성!
문장과 함께 외우면 더 효율적!

あね **姉**	わたし あね きょうし 私の姉は教師です。	
언니	나의 언니는 교사입니다.	
姉	私の姉は教師です。	

따라 쓰기 칸과 직접 써보기 칸이 한 줄씩 있어요!

✏️ 본문 문장에 나오는 단어 총정리

모든 한자에 루비가 있어서 공부하기 편해요!

✏️ 플러스 단어 300개도 추가로 학습!

플러스 단어도 쓰면서 외우세요!

매일매일 쓰다 보면
1500 단어 공부 완료!

Part 1.

N2 훈독명사

번호	단어	읽는 법	뜻	체크
1	合図	あいず	신호	☐
2	足跡	あしあと	발자취/종적	☐
3	網	あみ	그물/망	☐
4	編物	あみもの	뜨개질	☐
5	市場	いちば	시장	☐
6	井戸	いど	우물	☐
7	居間	いま	거실	☐
8	裏口	うらぐち	뒷문	☐
9	笑顔	えがお	웃는 얼굴	☐
10	親指	おやゆび	엄지손가락	☐
11	書留	かきとめ	등기	☐
12	垣根	かきね	울타리	☐
13	籠	かご	바구니/소쿠리	☐
14	片道	かたみち	편도	☐
15	生地	きじ	옷감/천	☐
16	客間	きゃくま	응접실/객실	☐
17	薬指	くすりゆび	약지 손가락	☐
18	口紅	くちべに	입술연지/립스틱	☐
19	毛糸	けいと	털실	☐
20	恋人	こいびと	애인	☐

👁 문장으로 단어를 익히고 손으로 직접 써보세요

あいず **合図**	しゅっぱつ あいず ま 出発の合図を待ってください。
신호	출발 신호를 기다리세요.
合図	出発の合図を待ってください。

あしあと **足跡**	れきし あしあと のこ ばしょ ここは歴史の足跡が残る場所だ。
발자취, 종적	이곳은 역사의 발자취가 남아 있는 곳이다.
足跡	ここは歴史の足跡が残る場所だ。

あみ **網**	かれ あみ さかな と 彼は網で魚を捕ります。
그물, 망	그는 그물로 물고기를 잡습니다.
網	彼は網で魚を捕ります。

あみもの **編物**	かのじょ あみもの うで みごと 彼女の編物の腕は見事です。
뜨개질	그녀의 뜨개질 솜씨는 훌륭합니다.
編物	彼女の編物の腕は見事です。

しゅっぱつ ま れきし のこ ばしょ さかな
出発 출발 | 待つ 기다리다 | 歴史 역사 | 残る 남다 | 場所 장소/곳/위치 | 魚 물고기/생
と うで みごと
선 | 捕る 잡다 | 腕 솜씨/실력/기술 | 見事 훌륭함/멋짐/뛰어남

13

[N2 훈독명사] あ~か행 단어 쓰기 02

✏️ 문장으로 단어를 익히고 손으로 직접 써보세요

いちば **市場**	いちば 市場はいつもにぎやかだ。
시장	시장은 항상 북적거린다.
市場	市場はいつもにぎやかだ。

いど **井戸**	ひで いど か 日照りで井戸が枯れています。
우물	가뭄으로 우물이 마르고 있습니다.
井戸	日照りで井戸が枯れています。

いま **居間**	いえ いま ひろ この家の居間は広いです。
거실	이 집의 거실은 넓습니다.
居間	この家の居間は広いです。

うらぐち **裏口**	うらぐち でい かのう 裏口からでも出入りが可能です。
뒷문	뒷문으로도 출입이 가능합니다.
裏口	裏口からでも出入りが可能です。

ひで
日照り 가뭄 | いえ
家 집 | ひろ
広い 넓다 | でい
出入り 출입/드나듦

👁️ 문장으로 단어를 익히고 손으로 직접 써보세요

えがお **笑顔**	**かのじょ えがお うつく** 彼女の笑顔は美しいです。
웃는 얼굴	그녀의 웃는 얼굴은 아름답습니다.
笑顔	彼女の笑顔は美しいです。

おやゆび **親指**	**おやゆび ち で** 親指から血が出ています。
엄지손가락	엄지손가락에 피가 나고 있습니다.
親指	親指から血が出ています。

かきとめ **書留**	**かきとめ てがみ おく** 書留で手紙を送りました。
등기	등기로 편지를 보냈습니다.
書留	書留で手紙を送りました。

かきね **垣根**	**かきね こ** 垣根を越えないでください。
울타리	울타리를 넘어가지 마세요.
垣根	垣根を越えないでください。

つく
美しい 아름답다 | 血 피 | 手紙 편지 | 送る 보내다/(물건 따위를)부치다 | 越える (높은

것 등을)넘어가다

✎ 문장으로 단어를 익히고 손으로 직접 써보세요

かご 籠	籠の中にりんごがいっぱい入っています。
바구니, 소쿠리	바구니 안에 사과가 가득 담겨 있습니다.
籠	籠の中にりんごがいっぱい入っています。

かたみち 片道	飛行機のチケットは片道で予約しました。
편도	비행기표는 편도로 예약했습니다.
片道	飛行機のチケットは片道で予約しました。

きじ 生地	柔らかい生地は値段が高いです。
옷감, 천	부드러운 천은 가격이 비쌉니다.
生地	柔らかい生地は値段が高いです。

きゃくま 客間	客間には誰もいません。
응접실, 객실	응접실에는 아무도 없습니다.
客間	客間には誰もいません。

中 안, 속 | りんご 사과 | いっぱい 가득 | 入る 들다/들어가다/들어오다 | 飛行機 비행기 | チケット 티켓/표 | 予約 예약 | 柔らかい 부드럽다/포근하다 | 値段 가격

👁 **문장으로 단어를 익히고 손으로 직접 써보세요**

<ruby>薬指<rt>くすりゆび</rt></ruby>	<ruby>結婚指輪<rt>けっこんゆびわ</rt></ruby>は<ruby>薬指<rt>くすりゆび</rt></ruby>にはめます。
약지손가락	결혼반지는 약지에 끼웁니다.
薬指	結婚指輪は薬指にはめます。

<ruby>口紅<rt>くちべに</rt></ruby>	<ruby>彼女<rt>かのじょ</rt></ruby>は<ruby>赤<rt>あか</rt></ruby>い<ruby>口紅<rt>くちべに</rt></ruby>がよく<ruby>似合<rt>にあ</rt></ruby>います。
입술연지, 립스틱	그녀는 빨간 립스틱이 잘 어울려요.
口紅	彼女は赤い口紅がよく似合います。

<ruby>毛糸<rt>けいと</rt></ruby>	<ruby>毛糸<rt>けいと</rt></ruby>でマフラーを<ruby>編<rt>あ</rt></ruby>んでいます。
털실	털실로 목도리를 짜고 있습니다.
毛糸	毛糸でマフラーを編んでいます。

<ruby>恋人<rt>こいびと</rt></ruby>	<ruby>恋人<rt>こいびと</rt></ruby>に<ruby>電話<rt>でんわ</rt></ruby>がかかってきた。
애인	애인에게 전화가 걸려왔다.
恋人	恋人に電話がかかってきた。

<ruby>結婚<rt>けっこん</rt></ruby> 결혼 | <ruby>指輪<rt>ゆびわ</rt></ruby> 반지 | はめる 끼우다, 끼다 | <ruby>似合<rt>にあ</rt></ruby>う 어울리다/조화되다 | マフラー 목도리 | <ruby>編<rt>あ</rt></ruby>む 뜨다/짜다/엮다 | <ruby>電話<rt>でんわ</rt></ruby> 전화

2일차 단어 미리 보기 알고 있는 단어를 체크해 보세요

번호	단어	읽는 법	뜻	체크
1	酒場	さかば	술집	☐
2	先程	さきほど	아까/조금 전	☐
3	座敷	ざしき	다다미방/객실	☐
4	刺身	さしみ	사시미/회	☐
5	敷地	しきち	부지/대지	☐
6	芝居	しばい	연극	☐
7	芝生	しばふ	잔디밭	☐
8	蛇口	じゃぐち	수도꼭지	☐
9	素人	しろうと	아마추어/비(非)전문가	☐
10	相撲	すもう	스모(일본씨름)	☐
11	立場	たちば	입장	☐
12	種	たね	씨앗	☐
13	近頃	ちかごろ	요즈음/최근/근래	☐
14	父親	ちちおや	아버지	☐
15	月日	つきひ	세월, 시일	☐
16	梅雨	つゆ	장마	☐
17	手首	てくび	손목	☐
18	弟子	でし	제자	☐
19	手品	てじな	요술/마술/속임수	☐
20	手帳	てちょう	수첩	☐

🔆 문장으로 단어를 익히고 손으로 직접 써보세요

さか ば **酒場**	おつまみがおいしい酒場を探しています。
술집	안주가 맛있는 술집을 찾고 있습니다.
酒場	おつまみがおいしい酒場を探しています。

さきほど **先程**	先程彼女から電話がきました。
아까, 조금 전	조금 전 그녀에게서 전화가 왔습니다.
先程	先程彼女から電話がきました。

ざ しき **座敷**	座敷でビールを飲みます。
다다미방, 객실	다다미방에서 맥주를 마십니다.
座敷	座敷でビールを飲みます。

さし み **刺身**	彼女はヒラメの刺身が好きです。
사시미, 회	그녀는 광어회를 좋아합니다.
刺身	彼女はヒラメの刺身が好きです。

おつまみ 술안주 | 探す 찾다 | 電話 전화 | ビール 맥주 | ヒラメ 광어(넙치)

[N2 훈독명사] さ〜た행 단어 쓰기 02

✎ 문장으로 단어를 익히고 손으로 직접 써보세요

しきち **敷地**	この敷地にビルを建てる予定です。
부지, 대지	이 부지에 빌딩을 세울 예정입니다.
敷地	この敷地にビルを建てる予定です。

しばい **芝居**	芝居を見ながら涙を流しました。
연극	연극을 보면서 눈물을 흘렸습니다.
芝居	芝居を見ながら涙を流しました。

しばふ **芝生**	芝生に入らないでください。
잔디밭	잔디밭에 들어가지 마세요.
芝生	芝生に入らないでください。

じゃぐち **蛇口**	蛇口を閉めてください。
수도꼭지	수도꼭지를 잠그세요.
蛇口	蛇口を閉めてください。

ビル 빌딩 | 建てる 세우다/짓다 | 予定 예정 | 涙 눈물 | 流す 흘리다 | 入る 들다/들어오

다/들어가다

👁 문장으로 단어를 익히고 손으로 직접 써보세요

しろうと **素人**	**かれ じつりょく しろうと しん** 彼の実力は素人だとは信じがたいです。
아마추어/비(非)전문가	그의 실력은 아마추어라고 믿기 어렵습니다.
素人	彼の実力は素人だとは信じがたいです。

すもう **相撲**	**すずき きょねん すもう たいかい ゆうしょう** 鈴木さんは去年相撲大会で優勝しました。
스모(일본씨름)	스즈키 씨는 작년 스모대회에서 우승했습니다.
相撲	鈴木さんは去年相撲大会で優勝しました。

たち ば **立場**	**かれ くる たち ば あき** 彼が苦しい立場であることは明らかだ。
입장	그가 난처한 입장인 것은 분명하다.
立場	彼が苦しい立場であることは明らかだ。

たね **種**	**はたけ たね め で ま** 畑に種をまいて芽が出るのを待った。
씨앗	밭에 씨를 뿌리고 싹이 나오길 기다렸다.
種	畑に種をまいて芽が出るのを待った。

実力 실력 | 信じる 믿다/의심하지 않다 | 去年 작년 | 大会 대회 | 優勝 우승 | 苦し
ハ 괴롭다/난처하다 | 明らかだ 분명하다 | 畑 밭 | 芽 싹

✏️ 문장으로 단어를 익히고 손으로 직접 써보세요

ちかごろ **近頃**	ちかごろ かんじゃ おお 近頃インフルエンザの患者が多くなった。
요즈음, 최근, 근래	최근 독감 환자가 많아졌다.
近頃	近頃インフルエンザの患者が多くなった。

ちちおや **父親**	ちちおや はんだん ただ 父親の判断はいつも正しかった。
아버지	아버지의 판단은 언제나 옳았다.
父親	父親の判断はいつも正しかった。

つきひ **月日**	おお つきひ なが すでに多くの月日が流れた。
세월, 시일	이미 많은 세월이 흘렀다.
月日	すでに多くの月日が流れた。

つゆ **梅雨**	つゆ はじ まもなく梅雨が始まるそうです。
장마	곧 장마가 시작된다고 합니다.
梅雨	まもなく梅雨が始まるそうです。

かんじゃ はんだん ただ なが はじ
患者 환자 | 判断 판단 | 正しい 옳다/바르다/맞다 | 流れる 흐르다 | 始まる 시작되다

✎ 문장으로 단어를 익히고 손으로 직접 써보세요

手首 てくび 손목	出産後手首がずきずきします。 <small>しゅっさんご てくび</small> 출산 후 손목이 욱신거립니다.
手首	出産後手首がずきずきします。

弟子 でし 제자	弟子が師匠に憧れている。 <small>でし ししょう あこが</small> 제자가 스승을 동경하고 있다.
弟子	弟子が師匠に憧れている。

手品 てじな 요술, 마술, 속임수	手品を見た子どもが家で真似をしています。 <small>てじな み こ いえ まね</small> 마술을 본 아이가 집에서 흉내를 내고 있습니다.
手品	手品を見た子どもが家で真似をしています。

手帳 てちょう 수첩	鈴木さんはいつも手帳を持ち歩きます。 <small>すずき てちょう も ある</small> 스즈키 씨는 항상 수첩을 가지고 다닙니다.
手帳	鈴木さんはいつも手帳を持ち歩きます。

出産 <small>しゅっさん</small> 출산 | ずきずき 욱신욱신 | 師匠 <small>ししょう</small> 스승 | 憧れる <small>あこが</small> 동경하다 | 真似 <small>まね</small> 흉내

3일차 단어 미리 보기 알고 있는 단어를 체크해 보세요

번호	단어	읽는 법	뜻	체크
1	仲間	なかま	동료	☐
2	中身	なかみ	알맹이/내용물	☐
3	並木	なみき	가로수	☐
4	名札	なふだ	명찰	☐
5	灰色	はいいろ	회색/잿빛	☐
6	肌	はだ	피부	☐
7	花火	はなび	불꽃놀이	☐
8	花嫁	はなよめ	신부	☐
9	母親	ははおや	모친/어머니	☐
10	場面	ばめん	장면	☐
11	早口	はやくち	말이 빠름	☐
12	日付	ひづけ	날짜	☐
13	一言	ひとこと	한마디	☐
14	紐	ひも	끈	☐
15	昼寝	ひるね	낮잠	☐
16	広場	ひろば	광장	☐
17	双子	ふたご	쌍둥이	☐
18	船便	ふなびん	배편	☐
19	吹雪	ふぶき	눈보라	☐
20	本物	ほんもの	진짜	☐

24

✎ 문장으로 단어를 익히고 손으로 직접 써보세요

なかま **仲間**	しょくば なかま えいが み 職場の仲間と映画を見ました。
동료	직장동료와 영화를 봤습니다.
仲間	職場の仲間と映画を見ました。

なかみ **中身**	なかみ かくにん 中身を確認してください。
알맹이, 내용물	내용물을 확인하세요.
中身	中身を確認してください。

なみき **並木**	がっこう い とちゅう いちょうなみき 学校へ行く途中に銀杏並木があります。
가로수	학교 가는 길(도중)에 은행나무 가로수가 있습니다.
並木	学校へ行く途中に銀杏並木があります。

なふだ **名札**	さんかしゃ なふだ 参加者は名札をつけてください。
명찰	참가자는 명찰을 달아주시기 바랍니다.
名札	参加者は名札をつけてください。

しょくば　　　　えいが　　　　かくにん　　　　いちょう　　　　さんか
職場 직장 | 映画 영화 | 確認 확인 | 銀杏 은행나무 | 参加 참가

✎ 문장으로 단어를 익히고 손으로 직접 써보세요

はいいろ **灰色**	かのじょ　はいいろ　くつ　は 彼女は灰色の靴を履いています。
회색, 잿빛	그녀는 회색 구두를 신고 있어요.
灰色	彼女は灰色の靴を履いています。

はだ **肌**	ふゆ　　はだ　かんそう 冬には肌が乾燥します。
피부	겨울에는 피부가 건조합니다.
肌	冬には肌が乾燥します。

はな び **花火**	しち がつ　　はな び 7 月には花火をします。
불꽃놀이	7월에는 불꽃놀이를 합니다.
花火	7月には花火をします。

はなよめ **花嫁**	はなよめ　すがた　うつく 花嫁の姿は美しかった。
신부	신부의 모습은 아름다웠다.
花嫁	花嫁の姿は美しかった。

くつ　　　　　　　　は　　　　　　　ふゆ　　　　かんそう　　　　すがた　　　　　　うつく
靴 구두/신발 ┃ 履く 신다 ┃ 冬 겨울 ┃ 乾燥 건조 ┃ 姿 모양/모습 ┃ 美しい 아름답다

🖋 문장으로 단어를 익히고 손으로 직접 써보세요

ははおや **母親** 모친, 어머니	**ははおや りょうり うで みごと** 母親の料理の腕は見事です。 어머니의 요리 솜씨는 훌륭합니다.
母親	母親の料理の腕は見事です。

ば めん **場面** 장면	**じゅうよう ば めん み** 重要な場面を見られませんでした。 중요한 장면을 못 봤습니다.
場面	重要な場面を見られませんでした。

はやくち **早口** 말이 빠름	**かのじょ はやくち き と** 彼女は早口でよく聞き取れません。 그녀는 말이 빨라서 잘 알아들을 수가 없습니다.
早口	彼女は早口でよく聞き取れません。

ひ づけ **日付** 날짜	**にっき ひ づけ きろく** 日記には日付を記録します。 일기에는 날짜를 기록합니다.
日付	日記には日付を記録します。

りょうり 料理 요리 | うで 腕 솜씨/실력 | みごと 見事 훌륭함/뛰어남 | じゅうよう 重要だ 중요하다 | 聞き取れる 알아들을 수 있다 | にっき 日記 일기 | きろく 記録 기록

✎ **문장으로 단어를 익히고 손으로 직접 써보세요**

ひとこと **一言**	^{おこ} ^{かれ} ^{ひとこと} ^{しゃべ} 怒った彼は一言も喋りませんでした。
한마디	화가 난 그는 한마디도 하지 않았습니다.
一言	怒った彼は一言も喋りませんでした。

ひも **紐**	^{くつひも} ^{ほど} 靴紐が解けました。
끈	신발 끈이 풀렸습니다.
紐	靴紐が解けました。

ひる ね **昼寝**	^{あか} ^{まいにちひる ね} 赤ちゃんは毎日昼寝をします。
낮잠	아기는 매일 낮잠을 잡니다.
昼寝	赤ちゃんは毎日昼寝をします。

ひろ ば **広場**	^{ひろ ば} ^{ひと} 広場には人がたくさんいます。
광장	광장에는 사람이 많습니다.
広場	広場には人がたくさんいます。

^{おこ} ^{くつ} ^{ほど} ^{まいにち} ^{ひと}
怒る 성내다/화내다 | **靴** 신발/구두 | **解ける** 풀어지다 | **毎日** 매일 | **人** 사람

🖊 문장으로 단어를 익히고 손으로 직접 써보세요

ふたご **双子** 쌍둥이	あおいさんは双子です。 아오이 씨는 쌍둥이입니다.
双子	あおいさんは双子です。

ふなびん **船便** 배편	島へ行く船便を調べています。 섬으로 가는 배편을 알아보고 있습니다.
船便	島へ行く船便を調べています。

ふぶき **吹雪** 눈보라	吹雪で前が見えません。 눈보라로 앞이 보이지 않습니다.
吹雪	吹雪で前が見えません。

ほんもの **本物** 진짜	本物か偽物か分からない。 진짜인지 가짜인지 알 수가 없다.
本物	本物か偽物か分からない。

しま
島 섬 | まえ
前 앞/전 | にせもの
偽物 가짜

4일차 단어 미리 보기 알고 있는 단어를 체크해 보세요

번호	단어	읽는 법	뜻	체크
1	迷子	まいご	미아	☐
2	街角	まちかど	길모퉁이	☐
3	窓口	まどぐち	창구	☐
4	見方	みかた	견해/관점	☐
5	水着	みずぎ	수영복	☐
6	身分	みぶん	신분	☐
7	虫歯	むしば	충치	☐
8	土産	みやげ	토산물/기념품	☐
9	目印	めじるし	표지/표시	☐
10	物音	ものおと	(무슨)소리	☐
11	物事	ものごと	사물/세상사	☐
12	役目	やくめ	임무/직무/역할	☐
13	矢印	やじるし	화살표	☐
14	家主	やぬし	집주인	☐
15	屋根	やね	지붕	☐
16	夕立	ゆうだち	소나기	☐
17	夕日	ゆうひ	석양	☐
18	湯気	ゆげ	김/수증기	☐
19	両側	りょうがわ	양쪽/양측	☐
20	悪口	わるぐち	욕/험담	☐

✍ **문장으로 단어를 익히고 손으로 직접 써보세요**

まいご 迷子	まいご ほご 迷子を保護しています。
미아	미아를 보호하고 있습니다.
迷子	迷子を保護しています。

まちかど 街角	まちかど ちい や 街角に小さなラーメン屋があります。
길모퉁이	길모퉁이에 작은 라면 가게가 있습니다.
街角	街角に小さなラーメン屋があります。

まどぐち 窓口	さんばんまどぐち 3番窓口はあちらです。
창구	3번 창구는 저쪽입니다.
窓口	3番窓口はあちらです。

み かた 見方	ひと ものごと み かた こと 人によって(物事の)見方は異なる。
견해, 관점	사람에 따라서 (사물을) 보는 관점은 다르다.
見方	人によって(物事の)見方は異なる。

ほ ご こと
保護 보호 | ラーメン 라면 | 異なる 다르다/같지 않다

31

✏️ 문장으로 단어를 익히고 손으로 직접 써보세요

みずぎ **水着**	プールでは水着を着用しなければなりません。
수영복	수영장에서는 수영복을 착용해야 합니다.
水着	プールでは水着を着用しなければなりません。

みぶん **身分**	身分証明書が必要です。
신분	신분증명서가 필요합니다.
身分	身分証明書が必要です。

むしば **虫歯**	飴をたくさん食べると虫歯ができます。
충치	사탕을 많이 먹으면 충치가 생겨요.
虫歯	飴をたくさん食べると虫歯ができます。

みやげ **土産**	京都でお土産を買いました。
토산물/기념품	교토에서 기념품을 샀습니다.
土産	京都でお土産を買いました。

プール 풀/수영장 | 着用 착용 | 必要 필요 | 飴 사탕 | 京都 교토(지명)

🖊 문장으로 단어를 익히고 손으로 직접 써보세요

目印 (めじるし) 표지/표시	何か目印になるようなものはありますか。 뭔가 표시가 될 만한 것은 있습니까?
目印	何か目印になるようなものはありますか。

物音 (ものおと) (무슨)소리	今、向こうの方で物音が聞こえませんでしたか。 지금, 저쪽에서 (무슨) 소리 못 들으셨나요?
物音	今、向こうの方で物音が聞こえませんでしたか。

物事 (ものごと) 사물, 세상사	物事には、順序というものがある。 세상사에는 순서가 있는 법이다.
物事	物事には、順序というものがある。

役目 (やくめ) 임무, 직무, 역할	自分の役目が何か考えてみる必要がある。 자기 역할이 무엇인지 생각해 볼 필요가 있다.
役目	自分の役目が何か考えてみる必要がある。

向こうの方 (むこうのほう) 저쪽 | 順序 (じゅんじょ) 순서 | 自分 (じぶん) 자기/자신/스스로 | 考える (かんがえる) 생각하다/고안하다 | 必要 (ひつよう) 필요

✏️ 문장으로 단어를 익히고 손으로 직접 써보세요

矢印 (やじるし)	試験場を案内する矢印が付いています。
화살표	시험장을 안내하는 화살표가 붙어 있습니다.
矢印	試験場を案内する矢印が付いています。

家主 (やぬし)	蛇口が壊れて家主さんに相談しています。
집주인	수도꼭지가 망가져서 집주인과 상의하고 있습니다.
家主	蛇口が壊れて家主さんに相談しています。

屋根 (やね)	猫が屋根の上から降りてきません。
지붕	고양이가 지붕 위에서 내려오지 않아요.
屋根	猫が屋根の上から降りてきません。

夕立 (ゆうだち)	急に夕立が降って服がびしょ濡れになった。
소나기	갑자기 소나기가 내려서 옷이 흠뻑 젖었다.
夕立	急に夕立が降って服がびしょ濡れになった。

試験場(しけんじょう) 시험장 ┃ 案内(あんない) 안내 ┃ 蛇口(じゃぐち) 수도꼭지 ┃ 壊れる(こわれる) 깨지다/부서지다/파손되다 ┃ 服(ふく) 옷

☀️ 문장으로 단어를 익히고 손으로 직접 써보세요

ゆうひ **夕日**	うつく ゆうひ なが 美しい夕日を眺めた。
석양	아름다운 석양을 바라보았다.
夕日	美しい夕日を眺めた。

ゆ げ **湯気**	よくしつ ゆ げ 浴室に湯気がいっぱいです。
김, 수증기	욕실에 수증기가 가득합니다.
湯気	浴室に湯気がいっぱいです。

りょうがわ **両側**	どう ろ りょうがわ せっち 道路の両側にガードレールを設置する。
양쪽, 양측	도로 양쪽에 가드레일을 설치한다.
両側	道路の両側にガードレールを設置する。

わるぐち **悪口**	かれ ひと わるぐち い 彼はよく人の悪口を言う。
욕, 험담	그는 자주 남의 험담을 한다.
悪口	彼はよく人の悪口を言う。

つく　なが　　　　　よくしつ　　　どう ろ　　　せっち
美しい 아름답다 | 眺める 바라보다 | 浴室 욕실 | 道路 도로 | 設置 설치

Part 2.

N2 음독명사

번호	단어	읽는 법	뜻	체크
1	愛情	あいじょう	애정	☐
2	悪魔	あくま	악마	☐
3	意義	いぎ	의의	☐
4	以降	いこう	이후	☐
5	意志	いし	의지	☐
6	意思	いし	의사	☐
7	医師	いし	의사	☐
8	以前	いぜん	이전	☐
9	一部	いちぶ	일부	☐
10	一流	いちりゅう	일류	☐
11	一家	いっか	일가	☐
12	一種	いっしゅ	일종	☐
13	一瞬	いっしゅん	한순간	☐
14	一生	いっしょう	일생	☐
15	一定	いってい	일정	☐
16	緯度	いど	위도	☐
17	衣服	いふく	의복	☐
18	以来	いらい	이후/이래	☐
19	印象	いんしょう	인상	☐
20	引力	いんりょく	인력	☐

✍ **문장으로 단어를 익히고 손으로 직접 써보세요**

あいじょう **愛情**	これも一種の愛情の欠乏だ。 _{いっしゅ あいじょう けつぼう}
애정	이것도 일종의 애정결핍이다.
愛情	これも一種の愛情の欠乏だ。

あくま **悪魔**	あの人は人間の仮面をかぶった悪魔のようだ。 _{ひと にんげん かめん あくま}
악마	저 사람은 인간의 탈을 쓴 악마 같다.
悪魔	あの人は人間の仮面をかぶった悪魔のようだ。

いぎ **意義**	大会に参加するのに意義があります。 _{たいかい さんか いぎ}
의의	대회에 참가하는 데 의의가 있습니다.
意義	大会に参加するのに意義があります。

いこう **以降**	午後6時以降は何も食べません。 _{ごごろくじ いこう なに た}
이후	오후 6시 이후에는 아무것도 먹지 않습니다.
以降	午後6時以降は何も食べません。

一種 일종 | 欠乏 결핍 | 人間 인간 | 仮面 가면/탈 | 大会 대회 | 参加 참가 | 午後 오후

✎ 문장으로 단어를 익히고 손으로 직접 써보세요

いし **意志**	ダイエットをするためには意志と努力が必要です。
의지	다이어트를 하기 위해서는 의지와 노력이 필요합니다.
意志	ダイエットをするためには意志と努力が必要です。

いし **意思**	相手の意思を尊重することも重要です。
의사	상대방의 의사를 존중하는 것도 중요합니다.
意思	相手の意思を尊重することも重要です。

いし **医師**	医師になるために医科大学に入学しました。
의사	의사가 되기 위해 의과대학에 입학했습니다.
医師	医師になるために医科大学に入学しました。

いぜん **以前**	以前とは異なる方法で行われます。
이전	이전과는 다른 방법으로 진행합니다.
以前	以前とは異なる方法で行われます。

ダイエット 다이어트 | 努力 노력 | 必要 필요 | 相手 상대 | 尊重 존중 | 重要 중요
| 医科大学 의과대학 | 入学 입학 | 方法 방법

✏️ 문장으로 단어를 익히고 손으로 직접 써보세요

いちぶ **一部** 일부	^{げっきゅう} ^{いちぶ} ^{ちょきん} 月給の一部を貯金しました。 월급의 일부를 저축했습니다.
一部	月給の一部を貯金しました。

いちりゅう **一流** 일류	^{いちりゅう} ^{つく} ^{りょうり} 一流のシェフが作った料理です。 일류 셰프가 만든 요리입니다.
一流	一流のシェフが作った料理です。

いっか **一家** 일가	^{ひげき} ^{いっか} ^{おそ} ある悲劇が一家を襲った。 어떤 비극이 일가를 덮쳤다.
一家	ある悲劇が一家を襲った。

いっしゅ **一種** 일종	^{まじゅつ} ^{いっしゅ} 魔術は一種のトリックだ。 마술은 일종의 속임수다.
一種	魔術は一種のトリックだ。

^{げっきゅう} 月給 월급 | ^{ちょきん} 貯金 저축 | シェフ 셰프/주방장 | ^{りょうり} 料理 요리 | ^{ひげき} 悲劇 비극 | ^{まじゅつ} 魔術 마술 |

トリック 트릭/속임수

[N2 음독명사] あ행 단어 쓰기 04

✏️ 문장으로 단어를 익히고 손으로 직접 써보세요

いっしゅん **一瞬**	いっしゅん かのじょ わす 一瞬も彼女を忘れたことはありません。
한순간	한순간도 그녀를 잊은 적이 없습니다.
一瞬	一瞬も彼女を忘れたことはありません。

いっしょう **一生**	かれ ふ ぐう いっしょう おく 彼は不遇な一生を送りました。
일생	그는 불우한 일생을 보냈습니다.
一生	彼は不遇な一生を送りました。

いってい **一定**	いっていきかん てんけん ガスは一定期間ごとに点検しなければなりません。
일정	가스는 일정 기간마다 점검해야 합니다.
一定	ガスは一定期間ごとに点検しなければなりません。

い ど **緯度**	い ど なん ど ここの緯度は何度ですか。
위도	이곳의 위도는 몇 도입니까?
緯度	ここの緯度は何度ですか。

わす
忘れる 잊다 | ふ ぐう
不遇 불우 | ガス 가스 | きかん
期間 기간 | てんけん
点検 점검

✏️ 문장으로 단어를 익히고 손으로 직접 써보세요

衣服 いふく ·········· 의복	衣服を揃えて着た。 い ふく そろ き ·········· 의복을 갖추어 입었다.
衣服	衣服を揃えて着た。

以来 いらい ·········· 이후/이래	開館以来7年になりました。 かいかん い らいななねん ·········· 개관 이래 7년이 되었습니다.
以来	開館以来7年になりました。

印象 いんしょう ·········· 인상	最後の場面が印象深かったです。 さい ご ば めん いんしょうぶか ·········· 마지막 장면이 인상 깊었어요.
印象	最後の場面が印象深かったです。

引力 いんりょく ·········· 인력	地球の引力と月の引力は大きさが違います。 ち きゅう いんりょく つき いんりょく おお ちが ·········· 지구의 인력과 달의 인력은 크기가 다릅니다.
引力	地球の引力と月の引力は大きさが違います。

開館 개관 | 最後 최후/마지막 | 場面 장면 | 地球 지구 | 月 달
いかん　さいご　ばめん　ちきゅう　つき

6일차 단어 미리 보기 알고 있는 단어를 체크해 보세요

번호	단어	읽는 법	뜻	체크
1	有無	うむ	유무	☐
2	運河	うんが	운하	☐
3	衛生	えいせい	위생	☐
4	映像	えいぞう	영상	☐
5	英文	えいぶん	영문	☐
6	液体	えきたい	액체	☐
7	宴会	えんかい	연회	☐
8	園芸	えんげい	원예	☐
9	演劇	えんげき	연극	☐
10	円周	えんしゅう	원주	☐
11	演習	えんしゅう	연습	☐
12	遠足	えんそく	소풍	☐
13	煙突	えんとつ	굴뚝	☐
14	塩分	えんぶん	염분	☐
15	王子	おうじ	왕자	☐
16	王女	おうじょ	왕녀/공주	☐
17	応接	おうせつ	응접/접대	☐
18	屋外	おくがい	옥외/실외	☐
19	温室	おんしつ	온실	☐
20	温度	おんど	온도	☐

🖎 **문장으로 단어를 익히고 손으로 직접 써보세요**

有無 うむ	残った物量の有無を確認してください。
유무	남은 물량의 유무를 확인해 주세요.
有無	残った物量の有無を確認してください。

運河 うんが	スエズ運河の長さは193kmだ。
운하	수에즈 운하의 길이는 193킬로미터이다.
運河	スエズ運河の長さは193kmだ。

衛生 えいせい	常に衛生管理をしなければなりません。
위생	항상 위생 관리를 해야 합니다.
衛生	常に衛生管理をしなければなりません。

映像 えいぞう	彼女は映像を編集する仕事をしています。
영상	그녀는 영상을 편집하는 일을 하고 있습니다.
映像	彼女は映像を編集する仕事をしています。

残る 남다 | 物量 물량 | 確認 확인 | 長さ 길이 | 193(ひゃくきゅうじゅうさん) |
管理 관리 | 編集 편집 | 仕事 일

45

✏️ **문장으로 단어를 익히고 손으로 직접 써보세요**

えいぶん **英文**	住所は英文で記入してください。
영문	주소는 영문으로 기입해 주세요.
英文	住所は英文で記入してください。

えきたい **液体**	洗濯洗剤は液体を使用しています。
액체	세탁 세제는 액체를 사용하고 있습니다.
液体	洗濯洗剤は液体を使用しています。

えんかい **宴会**	宴会場で公演もします。
연회	연회장에서 공연도 합니다.
宴会	宴会場で公演もします。

えんげい **園芸**	祖父は園芸が趣味です。
원예	할아버지는 원예가 취미이십니다.
園芸	祖父は園芸が趣味です。

じゅうしょ **住所** 주소 | きにゅう **記入** 기입 | せんたく **洗濯** 세탁/빨래 | せんざい **洗剤** 세제 | しよう **使用** 사용 | こうえん **公演** 공연 | しゅみ **趣味**

취미

👁 문장으로 단어를 익히고 손으로 직접 써보세요

えんげき **演劇**	しゅうまつ ともだち えんげき み い 週末には友達と演劇を見に行きます。
연극	주말에는 친구와 연극을 보러 갑니다.
演劇	週末には友達と演劇を見に行きます。

えんしゅう **円周**	えん な きょくせん えんしゅう い 円を成す曲線を円周と言います。
원주	원을 이루는 곡선을 원주라고 합니다.
円周	円を成す曲線を円周と言います。

えんしゅう **演習**	や がい たいいくたいかい よ こうえんしゅう 野外で体育大会の予行演習があります。
연습	야외에서 체육대회 예행연습이 있습니다.
演習	野外で体育大会の予行演習があります。

えんそく **遠足**	はる えんそく い 春には遠足に行きます。
소풍	봄에는 소풍을 갑니다.
遠足	春には遠足に行きます。

ゅうまつ
週末 주말 | ともだち
友達 친구 | えん
円 원/둥근 것 | な
成す 이루다 | きょくせん
曲線 곡선 | やがい
野外 야외 | たいいく
体育

たいかい
育 | 大会 대회 | よこう
予行 예행 | はる
春 봄

✎ 문장으로 단어를 익히고 손으로 직접 써보세요

えんとつ **煙突** .... 굴뚝	えんとつ　けむり　で 煙突から煙が出ています。 굴뚝에서 연기가 나고 있습니다.
煙突	煙突から煙が出ています。

えんぶん **塩分** .... 염분	た　もの　えんぶん　おお　　　　　からだ 食べ物に塩分が多かったのか、体がむくんでいます。 음식에 염분이 많았는지 몸이 부었습니다.
塩分	食べ物に塩分が多かったのか、体がむくんでいます

おう　じ **王子** .... 왕자	おうじ　う 王子が生まれました。 왕자가 태어났습니다.
王子	王子が生まれました。

おうじょ **王女** .... 왕녀/공주	おうじょ　　　　こ　　　ふたり 王女さまには子どもが二人います。 공주님에게는 자녀가 둘 있습니다.
王女	王女さまには子どもが二人います。

けむり　　　　　　　　　　た　もの　　　　　　　　　　　　　からだ
煙 연기 ｜ 食べ物 음식/먹을 것 ｜ 体 몸/육체/신체 ｜ むくむ (몸이)붓다/부어 오르다
う
生まれる 태어나다/출생하다

🖊 문장으로 단어를 익히고 손으로 직접 써보세요

おうせつ **応接**	お客様を応接します。 _{きゃくさま　　おうせつ}
응접/접대	손님을 접대합니다.
応接	お客様を応接します。

おくがい **屋外**	彼女は屋外で体操をしています。 _{かのじょ　　おくがい　　たいそう}
옥외/실외	그녀는 실외에서 체조를 하고 있습니다.
屋外	彼女は屋外で体操をしています。

おんしつ **温室**	この植物は主に暖かい温室で栽培しています。 _{しょくぶつ　おも　あたた　　おんしつ　さいばい}
온실	이 식물은 주로 따뜻한 온실에서 재배하고 있습니다.
温室	この植物は主に暖かい温室で栽培しています。

おん ど **温度**	部屋の温度は暖かく上げてください。 _{へ や　おん ど　あたた　あ}
온도	방 온도는 따뜻하게 올려주세요.
温度	部屋の温度は暖かく上げてください。

体操 _{たいそう} 체조 | 植物 _{しょくぶつ} 식물 | 主に _{おも} 주로/대부분 | 栽培 _{さいばい} 재배 | 部屋 _{へ や} 방

번호	단어	읽는 법	뜻	체크
1	会員	かいいん	회원	☐
2	絵画	かいが	회화/그림	☐
3	海外	かいがい	해외	☐
4	会館	かいかん	회관	☐
5	外交	がいこう	외교	☐
6	回数	かいすう	횟수	☐
7	外部	がいぶ	외부	☐
8	海洋	かいよう	해양	☐
9	概論	がいろん	개론	☐
10	家屋	かおく	가옥	☐
11	画家	がか	화가	☐
12	価格	かかく	가격	☐
13	化学	かがく	화학	☐
14	家具	かぐ	가구	☐
15	架空	かくう	가공	☐
16	各自	かくじ	각자/저마다	☐
17	学者	がくしゃ	학자	☐
18	学術	がくじゅつ	학술	☐
19	各地	かくち	각지	☐
20	角度	かくど	각도	☐

✏ **문장으로 단어를 익히고 손으로 직접 써보세요**

<ruby>会員<rt>かいいん</rt></ruby>	<ruby>会員<rt>かいいん</rt></ruby>になると<ruby>特別特典<rt>とくべつとくてん</rt></ruby>があります。
회원	회원이 되면 특별 혜택이 있습니다.
会員	会員になると特別特典があります。

<ruby>絵画<rt>かいが</rt></ruby>	<ruby>彼女<rt>かのじょ</rt></ruby>は<ruby>絵画<rt>かいが</rt></ruby>を<ruby>鑑賞<rt>かんしょう</rt></ruby>しています。
회화/그림	그녀는 그림을 감상하고 있습니다.
絵画	彼女は絵画を鑑賞しています。

<ruby>海外<rt>かいがい</rt></ruby>	<ruby>最近<rt>さいきん</rt></ruby>は<ruby>海外旅行<rt>かいがいりょこう</rt></ruby>に<ruby>行<rt>い</rt></ruby>けていません。
해외	최근에는 해외여행을 가지 못하고 있습니다.
海外	最近は海外旅行に行けていません。

<ruby>会館<rt>かいかん</rt></ruby>	<ruby>市民会館<rt>しみんかいかん</rt></ruby>はあちらです。
회관	시민회관은 저쪽입니다.
会館	市民会館はあちらです。

<ruby>特別<rt>くべつ</rt></ruby> 특별 | <ruby>特典<rt>とくてん</rt></ruby> 특전/은전 | <ruby>鑑賞<rt>かんしょう</rt></ruby> 감상 | <ruby>最近<rt>さいきん</rt></ruby> 최근 | <ruby>旅行<rt>りょこう</rt></ruby> 여행 | <ruby>市民<rt>しみん</rt></ruby> 시민

[N2 음독명사] か행 단어 쓰기 02

✎ 문장으로 단어를 익히고 손으로 직접 써보세요

がいこう **外交** 외교	かれ がいこうもんだい かんしん 彼は外交問題にまったく関心がないようだ。 그는 외교문제에 대해 전혀 관심이 없는 것 같다.
外交	彼は外交問題にまったく関心がないようだ。

かいすう **回数** 횟수	ちりょう びょういん い かいすう ふ 治療のために病院に行く回数が増えています。 치료를 위해 병원에 가는 횟수가 늘고 있습니다.
回数	治療のために病院に行く回数が増えています。

がいぶ **外部** 외부	かいしゃ き みつじょうほう がいぶ りゅうしゅつ 会社の機密情報が外部に流出されました。 회사 기밀정보가 외부에 유출되었습니다.
外部	会社の機密情報が外部に流出されました。

かいよう **海洋** 해양	すいようび かいようはくぶつかん けんがく い 水曜日は海洋博物館に見学に行きます。 수요일에는 해양박물관으로 견학을 갑니다.
海洋	水曜日は海洋博物館に見学に行きます。

もんだい かんしん ちりょう びょういん きみつ りゅうしゅつ はくぶつかん
問題 문제 | 関心 관심 | 治療 치료 | 病院 병원 | 機密 기밀 | 流出 유출 | 博物館
けんがく
박물관 | 見学 견학

✎ 문장으로 단어를 익히고 손으로 직접 써보세요

がいろん 概論	ぶんがくがいろん じゅぎょう あした 文学概論の授業は明日です。
개론	문학개론 수업은 내일입니다.
概論	文学概論の授業は明日です。

か おく 家屋	に ほん でんとう か おく しら 日本の伝統家屋について調べてみた。
가옥	일본의 전통가옥에 대해 알아보았다.
家屋	日本の伝統家屋について調べてみた。

が か 画家	ゆうめい が か え てんじ 有名な画家の絵が展示されました。
화가	유명한 화가의 그림이 전시되었습니다.
画家	有名な画家の絵が展示されました。

か かく 価格	わりびき か かく こうにゅう 割引価格で購入しました。
가격	할인된 가격으로 구입했습니다.
価格	割引価格で購入しました。

んがく
文学 문학 | じゅぎょう
授業 수업 | でんとう
伝統 전통 | しら
調べる 조사하다 | てんじ
展示 전시 | わりびき
割引 할인 |
うにゅう
購入 구입

✏️ **문장으로 단어를 익히고 손으로 직접 써보세요**

かがく **化学**	この工場には有害な化学物質が多くて危険です。
화학	이 공장에는 유해한 화학물질이 많아서 위험합니다.
化学	この工場には有害な化学物質が多くて危険です。

かぐ **家具**	部屋に家具を入れたら部屋が狭くなりました。
가구	방에 가구를 넣었더니 방이 좁아졌어요.
家具	部屋に家具を入れたら部屋が狭くなりました

かくう **架空**	架空の世界を想像する。
가공	가공의 세계를 상상하다.
架空	架空の世界を想像する。

かくじ **各自**	所持品の管理は各自がした方が良いです。
각자/저마다	소지품 관리는 각자 하는 것이 좋습니다.
各自	所持品の管理は各自がした方が良いです。

こうじょう 工場 공장 | ゆうがい 有害 유해 | ぶっしつ 物質 물질 | きけん 危険 위험 | せかい 世界 세계 | そうぞう 想像 상상 | 所持品
소지품 | かんり 管理 관리

N2 음독명사] か행 단어 쓰기 05

👁 문장으로 단어를 익히고 손으로 직접 써보세요

がくしゃ **学者**	かれ　がくしゃ　　　　せいじか 彼は学者であり政治家だ。
학자	그는 학자이며 정치가이다.
学者	彼は学者であり政治家だ。

がくじゅつ **学術**	まいとしがくじゅつざっ　し　　はっこう 毎年学術雑誌が発行されます。
학술	매년 학술잡지가 발행됩니다.
学術	毎年学術雑誌が発行されます。

かく　ち **各地**	きょう　　かくち　きけん　あつ 今日も各地で危険な暑さとなっています。
각지	오늘도 각지에서 위험한 더위가 계속되고 있습니다.
各地	今日も各地で危険な暑さとなっています。

かく　ど **角度**	かのじょ　かくど　はか 彼女は角度を測っています。
각도	그녀는 각도를 재고 있습니다.
角度	彼女は角度を測っています。

せいじ か
政治家 정치가 | ざっし
雑誌 잡지 | はっこう
発行 발행 | あつ
暑さ 더위 | はか
測る 무게·길이·깊이·넓이 등을 재다

8일차 단어 미리 보기 알고 있는 단어를 체크해 보세요

번호	단어	읽는 법	뜻	체크
1	学年	がくねん	학년	☐
2	革命	かくめい	혁명	☐
3	学問	がくもん	학문	☐
4	確率	かくりつ	확률	☐
5	加減	かげん	가감	☐
6	過去	かこ	과거	☐
7	火口	かこう	화구/분화구	☐
8	火災	かさい	화재	☐
9	火山	かざん	화산	☐
10	家事	かじ	가사/집안일	☐
11	過失	かしつ	과실	☐
12	果実	かじつ	과실	☐
13	歌手	かしゅ	가수	☐
14	箇所	かしょ	개소/곳/군데	☐
15	下線	かせん	밑줄	☐
16	価値	かち	가치	☐
17	学科	がっか	학과	☐
18	学会	がっかい	학회	☐
19	活気	かっき	활기	☐
20	学期	がっき	학기	☐

✎ 문장으로 단어를 익히고 손으로 직접 써보세요

がくねん **学年** 학년	^{かのじょ}彼女とは^{おな}同じ^{がくねん}学年です。
	그녀와는 같은 학년입니다.
学年	彼女とは同じ学年です。

かくめい **革命** 혁명	^{さんぎょうかくめい}産業革命の^{こうていてき}肯定的な^{えいきょう}影響について^{ちょうさ}調査しています。
	산업혁명의 긍정적인 영향에 대해서 조사하고 있습니다.
革命	産業革命の肯定的な影響について調査しています。

がくもん **学問** 학문	どんな^{ぶんや}分野の^{がくもん}学問に^{かんしん}関心がありますか。
	어떤 분야의 학문에 관심이 있습니까?
学問	どんな分野の学問に関心がありますか。

かくりつ **確率** 확률	^{たから}宝くじ^{いちとう}1等に^あ当たる^{かくりつ}確率は^{ひじょう}非常に^{ひく}低いです。
	복권 1등에 당첨될 확률은 매우 낮습니다.
確率	宝くじ1等に当たる確率は非常に低いです。

^{さんぎょう}産業 산업 | ^{こうていてき}肯定的 긍정적 | ^{えいきょう}影響 영향 | ^{ちょうさ}調査 조사 | ^{ぶんや}分野 분야 | ^{かんしん}関心 관심 | ^{たから}宝くじ 복권

[N2 음독명사] か행 단어 쓰기 02

✎ 문장으로 단어를 익히고 손으로 직접 써보세요

加減 かげん 가감	調味料の量を加減して味をつける。 조미료의 양을 적당히 가감해서 맛을 내다.
加減	調味料の量を加減して味をつける。

過去 かこ 과거	思い出したくない過去もあります。 기억하고 싶지 않은 과거도 있습니다.
過去	思い出したくない過去もあります。

火口 かこう 화구/분화구	火口に近づくのは危険です。 화구에 접근하시면 위험합니다.
火口	火口に近づくのは危険です。

火災 かさい 화재	デパートで火災が発生しました。 백화점에서 화재가 발생했습니다.
火災	デパートで火災が発生しました。

調味料 조미료｜量 양｜味 맛｜思い出す 생각해 내다/상기[회상]하다｜近づく 접근하다/가까이 가다｜危険 위험｜発生 발생

58

✎ 문장으로 단어를 익히고 손으로 직접 써보세요

<ruby>火山<rt>か ざん</rt></ruby>	<ruby>火山<rt>か ざん</rt></ruby><ruby>噴火<rt>ふん か</rt></ruby>による<ruby>被害<rt>ひ がい</rt></ruby>が<ruby>深刻<rt>しん こく</rt></ruby>になっています。
화산	화산 분화로 인한 피해가 심각해지고 있습니다.
火山	火山噴火による被害が深刻になっています。

<ruby>家事<rt>か じ</rt></ruby>	<ruby>夫<rt>おっと</rt></ruby>はいつも<ruby>家事<rt>か じ</rt></ruby>を<ruby>手伝<rt>て つだ</rt></ruby>ってくれます。
가사/집안일	남편은 항상 집안일을 도와줍니다.
家事	夫はいつも家事を手伝ってくれます。

<ruby>過失<rt>か しつ</rt></ruby>	<ruby>業務<rt>ぎょう む</rt></ruby><ruby>上<rt>じょう</rt></ruby>の<ruby>過失<rt>か しつ</rt></ruby>を<ruby>認<rt>みと</rt></ruby>める。
과실	업무상 과실을 인정하다.
過失	業務上の過失を認める。

<ruby>果実<rt>か じつ</rt></ruby>	<ruby>果物<rt>くだもの</rt></ruby>で<ruby>果実<rt>か じつ</rt></ruby><ruby>酒<rt>しゅ</rt></ruby>を<ruby>作<rt>つく</rt></ruby>りました。
과실	과일로 과실주를 만들었습니다.
果実	果物で果実酒を作りました。

<ruby>噴火<rt>ふん か</rt></ruby> 분화 | <ruby>被害<rt>ひ がい</rt></ruby> 피해 | <ruby>深刻<rt>しん こく</rt></ruby> 심각 | <ruby>業務<rt>ぎょう む</rt></ruby> 업무 | <ruby>認<rt>みと</rt></ruby>める 인정하다/인지하다 | <ruby>果物<rt>くだもの</rt></ruby> 과일

[N2 음독명사] か행 단어 쓰기 04

✎ 문장으로 단어를 익히고 손으로 직접 써보세요

歌手 かしゅ	彼は歌唱力が優れた歌手です。 _{かれ かしょうりょく すぐ かしゅ}
가수	그는 가창력이 뛰어난 가수입니다.
歌手	彼は歌唱力が優れた歌手です。

箇所 かしょ	数箇所だけ修正が必要です。 _{すう かしょ しゅうせい ひつよう}
개소/곳/군데	몇 군데만 수정이 필요합니다.
箇所	数箇所だけ修正が必要です。

下線 かせん	重要な内容に下線を引いてください。 _{じゅうよう ないよう かせん ひ}
밑줄	중요한 내용에 밑줄을 그어주세요.
下線	重要な内容に下線を引いてください。

価値 かち	売れない商品は価値がない。 _{う しょうひん かち}
가치	팔리지 않는 상품은 가치가 없다.
価値	売れない商品は価値がない。

歌唱力 가창력 | **優れる** 뛰어나다/우수하다/훌륭하다 | **修正** 수정 | **必要** 필요 | **内容** 내용 | **売れる** (잘)팔리다 | **商品** 상품

✏ **문장으로 단어를 익히고 손으로 직접 써보세요**

がっか **学科** 학과	**なに がっ か ざいがくちゅう** 何学科に在学中ですか。 무슨 학과에 재학 중입니까?
学科	何学科に在学中ですか。

がっかい **学会** 학회	**へんこう がっかいにってい さん か** 変更された学会日程には参加できません。 변경된 학회 일정에는 참가할 수가 없습니다.
学会	変更された学会日程には参加できません。

かっ き **活気** 활기	**かれ すがた かっき み** 彼の姿はいつも活気に満ちている。 그의 모습은 언제나 활기가 넘친다.
活気	彼の姿はいつも活気に満ちている。

がっ き **学期** 학기	**つぎ がっ き きゅうがく おも** 次の学期は休学しようと思います。 다음 학기는 휴학하려고 합니다.
学期	次の学期は休学しようと思います。

ざいがく 在学 재학 | **へんこう** 変更 변경 | **にってい** 日程 일정 | **さん か** 参加 참가 | **きゅうがく** 休学 휴학

9일차 단어 미리 보기 알고 있는 단어를 체크해 보세요

번호	단어	읽는 법	뜻	체크
1	学級	がっきゅう	학급	☐
2	活字	かつじ	활자	☐
3	活力	かつりょく	활력	☐
4	課程	かてい	과정	☐
5	過程	かてい	과정	☐
6	科目	かもく	과목	☐
7	貨物	かもつ	화물	☐
8	歌謡	かよう	가요	☐
9	火曜	かよう	화요일	☐
10	間隔	かんかく	간격	☐
11	環境	かんきょう	환경	☐
12	観光	かんこう	관광	☐
13	元日	がんじつ	설날	☐
14	感謝	かんしゃ	감사	☐
15	患者	かんじゃ	환자	☐
16	間接	かんせつ	간접	☐
17	肝臓	かんぞう	간장/간	☐
18	官庁	かんちょう	관청	☐
19	関東	かんとう	관동	☐
20	観念	かんねん	관념	☐

✍ **문장으로 단어를 익히고 손으로 직접 써보세요**

がっきゅう **学級** 학급	きょうし　がっき　はじ　　　がっきゅううんえいけいかく　さくせい 教師は学期の初めに学級運営計画を作成します。 교사는 학기 초에 학급 운영계획을 작성합니다.
学級	教師は学期の初めに学級運営計画を作成します。

かつじ **活字** 활자	かつじ　とくてい　　　　　　　　　もじ 活字は特定のデザインされた文字のことです。 활자는 특정하게 디자인된 글자를 말합니다.
活字	活字は特定のデザインされた文字のことです。

かつりょく **活力** 활력	あさた　　　　かつりょく　ま　くだもの　やさい 朝食べると活力が増す果物や野菜があります。 아침에 먹으면 활력이 더해지는 과일과 채소가 있습니다.
活力	朝食べると活力が増す果物や野菜があります。

か てい **課程** 과정	しゅう し か ていちゅう　さくせい　　　ろんぶん 修士課程中に作成した論文です。 석사과정 중에 작성한 논문입니다.
課程	修士課程中に作成した論文です。

きょうし   がっき   うんえい   けいかく   さくせい   とくてい
教師 교사 | 学期 학기 | 運営 운영 | 計画 계획 | 作成 작성 | 特定 특정 | デザイン
자인 | 文字 문자/글자 | 果物 과일 | 野菜 채소/야채 | 修士 석사 | 作成 작성 | 論文
:문

[N2 음독명사] か행 단어 쓰기 02

✏️ 문장으로 단어를 익히고 손으로 직접 써보세요

かてい **過程**	せいさん か てい もんだい はっせい 生産過程で問題が発生しました。
과정	생산 과정에서 문제가 발생했습니다.
過程	生産過程で問題が発生しました。

か もく **科目**	こんがっ き せんこう か もく じゅこう 今学期は専攻科目だけ受講します。
과목	이번 학기는 전공과목만 수강합니다.
科目	今学期は専攻科目だけ受講します。

か もつ **貨物**	うんそうじゅよう おう か もつれっしゃ うんこう けいかく 運送需要に応じて貨物列車を運行する計画です。
화물	운송 수요에 따라 화물 열차를 운행할 계획입니다.
貨物	運送需要に応じて貨物列車を運行する計画です

か よう **歌謡**	かのじょ か ようきょく この き 彼女は歌謡曲を好んで聞きます。
가요	그녀는 가요를 즐겨 듣습니다.
歌謡	彼女は歌謡曲を好んで聞きます。

せいさん もんだい はっせい こんがっ き せんこう じゅこう
生産 생산 | 問題 문제 | 発生 발생 | 今学期 금학기/이번 학기 | 専攻 전공 | 受講 수

うんそう じゅよう れっしゃ うんこう けいかく
| 運送 운송 | 需要 수요 | 列車 열차 | 運行 운행 | 計画 계획

☀ 문장으로 단어를 익히고 손으로 직접 써보세요

かよう **火曜**	らいしゅう かよう つゆ 来週の火曜から梅雨です。
화요일	다음 주 화요일부터 장마입니다.
火曜	来週の火曜から梅雨です。

かんかく **間隔**	いってい かんかく いじ このパターンは一定の間隔を維持しています。
간격	이 패턴은 일정한 간격을 유지하고 있습니다.
間隔	このパターンは一定の間隔を維持しています。

かんきょう **環境**	かんきょう お せん しんこく 環境汚染が深刻です。
환경	환경오염이 심각합니다.
環境	環境汚染が深刻です。

かんこう **観光**	かんこうさんぎょう かっせいか ぜんりょく かたむ 観光産業を活性化させるため全力を傾けています。
관광	관광산업 활성화를 위해 총력을 기울이고 있습니다.
観光	観光産業を活性化させるため全力を傾けています。

つゆ
梅雨 장마 | パターン 패턴 | 一定 일정 | いじ
維持 유지 | おせん
汚染 오염 | しんこく
深刻 심각 | さんぎょう
産業
산업 | かっせいか
活性化 활성화 | ぜんりょく
全力 총력/전력

✎ **문장으로 단어를 익히고 손으로 직접 써보세요**

がんじつ **元日** 설날	がんじつ　ねん が じょう　とど 元日には年賀状が届きます。 설날에는 연하장이 옵니다.
元日	元日には年賀状が届きます。

かんしゃ **感謝** 감사	かんしゃ　き も　こ　おく　もの　じゅん び 感謝の気持ちを込めて贈り物を準備しました。 감사의 마음을 담아 선물을 준비했습니다.
感謝	感謝の気持ちを込めて贈り物を準備しました。

かんじゃ **患者** 환자	でんせんびょうかんじゃ　ち りょう 伝染病患者を治療しています。 전염병 환자를 치료하고 있습니다.
患者	伝染病患者を治療しています。

かんせつ **間接** 간접	かんせつきつえん　けんこう　ひ じょう　わる 間接喫煙も健康に非常に悪いです。 간접흡연도 건강에 매우 나쁩니다.
間接	間接喫煙も健康に非常に悪いです。

ねん が じょう
年賀状 연하장 | き も
気持ち 마음/기분/감정 | おく もの
贈り物 선물 | じゅん び
準備 준비 | でんせんびょう
伝染病 전염병
ち りょう
治療 치료 | きつえん
喫煙 흡연 | けんこう
健康 건강 | ひ じょう
非常に 매우/상당히 | わる
悪い 나쁘다

🖋 문장으로 단어를 익히고 손으로 직접 써보세요

かんぞう **肝臓**	飲み過ぎで肝臓が悪くなりました。
간장/간	과음으로 간이 나빠졌습니다.
肝臓	飲み過ぎで肝臓が悪くなりました。

かんちょう **官庁**	官庁は国家を維持するのに必要な機関といえます。
관청	관청은 국가를 유지하는 데 필요한 기관이라고 할 수 있습니다.
官庁	官庁は国家を維持するのに必要な機関といえます。

かんとう **関東**	友達と一週間、関東地方を旅行しました。
관동	친구와 일주일 동안 관동 지방을 여행했습니다.
関東	友達と一週間、関東地方を旅行しました。

かんねん **観念**	金融教室を通じて経済観念を育てる。
관념	금융 교실을 통해서 경제관념을 키운다.
観念	金融教室を通じて経済観念を育てる。

飲み過ぎ 과음 | 国家 국가 | 維持 유지 | 必要 필요 | 機関 기관 | いえる 말할 수가
있다 | 地方 지방 | 旅行 여행 | 金融 금융 | 教室 교실 | 経済 경제

번호	단어	읽는 법	뜻	체크
1	看板	かんばん	간판	☐
2	気圧	きあつ	기압	☐
3	議員	ぎいん	의원	☐
4	気温	きおん	기온	☐
5	機械	きかい	기계	☐
6	期間	きかん	기간	☐
7	機関	きかん	기관	☐
8	企業	きぎょう	기업	☐
9	器具	きぐ	기구	☐
10	期限	きげん	기한	☐
11	記号	きごう	기호	☐
12	技師	ぎし	기사	☐
13	儀式	ぎしき	의식	☐
14	記者	きしゃ	기자	☐
15	基準	きじゅん	기준	☐
16	起床	きしょう	기상	☐
17	基礎	きそ	기초	☐
18	気体	きたい	기체	☐
19	基地	きち	기지	☐
20	議長	ぎちょう	의장	☐

✎ 문장으로 단어를 익히고 손으로 직접 써보세요

かんばん **看板** 간판	かぜ ゆ かんばん けっきょく お 風に揺れた看板が結局落ちました。 바람에 흔들리던 간판이 결국 떨어졌습니다.
看板	風に揺れた看板が結局落ちました。

き あつ **気圧** 기압	よる き あつ さ 夜は気圧が下がります。 밤에는 기압이 떨어집니다.
気圧	夜は気圧が下がります。

ぎ いん **議員** 의원	らいしゅう ぎ いんせんきょ 来週に議員選挙があります。 다음 주에 의원 선거가 있습니다.
議員	来週に議員選挙があります。

き おん **気温** 기온	きょう さいこうき おん にじゅうはち ど 今日の最高気温は２８度です。 오늘 최고 기온은 28도입니다.
気温	今日の最高気温は28度です。

ぜ 바람 ｜ ゆ 揺れる 흔들리다 ｜ けっきょく 結局 결국 ｜ お 落ちる 떨어지다/(위에서 아래로)낙하하다 ｜
る 밤 ｜ せんきょ 選挙 선거 ｜ さいこう 最高 최고

[N2 음독명사] か행 단어 쓰기 02

✏️ **문장으로 단어를 익히고 손으로 직접 써보세요**

き かい **機械** 기계	**かいしゃ いりょうよう きかい つく かいしゃ** この会社は医療用の機械を作る会社です。 이 회사는 의료용 기계를 만드는 회사입니다.
機械	この会社は医療用の機械を作る会社です。

き かん **期間** 기간	**し けん き かん おも と しょかん べんきょう** 試験期間は主に図書館で勉強します。 시험 기간에는 주로 도서관에서 공부합니다.
期間	試験期間は主に図書館で勉強します。

き かん **機関** 기관	**こうきょうき かん ふ せいさいようもんだい そう さ** 公共機関の不正採用問題を捜査しています。 공공기관의 부정 채용 문제를 수사하고 있습니다.
機関	公共機関の不正採用問題を捜査しています。

き ぎょう **企業** 기업	**ちゅうしょう き ぎょう て すうりょうふ たん だい き ぎょう くら たか** 中小企業の手数料負担は大企業に比べて高い。 중소기업의 수수료 부담은 대기업에 비해 높다.
企業	中小企業の手数料負担は大企業に比べて高い。

いりょう 医療 의료 | **し けん** 試験 시험 | **としょかん** 図書館 도서관 | **べんきょう** 勉強 공부 | **こうきょう** 公共 공공 | **ふ せい** 不正 부정 | **さいよう** 採用

채용 | **もんだい** 問題 문제 | **そう さ** 捜査 수사 | **ちゅうしょう** 中小 중소 | **て すうりょう** 手数料 수수료 | **ふ たん** 負担 부담 | **だい き ぎょう** 大企業

대기업

✎ 문장으로 단어를 익히고 손으로 직접 써보세요

器具 きぐ 기구	しょくどう ちょうり きぐ えいせいてんけん 食堂で調理器具の衛生点検をしています。 식당에서 조리 기구 위생 점검을 하고 있습니다.
器具	食堂で調理器具の衛生点検をしています。

期限 きげん 기한	ぜいきん のうふ きげん まも 税金は納付期限を守らなければなりません。 세금은 납부 기한을 지켜야 합니다.
期限	税金は納付期限を守らなければなりません。

記号 きごう 기호	え かたち きごう にゅうりょく 絵の形の記号は入力できません。 그림 형태의 기호는 입력할 수 없습니다.
記号	絵の形の記号は入力できません。

技師 ぎし 기사	しょうめい ぎし ぶたい しょうめい せっち 照明技師は舞台に照明を設置しています。 조명기사는 무대에 조명을 설치하고 있습니다.
技師	照明技師は舞台に照明を設置しています。

しょくどう
食堂 식당 | ちょうり 調理 조리 | えいせい 衛生 위생 | てんけん 点検 점검 | ぜいきん 税金 세금 | のうふ 納付 납부 | え 絵 그림 |
にゅうりょく 入力 입력 | しょうめい 照明 조명 | ぶたい 舞台 무대 | せっち 設置 설치

✏️ 문장으로 단어를 익히고 손으로 직접 써보세요

ぎ しき **儀式** 의식	せいじんしき けっこんしき じんせい じゅうよう ぎ しき ひと 成人式や結婚式は人生の重要な儀式の一つです。
	성인식이나 결혼식은 인생의 중요한 의식 중 하나입니다.
儀式	成人式や結婚式は人生の重要な儀式の一つです。

き しゃ **記者** 기자	き しゃ じ けんげん ば あつ 記者たちが事件現場に集まっています。
	기자들이 사건 현장에 모여 있습니다.
記者	記者たちが事件現場に集まっています。

き じゅん **基準** 기준	し けん ひょう か き じゅん めいかく 試験の評価基準は明確です。
	시험의 평가 기준은 명확합니다.
基準	試験の評価基準は明確です。

き しょう **起床** 기상	さいきん き しょう じ かん はや 最近は起床時間が早くなっています。
	최근에는 기상 시간이 빨라지고 있습니다.
起床	最近は起床時間が早くなっています。

せいじんしき 成人式 성인식 | けっこんしき 結婚式 결혼식 | じんせい 人生 인생 | じ けん 事件 사건 | げんば 現場 현장 | し けん 試験 시험 | ひょう か 評価 평가 | めいかく 明確 명확 | さいきん 最近 최근

[N2 음독명사] か행 단어 쓰기 05

🖎 문장으로 단어를 익히고 손으로 직접 써보세요

き そ **基礎** 기초	ビルを建てるために基礎工事をしています。
	빌딩을 짓기 위해 기초공사를 하고 있습니다.
基礎	ビルを建てるために基礎工事をしています。

き たい **気体** 기체	気体は目に見えない。
	기체는 눈에 보이지 않는다.
気体	気体は目に見えない。

き ち **基地** 기지	近くに空軍基地があります。
	근처에 공군기지가 있습니다.
基地	近くに空軍基地があります。

ぎ ちょう **議長** 의장	彼は議長に選出されました。
	그는 의장으로 선출되었습니다.
議長	彼は議長に選出されました。

工事 공사 | 目 눈 | 空軍 공군 | 選出 선출

11일차 단어 미리 보기 알고 있는 단어를 체크해 보세요

번호	단어	읽는 법	뜻	체크
1	機能	きのう	기능	☐
2	基盤	きばん	기반	☐
3	基本	きほん	기본	☐
4	気味	きみ	기미	☐
5	義務	ぎむ	의무	☐
6	客席	きゃくせき	객석	☐
7	給与	きゅうよ	급여	☐
8	教員	きょういん	교원	☐
9	境界	きょうかい	경계	☐
10	行儀	ぎょうぎ	예의범절	☐
11	行事	ぎょうじ	행사	☐
12	教授	きょうじゅ	교수	☐
13	教養	きょうよう	교양	☐
14	許可	きょか	허가	☐
15	距離	きょり	거리	☐
16	規律	きりつ	규율	☐
17	金魚	きんぎょ	금붕어	☐
18	金庫	きんこ	금고	☐
19	金銭	きんせん	금전	☐
20	金属	きんぞく	금속	☐

✏️ 문장으로 단어를 익히고 손으로 직접 써보세요

きのう **機能** 기능	ノートパソコンに新しい機能ができました。 노트북에 새로운 기능이 생겼습니다.
機能	ノートパソコンに新しい機能ができました。

きばん **基盤** 기반	事業を推進するための基盤が設けられた。 사업을 추진하기 위한 기반이 마련되었다.
基盤	事業を推進するための基盤が設けられた。

きほん **基本** 기본	学校で生活に必要な礼節の基本を学んでいます。 학교에서 생활에 필요한 예절의 기본을 배우고 있습니다.
基本	学校で生活に必要な礼節の基本を学んでいます。

きみ **気味** 기미	貧血気味でよくめまいがする。 빈혈 기미가 있어 자주 현기증이 난다.
気味	貧血気味でよくめまいがする。

事業 사업 | 推進 추진 | 設ける 마련하다/베풀다 | 生活 생활 | 必要 필요 | 礼節 예절
貧血 빈혈 | めまい 현기증

✎ **문장으로 단어를 익히고 손으로 직접 써보세요**

ぎ む **義務**	のうぜい こくみん ぎ む 納税は国民の義務です。
의무	납세는 국민의 의무입니다.
義務	納税は国民の義務です。

きゃくせき **客席**	かのじょ きゃくせき すわ ぶ たい なが 彼女は客席に座って舞台を眺めています。
객석	그녀는 객석에 앉아 무대를 바라보고 있습니다.
客席	彼女は客席に座って舞台を眺めています。

きゅう よ **給与**	きゅう よ ふ こ げつまつ 給与振り込みは月末になります。
급여	급여 입금은 월말입니다.
給与	給与振り込みは月末になります。

きょういん **教員**	きょういん ほうてき いってい し かく ようきゅう 教員は法的に一定の資格が要求されます。
교원	교원은 법적으로 일정한 자격이 요구됩니다.
教員	教員は法的に一定の資格が要求されます。

のうぜい こくみん すわ ぶ たい なが ふ こ
納税 납세 | **国民** 국민 | **座る** 앉다 | **舞台** 무대 | **眺める** 바라보다/응시하다 | **振り込み**
ほうてき いってい し かく ようきゅう
계좌 입금, 계좌 이체 | **法的** 법적 | **一定** 일정 | **資格** 자격 | **要求** 요구

🖊 문장으로 단어를 익히고 손으로 직접 써보세요

きょうかい **境界**	せん ひ きょうかい ひょうじ よ 線を引いて境界を表示するのが良い。
경계	선을 그어 경계를 표시하는 것이 좋다.
境界	線を引いて境界を表示するのが良い。

ぎょうぎ **行儀**	りょうて た もの も ぎょうぎ わる 両手に食べ物を持つのは行儀悪い。
예의범절	양손에 음식을 드는 것은 예의에 어긋난다.
行儀	両手に食べ物を持つのは行儀悪い。

ぎょうじ **行事**	ごがつ ぎょうじ おお いそが 5月は行事が多くて忙しいです。
행사	5월은 행사가 많아서 바쁩니다.
行事	5月は行事が多くて忙しいです。

きょうじゅ **教授**	かれ げんざいめい よ きょうじゅ ざいしょくちゅう 彼は現在名誉教授として在職中です。
교수	그는 현재 명예 교수로 재직 중입니다.
教授	彼は現在名誉教授として在職中です。

りょうて めいよ ざいしょく
両手 양손/두 손 | 現在 현재 | 名誉 명예 | 在職 재직

✎ 문장으로 단어를 익히고 손으로 직접 써보세요

きょうよう **教養** 교양	きょうよう か もく に か もく じゅこう **教養科目は2科目だけ受講しています。** 교양과목은 두 과목만 수강하고 있습니다.
教養	教養科目は2科目だけ受講しています。

きょか **許可** 허가	にゅうがくきょ か しょるい さくせい **入学許可をもらうために書類を作成しています。** 입학허가를 받기 위해서 서류를 작성하고 있습니다.
許可	入学許可をもらうために書類を作成しています。

きょり **距離** 거리	うんてんしゃ あんぜん きょり い じ **運転者は安全な距離を維持しなければなりません。** 운전자는 안전한 거리를 유지해야 합니다.
距離	運転者は安全な距離を維持しなければなりません。

きりつ **規律** 규율	がっこう きりつ まも **学校では規律を守らなければなりません。** 학교에서는 규율을 지켜야 합니다.
規律	学校では規律を守らなければなりません。

か もく　　じゅこう　　　　しょるい　　　さくせい　　　うんてんしゃ　　　あんぜん　　　い じ
科目 과목 | 受講 수강 | 書類 서류 | 作成 작성 | 運転者 운전자 | 安全 안전 | 維持

유지

🔖 문장으로 단어를 익히고 손으로 직접 써보세요

きんぎょ **金魚**	かのじょ　かんしょうよう　きんぎょ　か 彼女は観賞用に金魚を飼っています。
금붕어	그녀는 관상용으로 금붕어를 기르고 있습니다.
金魚	彼女は観賞用に金魚を飼っています。

きんこ **金庫**	か　ていよう　こ　がたきんこ　こうにゅう 家庭用に小型金庫を購入しました。
금고	가정용으로 소형금고를 구입했습니다.
金庫	家庭用に小型金庫を購入しました。

きんせん **金銭**	かのじょ　きんせんかん　り　しんちょう 彼女は金銭管理を慎重にするタイプです。
금전	그녀는 금전 관리를 신중하게 하는 타입입니다.
金銭	彼女は金銭管理を慎重にするタイプです。

きんぞく **金属**	むす　こ　きんぞく 息子は金属アレルギーがあります。
금속	아들은 금속 알레르기가 있습니다.
金属	息子は金属アレルギーがあります。

んしょう
賞 관상 | か　てい
家庭 가정 | こ　がた
小型 소형 | こうにゅう
購入 구입 | かん　り
管理 관리 | しんちょう
慎重 신중 | むす　こ
息子 아들/

ㅏ식 | アレルギー 알레르기

번호	단어	읽는 법	뜻	체크
1	近代	きんだい	근대	☐
2	筋肉	きんにく	근육	☐
3	金融	きんゆう	금융	☐
4	金曜	きんよう	금요일	☐
5	空中	くうちゅう	공중	☐
6	苦情	くじょう	불평/불만	☐
7	軍隊	ぐんたい	군대	☐
8	敬意	けいい	경의	☐
9	契機	けいき	계기	☐
10	敬語	けいご	경어	☐
11	傾向	けいこう	경향	☐
12	刑事	けいじ	형사	☐
13	芸術	げいじゅつ	예술	☐
14	経度	けいど	경도	☐
15	系統	けいとう	계통	☐
16	競馬	けいば	경마	☐
17	警備	けいび	경비	☐
18	外科	げか	외과	☐
19	劇場	げきじょう	극장	☐
20	下旬	げじゅん	하순	☐

240/1500

✎ 문장으로 단어를 익히고 손으로 직접 써보세요

きんだい **近代** 근대	きんだいれきし はくぶつかん かいかん 近代歴史博物館が開館しました。 근대역사박물관이 개관했습니다.
近代	近代歴史博物館が開館しました。

きんにく **筋肉** 근육	きんにく けいれん しょう げんいん しら 筋肉に痙攣が生じる原因について調べてみた。 근육에 경련이 생기는 원인에 대해 알아보았다.
筋肉	筋肉に痙攣が生じる原因について調べてみた。

きんゆう **金融** 금융	ともだち きんゆう きかん じゅうじ 友達は金融機関に従事しています。 친구는 금융기관에 종사하고 있습니다.
金融	友達は金融機関に従事しています。

きんよう **金曜** 금요일	こんしゅうきんよう やす 今週金曜から休みです。 이번 주 금요일부터 휴가입니다.
金曜	今週金曜から休みです。

きし　　　　はくぶつかん　　　　　かいかん　　　けいれん　　　　げんいん　　　き かん　　　じゅう じ
歴史 역사 | 博物館 박물관 | 開館 개관 | 痙攣 경련 | 原因 원인 | 機関 기관 | 従事
こんしゅう
종사 | 今週 금주/이번 주

✏️ 문장으로 단어를 익히고 손으로 직접 써보세요

くうちゅう **空中** 공중	空中で回転する物体を見た。 공중에서 회전하는 물체를 보았다.
空中	空中で回転する物体を見た。

く じょう **苦情** 불평/불만	騒音に対する苦情が殺到しています。 소음에 대한 불만이 쇄도하고 있습니다.
苦情	騒音に対する苦情が殺到しています。

ぐんたい **軍隊** 군대	息子は軍隊生活によく適応しています。 아들은 군대 생활에 잘 적응하고 있습니다.
軍隊	息子は軍隊生活によく適応しています。

けい い **敬意** 경의	裁判部の賢明な判断に敬意を表します。 재판부의 현명한 판단에 경의를 표합니다.
敬意	裁判部の賢明な判断に敬意を表します。

回転 회전 | **物体** 물체 | **騒音** 소음 | **殺到** 쇄도 | **生活** 생활 | **適応** 적응 | **裁判** 재판
賢明 현명 | **判断** 판단

🔆 문장으로 단어를 익히고 손으로 직접 써보세요

けいき **契機** 계기	しっぱい けいき いっそうねっしん べんきょう 失敗を契機に一層熱心に勉強しました。
	실패를 계기로 더욱 열심히 공부했습니다.
契機	失敗を契機に一層熱心に勉強しました。

けいご **敬語** 경어	め うえ ひと けいご つか 目上の人に敬語を使います。
	윗사람에게 경어를 사용합니다.
敬語	目上の人に敬語を使います。

けいこう **傾向** 경향	かれ こうきゅう この けいこう 彼は高級ブランドばかり好む傾向があります。
	그는 비싼 브랜드만 선호하는 경향이 있습니다.
傾向	彼は高級ブランドばかり好む傾向があります。

けい じ **刑事** 형사	はんにん けい じ れんこう 犯人は刑事に連行されました。
	범인은 형사에게 연행되었습니다.
刑事	犯人は刑事に連行されました。

っぱい
失敗 실패 | いっそう 一層 더욱 더/한층 더 | べんきょう 勉強 공부 | め うえ 目上 윗사람 | こうきゅう 高級 고가/값이 비쌈 |
ブランド 브랜드/상표 | この 好む 좋아하다/바라다/즐기다 | はんにん 犯人 범인 | れんこう 連行 연행

[N2 음독명사] か행 단어 쓰기 04

✎ 문장으로 단어를 익히고 손으로 직접 써보세요

げいじゅつ **芸術**	現代小説で芸術をテーマにした作品を探しています。
예술	현대소설에서 예술을 주제로 한 작품을 찾고 있습니다.
芸術	現代小説で芸術をテーマにした作品を探しています。

けい ど **経度**	経度が分かれば時差を計算できます。
경도	경도를 알면 시차를 계산할 수 있습니다.
経度	経度が分かれば時差を計算できます。

けいとう **系統**	赤い系統のコートを探しています。
계통	빨간 계통의 코트를 찾고 있습니다.
系統	赤い系統のコートを探しています。

けい ば **競馬**	競馬で持っているお金をすべて失った人がいます。
경마	경마에서 가진 돈을 모두 잃은 사람이 있습니다.
競馬	競馬で持っているお金をすべて失った人がいます。

げんだい
現代 현대 | しょうせつ
小説 소설 | **テーマ** 테마/제목/주제 | さくひん
作品 작품 | じ さ
時差 시차 | けいさん
計算 계산
うしな
失う 잃다/잃어버리다

✎ 문장으로 단어를 익히고 손으로 직접 써보세요

けいび 警備	かんてい けいび そまつ 官邸というには警備があまりにもお粗末すぎる。
경비	관저라고 하기에는 경비가 너무 허술하다.
警備	官邸というには警備があまりにもお粗末すぎる。

げか 外科	ようつう せいけいげか ちりょう う 腰痛のため整形外科で治療を受けています。
외과	요통으로 정형외과에서 치료를 받고 있습니다.
外科	腰痛のため整形外科で治療を受けています。

げきじょう 劇場	げきじょう ぐうぜんともだち あ 劇場で偶然友達に会いました。
극장	극장에서 우연히 친구를 만났습니다.
劇場	劇場で偶然友達に会いました。

げじゅん 下旬	こんげつげじゅん さむ つづ 今月下旬まで寒さが続くそうです。
하순	이번 달 하순까지 추위가 계속된다고 합니다.
下旬	今月下旬まで寒さが続くそうです。

んてい
官邸 관저 | そまつ
粗末 허술하고 나쁨/변변치 않음 | ようつう
腰痛 요통(허리앓이) | せいけい
整形 정형 | ちりょう
治療
료 | ぐうぜん
偶然 우연히 | さむ
寒さ 추위

번호	단어	읽는 법	뜻	체크
1	下駄	げた	(왜)나막신/게타	☐
2	血圧	けつあつ	혈압	☐
3	欠陥	けっかん	결함	☐
4	月給	げっきゅう	월급	☐
5	傑作	けっさく	걸작	☐
6	月末	げつまつ	월말	☐
7	月曜	げつよう	월요일	☐
8	結論	けつろん	결론	☐
9	気配	けはい	기척/기미/기색	☐
10	見解	けんかい	견해	☐
11	限界	げんかい	한계	☐
12	現金	げんきん	현금	☐
13	言語	げんご	언어	☐
14	原稿	げんこう	원고	☐
15	現在	げんざい	현재	☐
16	現実	げんじつ	현실	☐
17	現場	げんば	현장	☐
18	原理	げんり	원리	☐
19	原料	げんりょう	원료	☐
20	公共	こうきょう	공공	☐

✏ 문장으로 단어를 익히고 손으로 직접 써보세요

下駄 げた	浴衣には下駄を履きます。 ゆかた　げた　は
(왜)나막신/게타	유카타에는 게타를 신습니다.
下駄	浴衣には下駄を履きます。

血圧 けつあつ	血圧が高い人は衝撃を受けないよう注意しましょう。 けつあつ　たか　ひと　しょうげき　う　ちゅうい
혈압	혈압이 높은 사람은 충격을 받지 않도록 주의해야 합니다.
血圧	血圧が高い人は衝撃を受けないよう注意しましょう。

欠陥 けっかん	飛行機に欠陥が見つかった。 ひこうき　けっかん　み
결함	비행기에 결함이 발견되었다.
欠陥	飛行機に欠陥が見つかった。

月給 げっきゅう	月給が上がるのか楽しみです。 げっきゅう　あ　たの
월급	월급이 오를지 기대됩니다.
月給	月給が上がるのか楽しみです。

は
履く 신다 | 衝撃 しょうげき 충격 | 注意 ちゅうい 주의 | 飛行機 ひこうき 비행기

[N2 음독명사] か행 단어 쓰기 02

✎ 문장으로 단어를 익히고 손으로 직접 써보세요

けっさく 傑作	この長編小説はまさに傑作だ。
걸작	이 장편소설은 그야말로 걸작이다.
傑作	この長編小説はまさに傑作だ。

げつまつ 月末	月末はいつもより業務が多いです。
월말	월말에는 평소보다 업무가 많습니다.
月末	月末はいつもより業務が多いです。

げつよう 月曜	月曜の朝はいつも職員会議があります。
월요일	월요일 아침에는 항상 직원회의가 있습니다.
月曜	月曜の朝はいつも職員会議があります。

けつろん 結論	明日までに結論を出します。
결론	내일까지 결론을 내겠습니다.
結論	明日までに結論を出します。

長編 장편 | 小説 소설 | 業務 업무 | 職員 직원 | 会議 회의

🔖 문장으로 단어를 익히고 손으로 직접 써보세요

気配 (けはい)	彼は全然疲れた気配がありませんでした。 (かれ ぜんぜんつか けはい)
기척/기미/기색	그는 전혀 피곤한 기색이 없었습니다.
気配	彼は全然疲れた気配がありませんでした。

見解 (けんかい)	極めて主観的な見解です。 (きわ しゅかんてき けんかい)
견해	지극히 주관적인 견해입니다.
見解	極めて主観的な見解です。

限界 (げんかい)	マラソン大会に参加した時、体力に限界を感じました。 (たいかい さんか とき たいりょく げんかい かん)
한계	마라톤 대회에 참가했을 때 체력에 한계를 느꼈습니다.
限界	マラソン大会に参加した時、体力に限界を感じました。

現金 (げんきん)	カードがないので現金で決済しました。 (げんきん けっさい)
현금	카드가 없어서 현금으로 결제했습니다.
現金	カードがないので現金で決済しました。

全然 전혀 | 極めて 극히/더없이/지극히 | 主観的 주관적 | マラソン 마라톤 | 大会 대회
参加 참가 | 体力 체력 | カード 카드 | 決済 결제

[N2 음독명사] か행 단어 쓰기 04

✎ 문장으로 단어를 익히고 손으로 직접 써보세요

げんご **言語**	言語発達に関する育児本を勧められました。
언어	언어 발달에 관한 육아 책을 추천받았습니다.
言語	言語発達に関する育児本を勧められました。

げんこう **原稿**	修正した原稿を出版社に送りました。
원고	수정한 원고를 출판사에 보냈습니다.
原稿	修正した原稿を出版社に送りました。

げんざい **現在**	この事件の裁判は現在も進行中です。
현재	이 사건의 재판은 현재도 진행 중입니다.
現在	この事件の裁判は現在も進行中です。

げんじつ **現実**	夢が現実になりました。
현실	꿈이 현실이 되었습니다.
現実	夢が現実になりました。

はったつ **発達** 발달 | いくじ **育児** 육아 | しゅうせい **修正** 수정 | しゅっぱんしゃ **出版社** 출판사 | じけん **事件** 사건 | さいばん **裁判** 재판 | しんこ **進行**
ちゅう **中** 진행 중 | ゆめ **夢** 꿈

✎ 문장으로 단어를 익히고 손으로 직접 써보세요

げん ば **現場** 현장	さつじん じ けんげん ば　はんにん　しょじ ひん　はっけん 殺人事件現場で犯人の所持品が発見されました。
	살인사건 현장에서 범인의 소지품이 발견되었습니다.
現場	殺人事件現場で犯人の所持品が発見されました。

げん り **原理** 원리	もんだい　げん り　わ　　　と この問題は原理が分からないと解けません。
	이 문제는 원리를 모르면 풀 수 없습니다.
原理	この問題は原理が分からないと解けません。

げんりょう **原料** 원료	げんりょう　か　　 じ ぶん　け しょうひん　つく 原料を買って自分で化粧品を作りました。
	원료를 사서 직접 화장품을 만들었습니다.
原料	原料を買って自分で化粧品を作りました。

こうきょう **公共** 공공	こうきょう　　　　　へい さ 公共トイレが閉鎖されました。
	공공 화장실이 폐쇄되었습니다.
公共	公共トイレが閉鎖されました。

さつじん　　　　　じ けん　　　　　はんにん　　　　　しょじ ひん　　　　　はっけん　　　　　もんだい　　　　　わ
殺人 살인 | 事件 사건 | 犯人 범인 | 所持品 소지품 | 発見 발견 | 問題 문제 | 分か

か　　　　　　　　　　 じ ぶん　　　　　　　　　　　 け しょうひん　　　　　つく
る 알다/이해할 수 있다 | 買う 사다 | 自分 자기/자신/스스로 | 化粧品 화장품 | 作る

へい さ
만들다/(재료를 써서)만들어 내다 | 閉鎖 폐쇄

14일차 단어 미리 보기 알고 있는 단어를 체크해 보세요

번호	단어	읽는 법	뜻	체크
1	光景	こうけい	광경	☐
2	工芸	こうげい	공예	☐
3	講師	こうし	강사	☐
4	公式	こうしき	공식	☐
5	後者	こうしゃ	후자	☐
6	公衆	こうしゅう	공중	☐
7	香水	こうすい	향수	☐
8	功績	こうせき	공적	☐
9	光線	こうせん	광선	☐
10	高速	こうそく	고속	☐
11	構造	こうぞう	구조	☐
12	耕地	こうち	경지/경작지	☐
13	校庭	こうてい	교정	☐
14	合成	ごうせい	합성	☐
15	強盗	ごうとう	강도	☐
16	合同	ごうどう	합동	☐
17	後輩	こうはい	후배	☐
18	幸福	こうふく	행복	☐
19	候補	こうほ	후보	☐
20	公務	こうむ	공무	☐

✎ 문장으로 단어를 익히고 손으로 직접 써보세요

こうけい **光景** 광경	か さいげん ば　　　　こうけい　　もくげき 火災現場でひどい光景を目撃しました。 화재 현장에서 끔찍한 광경을 목격했습니다.
光景	火災現場でひどい光景を目撃しました。

こうげい **工芸** 공예	かのじょ　　　こうげい　　そ しつ 彼女は工芸の素質があります。 그녀는 공예에 소질이 있습니다.
工芸	彼女は工芸の素質があります。

こう し **講師** 강사	だいがくせい　　ころ　じゅく　こう し 大学生の頃に塾の講師バイトをしていました。 대학생 시절에 학원 강사 아르바이트를 했었습니다.
講師	大学生の頃に塾の講師バイトをしていました。

こうしき **公式** 공식	せい ふ　　こうしき　たち ば　　はっぴょう 政府が公式に立場を発表しました。 정부가 공식적으로 입장을 발표했습니다.
公式	政府が公式に立場を発表しました。

か さい
火災 화재 | げん ば
現場 현장 | もくげき
目撃 목격 | そ しつ
素質 소질 | だいがくせい
大学生 대학생 | ころ
頃 때/경/시절/무렵 |

じゅく
塾 사설학교/학원 | せい ふ
政府 정부 | たち ば
立場 입장 | はっぴょう
発表 발표

✏️ 문장으로 단어를 익히고 손으로 직접 써보세요

こうしゃ **後者** 후자	<ruby>前者<rt>ぜんしゃ</rt></ruby>より<ruby>後者<rt>こうしゃ</rt></ruby>を<ruby>選択<rt>せんたく</rt></ruby>した<ruby>方<rt>ほう</rt></ruby>が<ruby>良<rt>よ</rt></ruby>いと<ruby>思<rt>おも</rt></ruby>います。
	전자보다 후자를 선택하는 것이 좋을 것 같아요.
後者	前者より後者を選択した方が良いと思います。

こうしゅう **公衆** 공중	<ruby>公衆<rt>こうしゅう</rt></ruby><ruby>電話<rt>でんわ</rt></ruby>を<ruby>探<rt>さが</rt></ruby>しています。
	공중전화를 찾고 있습니다.
公衆	公衆電話を探しています。

こうすい **香水** 향수	<ruby>最近<rt>さいきん</rt></ruby>は<ruby>練<rt>ね</rt></ruby>り<ruby>香水<rt>こうすい</rt></ruby>ばかり<ruby>使用<rt>しよう</rt></ruby>しています。
	최근에는 고체 향수만 사용하고 있어요.
香水	最近は練り香水ばかり使用しています。

こうせき **功績** 공적	<ruby>功績<rt>こうせき</rt></ruby>を<ruby>挙<rt>あ</rt></ruby>げた<ruby>公務員<rt>こうむいん</rt></ruby>に<ruby>表彰状<rt>ひょうしょうじょう</rt></ruby>が<ruby>授与<rt>じゅよ</rt></ruby>されました。
	공적을 세운 공무원에게 표창장이 수여되었습니다.
功績	功績を挙げた公務員に表彰状が授与されました。

<ruby>前者<rt>ぜんしゃ</rt></ruby> 전자 | <ruby>選択<rt>せんたく</rt></ruby> 선택 | <ruby>電話<rt>でんわ</rt></ruby> 전화 | <ruby>探<rt>さが</rt></ruby>す 찾다 | <ruby>最近<rt>さいきん</rt></ruby> 최근/현재에서 가까운 과거
<ruby>使用<rt>しよう</rt></ruby> 사용 | <ruby>公務員<rt>こうむいん</rt></ruby> 공무원 | <ruby>表彰状<rt>ひょうしょうじょう</rt></ruby> 표창장 | <ruby>授与<rt>じゅよ</rt></ruby> 수여

N2 음독명사] か행 단어 쓰기 03

✎ 문장으로 단어를 익히고 손으로 직접 써보세요

こうせん **光線** ‥‥‥‥ 광선	たいようこうせん　せいめいたい　　　　じゅうよう 太陽光線は生命体にとって重要です。 태양 광선은 생명체에게 중요합니다.
光線	太陽光線は生命体にとって重要です。

こうそく **高速** ‥‥‥‥ 고속	こうそくどうろ　　しんにゅうろ　じゅうたい 高速道路の進入路が渋滞しています。 고속도로 진입로가 정체되고 있습니다.
高速	高速道路の進入路が渋滞しています。

こうぞう **構造** ‥‥‥‥ 구조	ちかく　こうぞう　けんきゅう 地殻の構造を研究しています。 지각의 구조를 연구하고 있습니다.
構造	地殻の構造を研究しています。

こうち **耕地** ‥‥‥‥ 경지/경작지	かくちいき　こうちめんせき　ちょうさ 各地域の耕地面積を調査しています。 각 지역의 경지면적을 조사하고 있습니다.
耕地	各地域の耕地面積を調査しています。

いよう 太陽 태양 | せいめいたい 生命体 생명체 | じゅうよう 重要 중요 | どうろ 道路 도로 | しんにゅうろ 進入路 진입로 | じゅうたい 渋滞 정체 |
うかく 地殻 지각/지피 | けんきゅう 研究 연구 | ちいき 地域 지역 | めんせき 面積 면적 | ちょうさ 調査 조사

95

✏️ 문장으로 단어를 익히고 손으로 직접 써보세요

こうてい 校庭	あした ちょうれい こうてい おこな 明日の朝礼は校庭で行われます。
교정	내일 조례는 교정에서 행해집니다.
校庭	明日の朝礼は校庭で行われます。

ごうせい 合成	しゃしん ごうせい 写真を合成しました。
합성	사진을 합성했습니다.
合成	写真を合成しました。

ごうとう 強盗	きんじょ ほうせきてん ごうとう はい 近所の宝石店に強盗が入りました。
강도	근처 금은방에 강도가 들었습니다.
強盗	近所の宝石店に強盗が入りました。

ごうどう 合同	こんど じけん けいさつ けんさつ ごうどうそうさ 今度の事件は警察と検察で合同捜査をしています。
합동	이번 사건은 경찰과 검찰에서 합동수사를 하고 있습니다.
合同	今度の事件は警察と検察で合同捜査をしています。

ちょうれい　しゃしん　きんじょ　ほうせきてん　じけん　けいさつ
朝礼 조례 | 写真 사진 | 近所 근처/근방 | 宝石店 보석가게 | 事件 사건 | 警察 경찰
けんさつ　そうさ
検察 검찰 | 捜査 수사

✎ 문장으로 단어를 익히고 손으로 직접 써보세요

こうはい **後輩**	こうはい にゅうがく いわ 後輩の入学を祝ってくれました。
후배	후배의 입학을 축하해 주었습니다.
後輩	後輩の入学を祝ってくれました。

こうふく **幸福**	うえ こうふく かん この上なく幸福を感じます。
행복	더할 나위 없이 행복을 느낍니다.
幸福	この上なく幸福を感じます。

こう ほ **候補**	かれ ゆうりょく だいとうりょうこう ほ 彼は有力な大統領候補です。
후보	그는 유력한 대통령 후보입니다.
候補	彼は有力な大統領候補です。

こう む **公務**	ながねん こう む つと さくねんていねん むか 長年まじめに公務を努め、昨年定年を迎えた。
공무	오랫동안 성실하게 공무를 하다가 지난해 정년을 맞았다.
公務	長年まじめに公務を努め、昨年定年を迎えた。

ゆうがく
入学 입학 | うえ
この上ない 더할 나위 없다 | ゆうりょく
有力だ 유력하다 | だいとうりょう
大統領 대통령 | ながねん
長年

[오랜]세월/여러 해 | ていねん
定年 정년

번호	단어	읽는 법	뜻	체크
1	項目	こうもく	항목	☐
2	紅葉	こうよう	단풍	☐
3	合理	ごうり	합리	☐
4	効力	こうりょく	효력	☐
5	語学	ごがく	어학	☐
6	国語	こくご	국어	☐
7	国境	こっきょう	국경	☐
8	国籍	こくせき	국적	☐
9	黒板	こくばん	칠판	☐
10	国民	こくみん	국민	☐
11	穀物	こくもつ	곡물	☐
12	国立	こくりつ	국립	☐
13	胡椒	こしょう	후춧가루	☐
14	固体	こたい	고체	☐
15	国家	こっか	국가	☐
16	国会	こっかい	국회	☐
17	古典	こてん	고전	☐
18	今回	こんかい	이번	☐
19	混合	こんごう	혼합	☐
20	困難	こんなん	곤란	☐

👁 **문장으로 단어를 익히고 손으로 직접 써보세요**

こうもく **項目**	みっ こうもく なか ひと せんたく 三つの項目の中から一つだけ選択してください。
항목	세 가지 항목 중에서 하나만 선택해 주세요.
項目	三つの項目の中から一つだけ選択してください。

こうよう **紅葉**	やま こうよう うつく この山の紅葉は美しいです。
단풍	이 산의 단풍은 아름답습니다.
紅葉	この山の紅葉は美しいです。

ごうり **合理**	ごうりてき ほうほう ていあん 合理的な方法を提案しました。
합리	합리적인 방법을 제안했습니다.
合理	合理的な方法を提案しました。

こうりょく **効力**	ほうりつてき こうりょく ゆいごんじょう 法律的に効力のない遺言状です。
효력	법률적으로 효력이 없는 유언장입니다.
効力	法律的に効力のない遺言状です。

せんたく ほうほう ていあん ほうりつてき ゆいごんじょう
選択 선택 | **方法** 방법 | **提案** 제안 | **法律的** 법률적 | **遺言状** 유언장

[N2 음독명사] か행 단어 쓰기 02

✏️ 문장으로 단어를 익히고 손으로 직접 써보세요

ごがく **語学**	来年に語学研修に行こうと準備しています。
어학	내년에 어학연수를 가려고 준비하고 있습니다.
語学	来年に語学研修に行こうと準備しています。

こくご **国語**	彼女は高校で国語を教えています。
국어	그녀는 고등학교에서 국어를 가르치고 있습니다.
国語	彼女は高校で国語を教えています。

こっきょう **国境**	許可なしに国境を越えることは違法です。
국경	허가 없이 국경을 넘는 것은 불법입니다.
国境	許可なしに国境を越えることは違法です。

こくせき **国籍**	この大会は様々な国籍の人々が参加しています。
국적	이 대회는 다양한 국적의 사람들이 참가하고 있습니다.
国籍	この大会は様々な国籍の人々が参加しています。

らいねん
来年 내년 | けんしゅう
研修 연수 | じゅんび
準備 준비 | こうこう
高校 고교(고등학교의 준말) | おし
教える 가르치다
きょか
許可 허가 | いほう
違法 위법 | たいかい
大会 대회 | さまざま
様々 다양 | さんか
参加 참가

✎ 문장으로 단어를 익히고 손으로 직접 써보세요

こくばん **黒板**	せんせい　こくばん　ばんしょ 先生は黒板に板書をしています。
칠판	선생님은 칠판에 판서를 하고 계십니다.
黒板	先生は黒板に板書をしています。

こくみん **国民**	すべ　こくみん　ほう　まえ　びょうどう 全ての国民は法の前では平等だ。
국민	모든 국민은 법 앞에서 평등하다.
国民	全ての国民は法の前では平等だ。

こくもつ **穀物**	しょくじ　か　こくもつ　　　　　　にんき 食事の代わりに穀物でできたおやつが人気です。
곡물	식사 대용으로 곡물로 만든 간식이 인기입니다.
穀物	食事の代わりに穀物でできたおやつが人気です。

こくりつ **国立**	おとうと　こくりつこうこう　かよ 弟は国立高校に通っています。
국립	남동생은 국립고등학교에 다니고 있습니다.
国立	弟は国立高校に通っています。

ばんしょ
板書 판서 | ほう
法 법/법률 | びょうどう
平等 평등 | しょくじ
食事 식사 | か
代わり 대리/대용/대신 | おやつ
간식 | にんき
人気 인기 | こうこう
高校 고교(고등학교의 준말) | かよ
通う 다니다/왕래하다

✎ 문장으로 단어를 익히고 손으로 직접 써보세요

こしょう **胡椒**	にく や まえ こしょう ふ 肉を焼く前に胡椒を振りかけました。
후춧가루	고기를 굽기 전에 후춧가루를 뿌렸습니다.
胡椒	肉を焼く前に胡椒を振りかけました。

こ たい **固体**	こ たい と えきたい 固体を溶かすと液体になります。
고체	고체를 녹이면 액체가 됩니다.
固体	固体を溶かすと液体になります。

こっ か **国家**	かのじょ こっか しけん じゅんび 彼女は国家試験を準備しています。
국가	그녀는 국가고시를 준비하고 있습니다.
国家	彼女は国家試験を準備しています。

こっかい **国会**	きょう ご ご こっかい ほんかいぎ ひら 今日の午後、国会で本会議が開かれるそうです。
국회	오늘 오후 국회에서 본 회의가 열린다고 합니다.
国会	今日の午後、国会で本会議が開かれるそうです。

にく や
肉 고기 | 焼く (음식을)굽다 | 振りかける 뿌리다/끼얹다 | と と えきたい
溶かす 녹이다 | 液体 액체
しけん じゅんび かいぎ
| 試験 시험 | 準備 준비 | 会議 회의

✎ 문장으로 단어를 익히고 손으로 직접 써보세요

こてん **古典**	**古典文学を読んで感想文を書きました。**
고전	고전문학을 읽고 감상문을 썼습니다.
古典	古典文学を読んで感想文を書きました。

こんかい **今回**	**今回の試験は思ったより難しかったです。**
이번	이번 시험은 생각보다 어려웠습니다.
今回	今回の試験は思ったより難しかったです。

こんごう **混合**	**この種目は男女混合で行います。**
혼합	이 종목은 남녀 혼합으로 진행합니다.
混合	この種目は男女混合で行います。

こんなん **困難**	**赤字が続き会社の経営が困難になりました。**
곤란	적자가 계속되어 회사 경영이 곤란해졌습니다.
困難	赤字が続き会社の経営が困難になりました。

ぶんがく
文学 문학 | かんそうぶん
感想文 감상문 | しけん
試験 시험 | おも
思う 생각하다 | しゅもく
種目 종목 | あかじ
赤字 적자 |
つづ
続き 이음/연결/계속 | かいしゃ
会社 회사 | けいえい
経営 경영

103

번호	단어	읽는 법	뜻	체크
1	財産	ざいさん	재산	☐
2	最終	さいしゅう	최종	☐
3	最中	さいちゅう	한창인 때	☐
4	災難	さいなん	재난	☐
5	裁縫	さいほう	재봉/바느질	☐
6	材木	ざいもく	재목	☐
7	材料	ざいりょう	재료	☐
8	索引	さくいん	색인	☐
9	座席	ざせき	좌석	☐
10	雑音	ざつおん	잡음	☐
11	作家	さっか	작가	☐
12	砂漠	さばく	사막	☐
13	差別	さべつ	차별	☐
14	三角	さんかく	삼각	☐
15	算数	さんすう	산수	☐
16	酸性	さんせい	산성	☐
17	酸素	さんそ	산소	☐
18	産地	さんち	산지	☐
19	司会	しかい	사회	☐
20	四角	しかく	사각	☐

✎ **문장으로 단어를 익히고 손으로 직접 써보세요**

ざいさん **財産** 재산	そ ふ ぜんざいさん しゃかい き ふ 祖父は全財産を社会のために寄付しました。 할아버지는 전 재산을 사회를 위해 기부하셨습니다.
財産	祖父は全財産を社会のために寄付しました。

さいしゅう **最終** 최종	さいしゅうけってい しん さ い いん おこな 最終決定は審査委員が行います。 최종 결정은 심사위원이 합니다.
最終	最終決定は審査委員が行います。

さいちゅう **最中** 한창인 때	かい ぎ さいちゅう かみなり ていでん 会議の最中に雷で停電しました。 회의가 한창인 때 천둥으로 정전되었습니다.
最中	会議の最中に雷で停電しました。

さいなん **災難** 재난	し ぜん お さいなん ふせ むずか 自然によって起こった災難は防ぐのが難しい。 자연에 의해 일어난 재난은 막기 어렵다.
災難	自然によって起こった災難は防ぐのが難しい。

き ふ けってい しん さ い いん おこな
寄付 기부 | 決定 결정 | 審査委員 심사위원 | 行う (일을)하다/행하다/처리하다/시행하다
かい ぎ かみなり ていでん し ぜん ふせ
会議 회의 | 雷 천둥/우레 | 停電 정전 | 自然 자연 | 防ぐ 막다

✎ **문장으로 단어를 익히고 손으로 직접 써보세요**

さいほう **裁縫**	裁縫の腕が良く、友人にドレスを作ってあげた。
재봉/바느질	바느질 솜씨가 좋아 친구에게 드레스를 만들어 주었다.
裁縫	裁縫の腕が良く、友人にドレスを作ってあげた。

ざいもく **材木**	良い材木を使用した建築物です。
재목	좋은 재목을 사용한 건축물입니다.
材木	良い材木を使用した建築物です。

ざいりょう **材料**	この製品には高級材料が使われています。
재료	이 제품에는 고급 재료가 쓰이고 있습니다.
材料	この製品には高級材料が使われています。

さくいん **索引**	索引があるので、簡単に探すことができます。
색인	색인이 있어서 쉽게 찾을 수 있습니다.
索引	索引があるので、簡単に探すことができます。

腕 솜씨/실력/기술 | ドレス 드레스 | 使用 사용 | 建築物 건축물 | 製品 제품 | 高級
고급 | 簡単 간단 | 探す 찾다

✎ 문장으로 단어를 익히고 손으로 직접 써보세요

ざ せき **座席** 좌석	まどがわ　ざ せき　すわ 窓側の座席に座りたいです。 창가 쪽 좌석에 앉고 싶습니다.
座席	窓側の座席に座りたいです。

ざつおん **雑音** 잡음	ざつおん　　　　　　　き ひどい雑音でラジオを聞くことができません。 심한 잡음으로 라디오를 들을 수가 없습니다.
雑音	ひどい雑音でラジオを聞くことができません。

さっ か **作家** 작가	すずき　　　　すいり しょうせつ　か　さっか 鈴木さんは推理小説を書く作家です。 스즈키 씨는 추리소설을 쓰는 작가입니다.
作家	鈴木さんは推理小説を書く作家です。

さ ばく **砂漠** 사막	さ ばく　はな　さ 砂漠に花が咲きました。 사막에 꽃이 피었습니다.
砂漠	砂漠に花が咲きました。

まどがわ
窓側 창가/창 쪽 | 座る 앉다 | ひどい (정도가)심하다/지독하다 | ラジオ 라디오 |
すいり しょうせつ
推理小説 추리소설 | 花 꽃 | 咲く (꽃이)피다

✏️ 문장으로 단어를 익히고 손으로 직접 써보세요

さべつ **差別**	じんしゅ さ べつ えい が こうかい 人種差別をテーマにした映画が公開されました。
차별	인종차별을 주제로 한 영화가 공개(개봉)되었습니다.
差別	人種差別をテーマにした映画が公開されました。

さんかく **三角**	さんかく せ こうにゅう 三角の背もたれクッションを購入しました。
삼각	삼각 등받이 쿠션을 구입했습니다.
三角	三角の背もたれクッションを購入しました。

さんすう **算数**	わたし こ ども さんすう じ かん す 私は子供の時算数の時間が好きでした。
산수	저는 어렸을 때 산수 시간을 좋아했습니다.
算数	私は子供の時算数の時間が好きでした。

さんせい **酸性**	いまふ あめ さんせい う 今降っている雨は酸性雨です。
산성	지금 내리는 비는 산성비입니다.
酸性	今降っている雨は酸性雨です。

じんしゅ
人種 인종 | テーマ 테마/주제/제목 | えい が
映画 영화 | こうかい
公開 공개 | せ
背もたれ (의자의)등받이
| クッション 쿠션 | こうにゅう
購入 구입 | じ かん
時間 시간

✎ 문장으로 단어를 익히고 손으로 직접 써보세요

さんそ **酸素** 산소	ひと さんそ い 人は酸素がないと生きていけない。 사람은 산소가 없으면 살아갈 수 없다.
酸素	人は酸素がないと生きていけない。

さんち **産地** 산지	さんち ちょくせつこうにゅう 産地で直接購入したスイカです。 산지에서 직접 구입한 수박입니다.
産地	産地で直接購入したスイカです。

しかい **司会** 사회	かれ にちようよる ばんぐみ しかい 彼は日曜夜の番組で司会をしています。 그는 일요일 밤 프로그램에서 사회를 보고 있습니다.
司会	彼は日曜夜の番組で司会をしています。

しかく **四角** 사각	み とけい かたち しかく さっき見た時計の形は四角だった。 아까 본 시계 모양은 사각이었다.
四角	さっき見た時計の形は四角だった。

と
人 사람 | 生きる 살다/생존하다/생명을 유지하다 | ちょくせつ
直接 직접 | こうにゅう
購入 구입 | ばんぐみ
番組
프로그램 | とけい
時計 시계 | かたち
形 모양/형상/형체

17일차 단어 미리 보기 알고 있는 단어를 체크해 보세요

번호	단어	읽는 법	뜻	체크
1	四季	しき	사계절	☐
2	資源	しげん	자원	☐
3	時刻	じこく	시각	☐
4	支持	しじ	지지	☐
5	事実	じじつ	사실	☐
6	磁石	じしゃく	자석	☐
7	支出	ししゅつ	지출	☐
8	支障	ししょう	지장	☐
9	市場	しじょう	시장	☐
10	事情	じじょう	사정	☐
11	詩人	しじん	시인	☐
12	自身	じしん	자신	☐
13	姿勢	しせい	자세	☐
14	自然	しぜん	자연	☐
15	時速	じそく	시속	☐
16	子孫	しそん	자손	☐
17	死体	したい	시체	☐
18	事態	じたい	사태	☐
19	自宅	じたく	자택	☐
20	湿気	しっけ	습기	☐

✏️ 문장으로 단어를 익히고 손으로 직접 써보세요

しき **四季** 사계절	わたし くに しき 私たちの国は四季がはっきりしています。 우리나라는 사계절이 뚜렷합니다.
四季	私たちの国は四季がはっきりしています。

しげん **資源** 자원	ちいき ほうふ かんこうしげん ほゆう この地域は豊富な観光資源を保有しています。 이 지역은 풍부한 관광 자원을 보유하고 있습니다.
資源	この地域は豊富な観光資源を保有しています。

じこく **時刻** 시각	じこく しゅよう この時刻の主要ニュースです。 이 시각 주요 뉴스입니다.
時刻	この時刻の主要ニュースです。

しじ **支持** 지지	こくみん あっとうてき しじ う こうほ 国民の圧倒的な支持を受ける候補です。 국민의 압도적인 지지를 받는 후보입니다.
支持	国民の圧倒的な支持を受ける候補です。

ちいき 地域 지역 | ほうふ 豊富 풍부 | かんこう 観光 관광 | ほゆう 保有 보유 | しゅよう 主要 주요 | ニュース 뉴스 | こくみん 国民 국민 | あっとうてき 圧倒的 압도적 | こうほ 候補 후보

[N2 음독명사] さ행 단어 쓰기 02

✎ 문장으로 단어를 익히고 손으로 직접 써보세요

じ じつ **事実**	かれ はなし じ じつ 彼の話は事実ではありませんでした。
사실	그의 말은 사실이 아니었습니다.
事実	彼の話は事実ではありませんでした。

じ しゃく **磁石**	おさな ごろ ぼう じ しゃく あそ き おく 幼い頃、棒磁石で遊んだ記憶があります。
자석	어렸을 때 막대자석을 가지고 놀았던 기억이 있습니다.
磁石	幼い頃、棒磁石で遊んだ記憶があります。

し しゅつ **支出**	せんげつ しゅうにゅう し しゅつ ほう おお 先月は収入より支出の方が多かったです。
지출	지난달에는 수입보다 지출이 더 많았습니다.
支出	先月は収入より支出の方が多かったです。

し しょう **支障**	さいわ いのち し しょう 幸い命には支障がありません。
지장	다행히 생명에는 지장이 없습니다.
支障	幸い命には支障がありません。

はなし
話 말/이야기 | ぼう
棒 몽둥이/막대기 | き おく
記憶 기억 | しゅうにゅう
収入 수입 | さいわ
幸い 다행히/운 좋게
いのち
命 목숨/생명

🖋 **문장으로 단어를 익히고 손으로 직접 써보세요**

しじょう **市場** 시장	にんき しょうひん しじょう かかく たか 人気の商品は市場価格が高くなります。 인기 있는 상품은 시장 가격이 비싸집니다.
市場	人気の商品は市場価格が高くなります。

じじょう **事情** 사정	ともだち い じじょう なや 友達にも言えない事情で悩んでいます。 친구에게도 말 못할 사정으로 고민하고 있습니다.
事情	友達にも言えない事情で悩んでいます。

し じん **詩人** 시인	かのじょ しょうせつか しじん 彼女は小説家で詩人です。 그녀는 소설가이자 시인입니다.
詩人	彼女は小説家で詩人です。

じ しん **自身** 자신	かれ じ しん まちが き ちが 彼自身も間違いに気づいているに違いない。 그 자신도 잘못을 깨닫고 있는 것이 틀림없다.
自身	彼自身も間違いに気づいているに違いない。

こんき き
人気 인기 | しょうひん
商品 상품 | **価格** 가격 | なや
悩む 괴로워하다/고민하다 | しょうせつか
小説家 소설가 |
まちが
間違い 틀림/잘못/실수 | き
気づく 깨닫다/눈치채다

[N2 음독명사] さ행 단어 쓰기 04

✎ 문장으로 단어를 익히고 손으로 직접 써보세요

しせい 姿勢	しせい ただ こし いた 姿勢が正しくなくて腰が痛くなりました。
자세	자세가 바르지 않아서 허리가 아팠습니다.
姿勢	姿勢が正しくなくて腰が痛くなりました。

しぜん 自然	しぜん ほご 自然を保護しなければならない。
자연	자연을 보호해야 한다.
自然	自然を保護しなければならない。

じそく 時速	くるま さいこうじそく にひゃくキロメートル この車の最高時速は200kmです。
시속	이 차의 최고 시속은 200킬로미터입니다.
時速	この車の最高時速は200kmです。

しそん 子孫	かれ しそん ゆいごん のこ 彼は子孫たちに遺言を残しました。
자손	그는 자손들에게 유언을 남기셨습니다.
子孫	彼は子孫たちに遺言を残しました。

ただ
正しい 옳다/바르다 | こし
腰 허리 | いた
痛い 아프다 | ほご
保護 보호 | さいこう
最高 최고 | ゆいごん
遺言 유언
のこ
残す 남기다/남겨 두다

N2 음독명사] さ행 단어 쓰기 05

📝 문장으로 단어를 익히고 손으로 직접 써보세요

し たい **死体** 시체	やま　し たい　 はっけん 山で死体が発見されました。 산에서 시체가 발견되었습니다.
死体	山で死体が発見されました。

じ たい **事態** 사태	かれ　 じ たい　しんこく　　　し 彼は事態の深刻さを知らずにいる。 그는 사태의 심각성을 모르고 있다.
事態	彼は事態の深刻さを知らずにいる。

じ たく **自宅** 자택	かれ　じ たく　こうきん 彼は自宅に拘禁されています。 그는 자택에 구금되어 있습니다.
自宅	彼は自宅に拘禁されています。

しっ け **湿気** 습기	じょしつ き　しっ け　じょきょ 除湿機は湿気を除去してくれます。 제습기는 습기를 제거해 줍니다.
湿気	除湿機は湿気を除去してくれます。

っけん 発見 발견 | しんこく 深刻 심각 | こうきん 拘禁 구금/감금 | じょしつ き 除湿機 제습기 | じょきょ 除去 제거

115

번호	단어	읽는 법	뜻	체크
1	実際	じっさい	실제	☐
2	実績	じっせき	실적	☐
3	実物	じつぶつ	실물	☐
4	実用	じつよう	실용	☐
5	実力	じつりょく	실력	☐
6	支店	してん	지점	☐
7	自動	じどう	자동	☐
8	地盤	じばん	지반	☐
9	紙幣	しへい	지폐	☐
10	資本	しほん	자본	☐
11	事務	じむ	사무	☐
12	氏名	しめい	성명	☐
13	弱点	じゃくてん	약점	☐
14	車庫	しゃこ	차고	☐
15	社説	しゃせつ	사설	☐
16	車道	しゃどう	차도	☐
17	住居	じゅうきょ	주거	☐
18	宗教	しゅうきょう	종교	☐
19	収納	しゅうのう	수납	☐
20	重体	じゅうたい	중태	☐

🔎 **문장으로 단어를 익히고 손으로 직접 써보세요**

じっさい **実際** 실제	**映画は実際に起きた事件を参考にして作りました。** 영화는 실제로 일어난 사건을 참고로 해서 만들었습니다.
実際	映画は実際に起きた事件を参考にして作りました。

じっせき **実績** 실적	**当社は実績によって給与の差があります。** 우리 회사는 실적에 따라 급여의 차이가 있습니다.
実績	当社は実績によって給与の差があります。

じつぶつ **実物** 실물	**この写真は実物よりきれいに写っています。** 이 사진은 실물보다 예쁘게 나왔습니다.
実物	この写真は実物よりきれいに写っています。

じつよう **実用** 실용	**高いプレゼントより実用的なプレゼントがいいです。** 비싼 선물보다 실용적인 선물이 좋습니다.
実用	高いプレゼントより実用的なプレゼントがいいです。

映画 영화 | **事件** 사건 | **参考** 참고 | **当社** 당사/이[우리]회사 | **給与** 급여/급료 | **差** 차/차이/차등 | **写真** 사진 | **写る** 찍히다 | プレゼント 선물

✏️ 문장으로 단어를 익히고 손으로 직접 써보세요

じつりょく **実力** 실력	かれ たいかい ゆうしゅう じつりょく み 彼は大会で優秀な実力を見せました。
	그는 대회에서 우수한 실력을 보여주었습니다.
実力	彼は大会で優秀な実力を見せました。

して ん **支店** 지점	ほか してん いどうじれい 他の支店への異動辞令をうけました。
	다른 지점으로 이동 발령을 받았습니다.
支店	他の支店への異動辞令をうけました。

じ どう **自動** 자동	かいしゃ で い ぐち しゅどう じ どう か 会社の出入り口が手動から自動ドアに変わりました。
	회사의 출입문이 수동에서 자동문으로 바뀌었습니다.
自動	会社の出入り口が手動から自動ドアに変わりました。

じ ばん **地盤** 지반	じしん よしん じばん ゆ 地震と余震で地盤がひどく揺れました。
	지진과 여진으로 지반이 심하게 흔들렸습니다.
地盤	地震と余震で地盤がひどく揺れました。

たいかい ゆうしゅう い どう で い ぐち しゅどう か
大会 대회 | 優秀 우수 | 異動 이동 | 出入り口 출입문 | 手動 수동 | 変わる 변화하다
じ しん よしん ゆ
바뀌다 | 地震 지진 | 余震 여진 | 揺れる 흔들리다

✏ 문장으로 단어를 익히고 손으로 직접 써보세요

しへい **紙幣**	こうはい　　しへいよう　　さいふ 後輩に紙幣用の財布をプレゼントしました。
지폐	후배에게 지폐용 지갑을 선물했습니다.
紙幣	後輩に紙幣用の財布をプレゼントしました。

しほん **資本**	すく　　　しほん　　じぎょう　じゅんび 少ない資本で事業を準備しています。
자본	적은 자본으로 사업을 준비하고 있습니다.
資本	少ない資本で事業を準備しています。

じむ **事務**	じ む ようひん　じゅうぶん 事務用品は十分です。
사무	사무용품은 충분합니다.
事務	事務用品は十分です。

しめい **氏名**	しょるい　しめい　きさい 書類に氏名を記載してください。
성명	서류에 성명을 기재해 주세요.
氏名	書類に氏名を記載してください。

こうはい 後輩 후배 | さいふ 財布 지갑 | プレゼント 선물 | すく 少ない 적다 | じぎょう 事業 사업 | じゅんび 準備 준비 |
ようひん 用品 용품 | じゅうぶん 十分 충분/십분 | しょるい 書類 서류 | きさい 記載 기재

✎ 문장으로 단어를 익히고 손으로 직접 써보세요

じゃくてん **弱点**	みんなそれぞれ違う弱点を持っています。
약점	모두 제각기 다른 약점을 갖고 있습니다.
弱点	みんなそれぞれ違う弱点を持っています。

しゃこ **車庫**	車庫の前に駐車禁止と書いてあります。
차고	차고 앞에 주차금지라고 쓰여 있습니다.
車庫	車庫の前に駐車禁止と書いてあります。

しゃせつ **社説**	夫は社説を読むために新聞を購読します。
사설	남편은 사설을 읽기 위해 신문을 구독합니다.
社説	夫は社説を読むために新聞を購読します。

しゃどう **車道**	車道の近くでボール遊びをすると危険です。
차도	차도 근처에서 공놀이를 하면 위험합니다.
車道	車道の近くでボール遊びをすると危険です。

それぞれ (제)각기/각각/각자 | 違う 다르다/틀리다/잘못[그릇]되다 | 駐車禁止 주차금지
読む 읽다 | 新聞 신문 | 購読 구독 | 危険 위험

✏️ **문장으로 단어를 익히고 손으로 직접 써보세요**

じゅうきょ **住居**	じゅうきょ じ だい けいしき か 住居は時代によって形式が変わっていく。
주거	주거는 시대에 따라 형식이 바뀌어 간다.
住居	住居は時代によって形式が変わっていく。

しゅうきょう **宗教**	きょう ぶっきょう とく ゆうめい しゅうきょう キリスト教や仏教は特に有名な宗教だ。
종교	기독교와 불교는 특히 유명한 종교이다.
宗教	キリスト教や仏教は特に有名な宗教だ。

しゅうのう **収納**	いえ しゅうのう すく この家は収納スペースが少ない。
수납	이 집은 수납공간이 적다.
収納	この家は収納スペースが少ない。

じゅうたい **重体**	ごじゅうだい だんせい びょういん はこ じゅうたい おちい 50代の男性が病院に運ばれたが、重体に陥った。
중태	50대 남성이 병원으로 옮겨졌지만 중태에 빠졌다.
重体	50代の男性が病院に運ばれたが、重体に陥った。

じ だい けいしき きょう ぶっきょう だんせい びょういん
時代 시대 | **形式** 형식 | **キリスト教** 기독교 | **仏教** 불교 | **男性** 남성 | **病院** 병원 |
ちい
陥る 빠지다/빠져들다

19일차 단어 미리 보기 알고 있는 단어를 체크해 보세요

번호	단어	읽는 법	뜻	체크
1	集団	しゅうだん	집단	☐
2	終点	しゅうてん	종점	☐
3	重点	じゅうてん	중점	☐
4	収入	しゅうにゅう	수입	☐
5	重力	じゅうりょく	중력	☐
6	主義	しゅぎ	주의	☐
7	熟語	じゅくご	숙어	☐
8	出身	しゅっしん	출신	☐
9	首都	しゅと	수도	☐
10	主婦	しゅふ	주부	☐
11	主役	しゅやく	주역	☐
12	需要	じゅよう	수요	☐
13	種類	しゅるい	종류	☐
14	瞬間	しゅんかん	순간	☐
15	順序	じゅんじょ	순서	☐
16	障害	しょうがい	장해/장애	☐
17	将棋	しょうぎ	장기	☐
18	蒸気	じょうき	증기	☐
19	乗客	じょうきゃく	승객	☐
20	商業	しょうぎょう	상업	☐

✎ 문장으로 단어를 익히고 손으로 직접 써보세요

しゅうだん **集団** 집단	しゅうだんしょくちゅうどく　　　　　ちょうさ　　おこな 集団食中毒について調査を行っている。 집단 식중독에 대해 조사하고 있다.
集団	集団食中毒について調査を行っている。

しゅうてん **終点** 종점	の　　　　しゅうてん　お　　　　うみ　み このバスに乗って終点で降りると海が見えます。 이 버스를 타고 종점에서 내리면 바다가 보입니다.
終点	このバスに乗って終点で降りると海が見えます。

じゅうてん **重点** 중점	かいしゃ　　ひんしつかんり　　じゅうてん　お 会社は品質管理に重点を置いています。 회사는 품질 관리에 중점을 두고 있습니다.
重点	会社は品質管理に重点を置いています。

しゅうにゅう **収入** 수입	まいつき　しゅうにゅう　いちぶ　ちょちく 毎月の収入の一部を貯蓄しています。 매달 수입의 일부를 저축하고 있습니다.
収入	毎月の収入の一部を貯蓄しています。

しょくちゅうどく
食中毒 식중독 | ちょうさ
調査 조사 | おこな
行う 하다/행하다 | ひんしつかんり
品質管理 품질관리 | まいつき
毎月 매월/달마다

いちぶ
一部 일부/일부분 | ちょちく
貯蓄 저축

[N2 음독명사] さ행 단어 쓰기 02

✏️ 문장으로 단어를 익히고 손으로 직접 써보세요

じゅうりょく 重力	月の重力は地球の６分の１だそうだ。
중력	달의 중력은 지구의 6분의 1이라고 한다.
重力	月の重力は地球の６分の１だそうだ。

しゅぎ 主義	民主主義に関する本を読んでいます。
주의	민주주의에 관한 책을 읽고 있습니다.
主義	民主主義に関する本を読んでいます。

じゅくご 熟語	友達に熟語辞典を借りました。
숙어	친구에게 숙어 사전을 빌렸습니다.
熟語	友達に熟語辞典を借りました。

しゅっしん 出身	彼は理工系出身です。
출신	그는 이공계 출신입니다.
出身	彼は理工系出身です。

地球 지구 | 民主 민주 | 関する 관하다 | 辞典 사전 | 理工系 이공계

✎ 문장으로 단어를 익히고 손으로 직접 써보세요

しゅと **首都**	かんこく　しゅと 韓国の首都はソウルです。
수도	한국의 수도는 서울입니다.
首都	韓国の首都はソウルです。

しゅふ **主婦**	かのじょ　しょくば　　せんぎょうしゅふ 彼女は職場をやめて専業主婦になった。
주부	그녀는 직장을 그만두고 전업주부가 되었다.
主婦	彼女は職場をやめて専業主婦になった。

しゅやく **主役**	す　　はいゆう　　　　　　しゅやく　えん 好きな俳優がドラマで主役を演じることになった。
주역	좋아하는 배우가 드라마에서 주역을 맡게 되었다.
主役	好きな俳優がドラマで主役を演じることになった。

じゅよう **需要**	じゅよう　きょうきゅう　　　　か かく　へんどう 需要と供給によって価格が変動します。
수요	수요와 공급에 따라 가격이 변동됩니다.
需要	需要と供給によって価格が変動します。

かんこく
韓国 한국 | **ソウル** 서울 | しょくば
職場 직장 | せんぎょう
専業 전업/전문 직업 | はいゆう
俳優 배우 | えん
演じる
(어떤 역을)맡아 하다/연기하다 | きょうきゅう
供給 공급 | か かく
価格 가격 | へんどう
変動 변동

[N2 음독명사] さ행 단어 쓰기 04

✎ 문장으로 단어를 익히고 손으로 직접 써보세요

しゅるい **種類** 종류	しょくぶつえん さまざま しゅるい しょくぶつ 植物園には、様々な種類の植物があります。
	식물원에는 여러 종류의 식물이 있습니다.
種類	植物園には、様々な種類の植物があります。

しゅんかん **瞬間** 순간	けっていてき しゅんかん でん わ な 決定的な瞬間に電話のベルが鳴りました。
	결정적인 순간에 전화벨이 울렸습니다.
瞬間	決定的な瞬間に電話のベルが鳴りました。

じゅんじょ **順序** 순서	き じゅんじょどお せいこう 決められた順序通りにやらないと成功しません。
	정해진 순서대로 하지 않으면 성공할 수 없습니다.
順序	決められた順序通りにやらないと成功しません。

しょうがい **障害** 장해/장애	しょうがい もんだい たいさく かんが 障害になる問題とその対策について考えました。
	장애가 되는 문제와 그 대책에 대해 생각했습니다.
障害	障害になる問題とその対策について考えました。

しょくぶつえん き せいこう もんだい たいさく かんが
植物園 식물원 | **決定的** 결정적 | **電話** 전화 | **ベル** 벨/종 | **鳴る** 울리다/소리가 나다
決める 정하다/결정하다 | **成功** 성공 | **問題** 문제 | **対策** 대책 | **考える** 생각하다/고안하다

126

✍ 문장으로 단어를 익히고 손으로 직접 써보세요

しょう ぎ **将棋** 장기	ちち しょうぎ さ 父と将棋を指しました。
	아버지와 장기를 두었습니다.
将棋	父と将棋を指しました。

じょう き **蒸気** 증기	じょう き はいしゅつ 蒸気が排出されました。
	증기가 배출되었습니다.
蒸気	蒸気が排出されました。

じょうきゃく **乗客** 승객	とうじょう じょうきゃく なか いしゃ 搭乗した乗客の中で医者はいますか。
	탑승한 승객 중에 의사가 있습니까?
乗客	搭乗した乗客の中で医者はいますか。

しょうぎょう **商業** 상업	ち いき しょうぎょうと し この地域は商業都市です。
	이 지역은 상업 도시입니다.
商業	この地域は商業都市です。

いしゅつ　　とうじょう　　　い しゃ　　　ち いき　　　と し
排出 배출 | 搭乗 탑승 | 医者 의사 | 地域 지역 | 都市 도시

번호	단어	읽는 법	뜻	체크
1	賞金	しょうきん	상금	☐
2	上下	じょうげ	상하	☐
3	正午	しょうご	정오	☐
4	詳細	しょうさい	상세	☐
5	常識	じょうしき	상식	☐
6	上旬	じょうじゅん	상순	☐
7	少女	しょうじょ	소녀	☐
8	症状	しょうじょう	증상	☐
9	少数	しょうすう	소수	☐
10	状態	じょうたい	상태	☐
11	冗談	じょうだん	농담	☐
12	商店	しょうてん	상점	☐
13	焦点	しょうてん	초점	☐
14	商人	しょうにん	상인	☐
15	少年	しょうねん	소년	☐
16	勝敗	しょうはい	승패	☐
17	賞品	しょうひん	상품	☐
18	勝負	しょうぶ	승부	☐
19	小便	しょうべん	소변/오줌	☐
20	消防	しょうぼう	소방	☐

✏️ **문장으로 단어를 익히고 손으로 직접 써보세요**

しょうきん **賞金**	<small>たいかい</small>大会に<small>ゆうしょう</small>優勝して<small>しょうきん</small>賞金をもらいました。
상금	대회에 우승해서 상금을 받았습니다.
賞金	大会に優勝して賞金をもらいました。

じょう げ **上下**	<small>かいしゃ</small>会社には<small>じょう げ かんけい</small>上下関係が<small>そんざい</small>存在します。
상하	회사에는 상하관계가 존재합니다.
上下	会社には上下関係が存在します。

しょう ご **正午**	<small>しょうご</small>正午になるとアラームが<small>な</small>鳴る。
정오	정오가 되면 알람이 울린다.
正午	正午になるとアラームが鳴る。

しょうさい **詳細**	<small>じ けん</small>事件について<small>しょうさい</small>詳細に<small>ほうどう</small>報道されたニュースを<small>み</small>見ました。
상세	사건에 대해서 상세하게 보도된 뉴스를 봤습니다.
詳細	事件について詳細に報道されたニュースを見ました。

<small>たいかい</small>大会 대회 | <small>ゆうしょう</small>優勝 우승 | <small>かんけい</small>関係 관계 | <small>そんざい</small>存在 존재 | <small>じ けん</small>事件 사건 | <small>ほうどう</small>報道 보도

[N2 음독명사] さ행 단어 쓰기 02

✎ 문장으로 단어를 익히고 손으로 직접 써보세요

じょうしき **常識** 상식	それは常識から外れた行動です。
	그것은 상식에서 벗어난 행동입니다.
常識	それは常識から外れた行動です。

じょうじゅん **上旬** 상순	今年の梅雨が8月上旬まで続きます。
	올해 장마가 8월 상순까지 계속됩니다.
上旬	今年の梅雨が8月上旬まで続きます。

しょうじょ **少女** 소녀	少女は小説を読んで泣いてしまいました。
	소녀는 소설을 읽고 울고 말았습니다.
少女	少女は小説を読んで泣いてしまいました。

しょうじょう **症状** 증상	発熱症状があります。
	발열 증상이 있습니다.
症状	発熱症状があります。

こうどう
行動 행동 | つゆ
梅雨 장마 | しょうせつ
小説 소설 | はつねつ
発熱 발열

✎ 문장으로 단어를 익히고 손으로 직접 써보세요

しょうすう **少数** 소수	しょうすう いけん そんちょう 少数の意見も尊重しなければなりません。 소수의 의견도 존중해야 합니다.
少数	少数の意見も尊重しなければなりません。

じょうたい **状態** 상태	じょうたい かくにん どんな状態なのか確認しなければなりません。 어떤 상태인지 확인해야 합니다.
状態	どんな状態なのか確認しなければなりません。

じょうだん **冗談** 농담	かれ じょうだん おもしろ 彼の冗談は面白くありません。 그의 농담은 재미없습니다.
冗談	彼の冗談は面白くありません。

しょうてん **商店** 상점	ちか でんとうがっき はんばい しょうてん この近くに伝統楽器を販売する商店があります。 이 근처에 전통악기를 판매하는 상점이 있습니다.
商店	この近くに伝統楽器を販売する商店があります。

い けん   そんちょう   かくにん   でんとう   がっき   はんばい
意見 의견 | 尊重 존중 | 確認 확인 | 伝統 전통 | 楽器 악기 | 販売 판매

[N2 음독명사] さ행 단어 쓰기 04

✎ 문장으로 단어를 익히고 손으로 직접 써보세요

しょうてん **焦点** 초점	どこに焦点を置いたらいいのか分からない。 어디에 초점을 둬야 할지 모르겠어.
焦点	どこに焦点を置いたらいいのか分からない。

しょうにん **商人** 상인	品物を安く売る商人がいます。 물건을 싸게 파는 상인이 있습니다.
商人	品物を安く売る商人がいます。

しょうねん **少年** 소년	少年はサッカーの練習をしています。 소년은 축구 연습을 하고 있습니다.
少年	少年はサッカーの練習をしています。

しょうはい **勝敗** 승패	勝敗はまだ決まったわけではない。 승패는 아직 결정된 것은 아니다.
勝敗	勝敗はまだ決まったわけではない。

しなもの
品物 물건 | れんしゅう
練習 연습 | き
決まる 정해지다/결정되다

✏️ 문장으로 단어를 익히고 손으로 직접 써보세요

しょうひん **賞品**	たいかい ゆうしょう ひと しょうきん しょうひん あた 大会で優勝した人には賞金と賞品が与えられます。
상품	대회에서 우승한 사람에게는 상금과 상품이 주어집니다.
賞品	大会で優勝した人には賞金と賞品が与えられます。

しょう ぶ **勝負**	こんかい し あい しょう ぶ ひ わ 今回の試合の勝負は引き分けです。
승부	이번 경기의 승부는 무승부입니다.
勝負	今回の試合の勝負は引き分けです。

しょうべん **小便**	あか ね しょうべん 赤ちゃんは寝ながらも小便をします。
소변/오줌	아기는 자면서도 오줌을 쌉니다.
小便	赤ちゃんは寝ながらも小便をします。

しょうぼう **消防**	がっこう あんぜんきょういく しょうぼうくんれん じっ し 学校では安全教育として消防訓練を実施します。
소방	학교에서는 안전 교육으로서 소방 훈련을 실시합니다.
消防	学校では安全教育として消防訓練を実施します。

ゆうしょう しょうきん あた こんかい し あい
優勝 우승 | 賞金 상금 | 与える 주다/수여하다 | 今回 금번/이번 | 試合 경기/시합 |
ひ わ あんぜん きょういく くんれん じっ し
引き分け 무승부 | 安全 안전 | 教育 교육 | 訓練 훈련 | 実施 실시

21일차 단어 미리 보기 알고 있는 단어를 체크해 보세요

번호	단어	읽는 법	뜻	체크
1	初級	しょきゅう	초급	☐
2	職業	しょくぎょう	직업	☐
3	食卓	しょくたく	식탁	☐
4	食品	しょくひん	식품	☐
5	食欲	しょくよく	식욕	☐
6	食糧	しょくりょう	식량	☐
7	書斎	しょさい	서재	☐
8	女子	じょし	여자	☐
9	助手	じょしゅ	조수	☐
10	初旬	しょじゅん	초순	☐
11	書籍	しょせき	서적	☐
12	食器	しょっき	식기	☐
13	書店	しょてん	서점	☐
14	書道	しょどう	서도/서예	☐
15	所得	しょとく	소득	☐
16	初歩	しょほ	초보/첫걸음	☐
17	書類	しょるい	서류	☐
18	私立	しりつ	사립	☐
19	真空	しんくう	진공	☐
20	神経	しんけい	신경	☐

DAY 21 [N2 음독명사] さ행 단어 쓰기 01

420/1500

✎ 문장으로 단어를 익히고 손으로 직접 써보세요

しょきゅう **初級** 초급	スペイン語を勉強していますがまだ初級です。 스페인어를 공부하고 있습니다만 아직 초급입니다.
初級	スペイン語を勉強していますがまだ初級です。

しょくぎょう **職業** 직업	職業には貴賤がない。 직업에는 귀천이 없다.
職業	職業には貴賤がない。

しょくたく **食卓** 식탁	食卓の上にトマトがあります。 식탁 위에 토마토가 있습니다.
食卓	食卓の上にトマトがあります。

しょくひん **食品** 식품	お祖母さんに健康食品を買ってあげました。 할머니께 건강식품을 사드렸습니다.
食品	お祖母さんに健康食品を買ってあげました。

スペイン語 스페인어 | 勉強 공부 | 貴賤 귀천 | 健康 건강

[N2 음독명사] さ행 단어 쓰기 02

✎ 문장으로 단어를 익히고 손으로 직접 써보세요

しょくよく **食欲**	あつ　　　　　　しょくよく 暑いからなのか食欲がないです。
식욕	더워서인지 식욕이 없습니다.
食欲	暑いからなのか食欲がないです。

しょくりょう **食糧**	せんそうちゅう　しょくりょう　ふ　そく 戦争中は食糧が不足します。
식량	전쟁 중에는 식량이 부족합니다.
食糧	戦争中は食糧が不足します。

しょさい **書斎**	かのじょ　しょさい　ほん　よ 彼女は書斎で本を読んでいます。
서재	그녀는 서재에서 책을 읽고 있습니다.
書斎	彼女は書斎で本を読んでいます。

じょし **女子**	じょし こちらは女子トイレです。
여자	여기는 여자 화장실입니다.
女子	こちらは女子トイレです。

せんそう　　　　　　ふ　そく
戦争 전쟁 | **不足** 부족

136

✎ 문장으로 단어를 익히고 손으로 직접 써보세요

じょしゅ 助手	簡単な業務は助手に任せています。
조수	간단한 업무는 조수에게 맡기고 있습니다.
助手	簡単な業務は助手に任せています。

しょじゅん 初旬	8月初旬に友達と旅行に行くことにしました。
초순	8월 초순에 친구들과 여행을 가기로 했습니다.
初旬	8月初旬に友達と旅行に行くことにしました。

しょせき 書籍	書斎には所蔵したい書籍ばかり集めておいた。
서적	서재에는 소장하고 싶은 서적들만 모아 놓았다.
書籍	書斎には所蔵したい書籍ばかり集めておいた。

しょっき 食器	食器はきれいに洗って乾かしてから使用しています。
식기	식기는 깨끗하게 씻고 말려서 사용하고 있습니다.
食器	食器はきれいに洗って乾かしてから使用しています。

かんたん 簡単 간단 | ぎょうむ 業務 업무 | 任せる 맡기다/위임하다/일임하다 | りょこう 旅行 여행 | しょさい 書斎 서재 |
しょぞう 所蔵 소장 | あら 洗う 씻다/빨다/세탁하다 | かわ 乾かす 말리다 | しよう 使用 사용

[N2 음독명사] さ행 단어 쓰기 04

✎ 문장으로 단어를 익히고 손으로 직접 써보세요

しょてん **書店**	家の近くに大型書店ができました。
서점	집 근처에 대형 서점이 생겼습니다.
書店	家の近くに大型書店ができました。

しょどう **書道**	去年から書道教室に通っています。
서도/서예	작년부터 서예학원에 다니고 있습니다.
書道	去年から書道教室に通っています。

しょとく **所得**	去年より所得が増加しました。
소득	작년보다 소득이 증가했습니다.
所得	去年より所得が増加しました。

しょほ **初歩**	初歩的なミスを繰り返している。
초보	초보적인 실수를 되풀이하고 있다.
初歩	初歩的なミスを繰り返している。

おおがた **大型** 대형 | きょうしつ **教室** 교실/강습 | かよ **通う** 다니다/왕래하다 | ぞうか **増加** 증가 | く かえ **繰り返す** 되풀이하다/반복하다

✏️ 문장으로 단어를 익히고 손으로 직접 써보세요

しょるい **書類** .... 서류	**じゅうよう しょるい** 重要な書類をなくしました。 중요한 서류를 잃어버렸습니다.
書類	重要な書類をなくしました。

しりつ **私立** .... 사립	**おとうと しりつだいがく にゅうがく** 弟は私立大学に入学しました。 남동생은 사립대학에 입학했습니다.
私立	弟は私立大学に入学しました。

しんくう **真空** .... 진공	**にく しんくう れいとうこ い** 肉は真空パックして冷凍庫に入れておきました。 고기는 진공 포장해서 냉동고에 넣어 두었습니다.
真空	肉は真空パックして冷凍庫に入れておきました。

しんけい **神経** .... 신경	**こま さぎょう しんけい つか** 細かい作業は神経をよく使う。 세밀한 작업은 신경을 많이 쓴다.
神経	細かい作業は神経をよく使う。

じゅうよう **重要** 중요 | だいがく **大学** 대학 | にゅうがく **入学** 입학 | れいとうこ **冷凍庫** 냉동고 | さぎょう **作業** 작업

번호	단어	읽는 법	뜻	체크
1	信仰	しんこう	신앙	☐
2	信号	しんごう	신호	☐
3	人工	じんこう	인공	☐
4	人事	じんじ	인사	☐
5	人種	じんしゅ	인종	☐
6	心身	しんしん	심신	☐
7	人生	じんせい	인생	☐
8	親戚	しんせき	친척	☐
9	人造	じんぞう	인조	☐
10	身体	しんたい	신체	☐
11	寝台	しんだい	침대	☐
12	身長	しんちょう	신장/키	☐
13	審判	しんぱん	심판	☐
14	人物	じんぶつ	인물	☐
15	人命	じんめい	인명	☐
16	深夜	しんや	심야	☐
17	心理	しんり	심리	☐
18	神話	しんわ	신화	☐
19	水産	すいさん	수산	☐
20	炊事	すいじ	취사	☐

✎ 문장으로 단어를 익히고 손으로 직접 써보세요

しんこう **信仰** 신앙	た なか きょう しんこう 田中さんはキリスト教を信仰しています。
	다나카 씨는 기독교를 신앙하고 있습니다.
信仰	田中さんはキリスト教を信仰しています。

しんごう **信号** 신호	そうなんしんごう おく かた 遭難信号の送り方にはいろいろあります。
	조난신호를 보내는 방법에는 여러 가지가 있습니다.
信号	遭難信号の送り方にはいろいろあります。

じんこう **人工** 인공	じんこうち のう せいさく かつよう ぎ じゅつ けんきゅう 人工知能の制作に活用される技術を研究しています。
	인공지능 제작에 활용되는 기술을 연구하고 있습니다.
人工	人工知能の制作に活用される技術を研究しています。

じん じ **人事** 인사	かいしゃ じんじ い どう 会社の人事異動があります。
	회사의 인사이동이 있습니다.
人事	会社の人事異動があります。

そうなん ち のう せいさく かつよう ぎ じゅつ けんきゅう い どう
遭難 조난 | 知能 지능 | 制作 제작 | 活用 활용 | 技術 기술 | 研究 연구 | 異動 이동

✎ 문장으로 단어를 익히고 손으로 직접 써보세요

じんしゅ **人種**	ひとびと じんしゅ さ べつ どりょく 人々は人種差別をなくすために努力しています。
인종	사람들은 인종차별을 없애기 위해 노력하고 있습니다.
人種	人々は人種差別をなくすために努力しています。

しんしん **心身**	しんしん ひろう む し 心身の疲労を無視してはいけない。
심신	심신의 피로를 무시해서는 안 된다.
心身	心身の疲労を無視してはいけない。

じんせい **人生**	ふ かえ こうかい じんせい 振り返ってみると、後悔のない人生だった。
인생	돌이켜보면 후회 없는 인생이었다.
人生	振り返ってみると、後悔のない人生だった。

しんせき **親戚**	せんしゅうしんせき いえ い 先週親戚の家に行ってきました。
친척	지난주에 친척 집에 다녀왔습니다.
親戚	先週親戚の家に行ってきました。

さ べつ   どりょく   ふ かえ   こうかい
差別 차별 | 努力 노력 | 振り返る 뒤돌아보다/되돌아보다 | 後悔 후회

[N2 음독명사] さ행 단어 쓰기 03

✎ 문장으로 단어를 익히고 손으로 직접 써보세요

じんぞう **人造** 인조	この映画の主人公は人造人間です。 えい が　　しゅじんこう　　じんぞうにんげん
	이 영화의 주인공은 인조인간입니다.
人造	この映画の主人公は人造人間です。

しんたい **身体(からだ)** 신체	身体を鍛えるために毎日運動をしています。 しんたい　きた　　　　まいにちうんどう
	신체를 단련하기 위해 매일 운동을 하고 있습니다.
身体(からだ)	身体を鍛えるために毎日運動をしています。

しんだい **寝台** 침대	旅行中に寝台列車に乗ることになりました。 りょこうちゅう　しんだいれっしゃ　の
	여행 중에 침대 열차를 타게 되었습니다.
寝台	旅行中に寝台列車に乗ることになりました。

しんちょう **身長** 신장/키	親に似て身長が高いです。 おや　に　しんちょう　たか
	부모님을 닮아서 키가 큽니다.
身長	親に似て身長が高いです。

しゅじんこう 主人公 주인공 | 人間 인간 | 鍛える (쇠 따위를)불리다/단련하다/맹렬히 훈련하다 | うんどう 運動
にんげん　　　　　きた
운동 | 旅行 여행 | 列車 열차 | 親 어버이/부모 | 似る 닮다/비슷하다
りょこう　　　　れっしゃ　　　　おや　　　　　に

143

✎ 문장으로 단어를 익히고 손으로 직접 써보세요

しんぱん **審判** 심판	しんぱん はんてい ま 審判の判定を待っています。 심판의 판정을 기다리고 있습니다.
審判	審判の判定を待っています。

じんぶつ **人物** 인물	しょうせつ とうじょうじんぶつ ななにん この小説の登場人物は7人だ。 이 소설의 등장인물은 7명이다.
人物	この小説の登場人物は7人だ。

じんめい **人命** 인명	か さい はっせい じんめいきゅうじょ おこな 火災が発生し、人命救助が行われた。 화재가 발생해 인명구조가 이루어졌다.
人命	火災が発生し、人命救助が行われた。

しんや **深夜** 심야	きんようび ともだち しんやえいが み よてい 金曜日は友達と深夜映画を見る予定です。 금요일은 친구와 심야 영화를 볼 예정입니다.
深夜	金曜日は友達と深夜映画を見る予定です。

はんてい しょうせつ とうじょう かさい きゅうじょ よてい
判定 판정 | 小説 소설 | 登場 등장 | 火災 화재 | 救助 구조 | 予定 예정

[N2 음독명사] さ행 단어 쓰기 05

✎ 문장으로 단어를 익히고 손으로 직접 써보세요

しん り **心理** 심리	にんげん　しん り　げいじゅつてき　ひょうげん　えい が 人間の心理を芸術的に表現した映画です。
	인간의 심리를 예술적으로 표현한 영화입니다.
心理	人間の心理を芸術的に表現した映画です。

しん わ **神話** 신화	しん わ　　さまざま　どうぶつ　とうじょう ギリシャ・ローマ神話には様々な動物が登場します。
	그리스・로마 신화에는 여러 동물이 등장합니다.
神話	ギリシャ・ローマ神話には様々な動物が登場します。

すいさん **水産** 수산	ともだち　すいさんぎょう　じゅうじ 友達は水産業に従事しています。
	친구는 수산업에 종사하고 있습니다.
水産	友達は水産業に従事しています。

すい じ **炊事** 취사	すい じ きん し　く いき ここは炊事禁止区域です。
	이곳은 취사 금지 구역입니다.
炊事	ここは炊事禁止区域です。

こんげん
人間 인간 | げいじゅつてき
芸術的 예술적 | ひょうげん
表現 표현 | どうぶつ
動物 동물 | とうじょう
登場 등장 | じゅうじ
従事 종사 | きん し
禁止 금지 | く いき
区域 구역

23일차 단어 미리 보기 _{알고 있는 단어를 체크해 보세요}

번호	단어	읽는 법	뜻	체크
1	水準	すいじゅん	수준	☐
2	水素	すいそ	수소	☐
3	水筒	すいとう	물통	☐
4	随筆	ずいひつ	수필	☐
5	水分	すいぶん	수분	☐
6	睡眠	すいみん	수면	☐
7	水面	すいめん	수면	☐
8	水曜日	すいようび	수요일	☐
9	数学	すうがく	수학	☐
10	図鑑	ずかん	도감	☐
11	図形	ずけい	도형	☐
12	頭痛	ずつう	두통	☐
13	頭脳	ずのう	두뇌	☐
14	図表	ずひょう	도표	☐
15	寸法	すんぽう	치수/길이	☐
16	税関	ぜいかん	세관	☐
17	性質	せいしつ	성질	☐
18	精神	せいしん	정신	☐
19	成人	せいじん	성인	☐
20	制度	せいど	제도	☐

✎ 문장으로 단어를 익히고 손으로 직접 써보세요

すいじゅん **水準** ······ 수준	りょうこく けいざいすいじゅん ひ かく 両国の経済水準を比較してみました。 양국의 경제 수준을 비교해 보았습니다.
水準	両国の経済水準を比較してみました。

すい そ **水素** ······ 수소	すい そ さん そ けつごう みず 水素と酸素が結合すると水になります。 수소와 산소가 결합하면 물이 됩니다.
水素	水素と酸素が結合すると水になります。

すいとう **水筒** ······ 물통	すいとう みず まん 水筒に水を満タンに入れてください。 물통에 물을 가득 채워주세요.
水筒	水筒に水を満タンに入れてください。

ずいひつ **随筆** ······ 수필	すず き ずいひつさっ か 鈴木さんは随筆作家です。 스즈키 씨는 수필 작가입니다.
随筆	鈴木さんは随筆作家です。

りょうこく けいざい ひ かく さん そ けつごう さっ か
両国 양국 | 経済 경제 | 比較 비교 | 酸素 산소 | 結合 결합 | 作家 작가

[N2 음독명사] さ행 단어 쓰기 02

✎ 문장으로 단어를 익히고 손으로 직접 써보세요

すいぶん **水分** 수분	からだ すいぶん ひつよう 体には水分が必要です。 몸에는 수분이 필요합니다.
水分	体には水分が必要です。

すいみん **睡眠** 수면	わたし まいにちすいみんじ かん き ろく 私は毎日睡眠時間を記録しています。 저는 매일 수면시간을 기록하고 있습니다.
睡眠	私は毎日睡眠時間を記録しています。

すいめん **水面** 수면	いぬ すいめん うつ じ ぶん み ほ 犬が水面に映った自分を見て吠えた。 개가 수면에 비친 자신을 보고 짖었다.
水面	犬が水面に映った自分を見て吠えた。

すいよう び **水曜日** 수요일	すいよう び てんけん 水曜日はエレベーターの点検があります。 수요일에는 엘리베이터 점검이 있습니다.
水曜日	水曜日はエレベーターの点検があります。

からだ
体 몸/신체 | ひつよう
必要 필요 | じ かん
時間 시간 | き ろく
記録 기록 | うつ
映る 반영하다/비치다 | ほ
吠える (가

짐승 등이)짖다/으르렁거리다 | **エレベーター** 엘리베이터 | てんけん
点検 점검

[N2 음독명사] さ행 단어 쓰기 03

✏️ 문장으로 단어를 익히고 손으로 직접 써보세요

すうがく 数学	ねっしん どりょく けっか すうがく せいせき こうじょう 熱心に努力した結果、数学の成績が向上した。
수학	열심히 노력한 결과 수학 성적이 향상되었다.
数学	熱心に努力した結果、数学の成績が向上した。

ず かん 図鑑	か がく じ かん しょくぶつ ず かん つく 科学の時間に植物図鑑を作りました。
도감	과학 시간에 식물도감을 만들었습니다.
図鑑	科学の時間に植物図鑑を作りました。

ず けい 図形	りったい ず けい たいせき もと もんだい しゅつだい 立体図形の体積を求める問題が出題されました。
도형	입체도형의 부피를 구하는 문제가 출제되었습니다.
図形	立体図形の体積を求める問題が出題されました。

ず つう 頭痛	きのう ず つう くる 昨日から頭痛に苦しんでいます。
두통	어제부터 두통에 시달리고 있습니다.
頭痛	昨日から頭痛に苦しんでいます。

ねっしん 熱心 열심 | どりょく 努力 노력 | けっか 結果 결과 | せいせき 成績 성적 | こうじょう 向上 향상 | か がく 科学 과학 | しょくぶつ 植物 식물
りったい 立体 입체 | たいせき 体積 체적/부피 | もんだい 問題 문제 | しゅつだい 出題 출제 | くる 苦しむ 괴로워하다/고생하다

✎ 문장으로 단어를 익히고 손으로 직접 써보세요

頭脳 ず のう 두뇌	このゲームは頭脳の発達に役立つ。 ず のう　　はったつ　やく だ 이 게임은 두뇌 발달에 도움이 된다.
頭脳	このゲームは頭脳の発達に役立つ。

図表 ず ひょう 도표	先生は図表を見ながら説明してくださった。 せんせい　ず ひょう　み　　　　せつめい 선생님은 도표를 보면서 설명해 주셨다.
図表	先生は図表を見ながら説明してくださった。

寸法 すんぽう 치수/길이	メジャーで寸法を測った。 すんぽう　はか 줄자로 치수를 쟀다.
寸法	メジャーで寸法を測った。

税関 ぜいかん 세관	税関申告書を作成しています。 ぜいかんしんこくしょ　さくせい 세관신고서를 작성하고 있습니다.
税関	税関申告書を作成しています。

ゲーム 게임 | 発達 발달 | 役立つ 쓸모가 있다/도움이 되다 | 説明 설명 | メジャー
はったつ　　　　　　　やく だ　　　　　　　　　　　　　　　　　　　せつめい
자/줄자 | 申告書 신고서 | 作成 작성
しんこくしょ　　　　さくせい

✎ 문장으로 단어를 익히고 손으로 직접 써보세요

せいしつ **性質** 성질	か がく　じ かん　ひかり　せいしつ　　まな 科学の時間で光の性質について学びました。 과학 시간에 빛의 성질에 대해 배웠습니다.
性質	科学の時間で光の性質について学びました。

せいしん **精神** 정신	かれ　せいしんしっかん　わずら 彼は精神疾患を患っています。 그는 정신질환을 앓고 있습니다.
精神	彼は精神疾患を患っています。

せいじん **成人** 성인	おい　せいじん　　　　　　　　　　　　　はじ 甥は成人になってからアルバイトを始めた。 조카는 성인이 되고나서 아르바이트를 시작했다.
成人	甥は成人になってからアルバイトを始めた。

せい ど **制度** 제도	きょういくせい ど　　　　　　　　　　しら アメリカの教育制度について調べてみました。 미국의 교육제도에 대해 알아보았습니다.
制度	アメリカの教育制度について調べてみました。

か がく　　　　　　　　ひかり　　　　まな
科学 과학 | 光 빛 | 学ぶ 배우다/(학문·기술 등을)익히다 | 疾患 질환 | 患う 병을 앓다/병
しっかん　　　　わずら
이 나다 | 甥 조카/생질 | 教育 교육 | 調べる 조사하다/연구하다/검토하다
おい　　　　　　きょういく　　　しら

번호	단어	읽는 법	뜻	체크
1	青年	せいねん	청년	☐
2	生物	せいぶつ	생물	☐
3	成分	せいぶん	성분	☐
4	生命	せいめい	생명	☐
5	正門	せいもん	정문	☐
6	西暦	せいれき	서력/서기	☐
7	石炭	せきたん	석탄	☐
8	赤道	せきどう	적도	☐
9	責任	せきにん	책임	☐
10	石油	せきゆ	석유	☐
11	世間	せけん	세간/세상/사회	☐
12	接種	せっしゅ	접종	☐
13	設備	せつび	설비	☐
14	全員	ぜんいん	전원	☐
15	前後	ぜんご	전후	☐
16	洗剤	せんざい	세제	☐
17	先日	せんじつ	전일/요전날	☐
18	前者	ぜんしゃ	전자	☐
19	全集	ぜんしゅう	전집	☐
20	全身	ぜんしん	전신	☐

✎ **문장으로 단어를 익히고 손으로 직접 써보세요**

せいねん 青年	起業を目標とする青年が増えています。
청년	창업을 목표로 하는 청년이 늘고 있습니다.
青年	起業を目標とする青年が増えています。

せいぶつ 生物	海洋で生活する生物を海洋生物といいます。
생물	해양에서 생활하는 생물을 해양생물이라고 합니다.
生物	海洋で生活する生物を海洋生物といいます。

せいぶん 成分	この化粧品は植物由来成分で作られています。
성분	이 화장품은 식물유래 성분으로 만들었습니다.
成分	この化粧品は植物由来成分で作られています。

せいめい 生命	国民の生命は尊重し、保護しなければならない。
생명	국민의 생명은 존중하고 보호해야 한다.
生命	国民の生命は尊重し、保護しなければならない。

きぎょう 起業 기업/새로이 사업을 일으킴 | もくひょう 目標 목표 | 増える (수·양이)늘다 | かいよう 海洋 해양 | せいかつ 生活
생활 | けしょうひん 化粧品 화장품 | しょくぶつ 植物 식물 | こくみん 国民 국민 | そんちょう 尊重 존중 | ほご 保護 보호

✏️ **문장으로 단어를 익히고 손으로 직접 써보세요**

せいもん **正門**	がっこう せいもん まえ ともだち ま 学校の正門の前で友達を待っています。
정문	학교 정문 앞에서 친구를 기다리고 있어요.
正門	学校の正門の前で友達を待っています。

せいれき **西暦**	かれ う とし せいれきなんねん 彼が生まれた年は西暦何年ですか。
서력/서기	그가 태어난 해는 서기 몇 년입니까?
西暦	彼が生まれた年は西暦何年ですか。

せきたん **石炭**	ちち たんこう せきたん ほ しごと 父は炭鉱で石炭を掘る仕事をしています。
석탄	아버지는 탄광에서 석탄 캐는 일을 하십니다.
石炭	父は炭鉱で石炭を掘る仕事をしています。

せきどう **赤道**	せきどうちほう きこう む あつ 赤道地方の気候は蒸し暑い。
적도	적도 지방의 기후는 무덥다.
赤道	赤道地方の気候は蒸し暑い。

う
生まれる 태어나다/출생하다 | たんこう
炭鉱 탄광 | ほ
掘る 파다/구멍을 뚫다/캐다 | ちほう
地方 지방
きこう
気候 기후 | む あつ
蒸し暑い 무덥다

[N2 음독명사] さ행 단어 쓰기 03

✏️ 문장으로 단어를 익히고 손으로 직접 써보세요

せきにん **責任** 책임 責任	**にんむ せきにん も は** 任務は責任を持って果たしました。 임무는 책임지고 완수했습니다. 任務は責任を持って果たしました。

せきゆ **石油** 석유 石油	**さいきんせきゆ ねだん あ** 最近石油の値段が上がっています。 최근 석유 값이 오르고 있습니다. 最近石油の値段が上がっています。

せけん **世間** 세간/세상/사회 世間	**せけんし おも** 世間知らずだと思われたかもしれない。 세상 물정을 모른다고 생각했을지도 모른다. 世間知らずだと思われたかもしれない。

せっしゅ **接種** 접종 接種	**よぼうせっしゅ う ねつ で** 予防接種を受けてから熱が出ました。 예방접종을 받고 나서 열이 났습니다. 予防接種を受けてから熱が出ました。

にんむ 任務 임무 | **は** 果たす 완수하다/달성하다 | **さいきん** 最近 최근 | **ねだん** 値段 값/가격 | **よぼう** 予防 예방 | **ねつ** 熱 열

[N2 음독명사] さ행 단어 쓰기 04

✏️ 문장으로 단어를 익히고 손으로 직접 써보세요

せつび **設備** 설비	このマンションはセキュリティ<ruby>設<rt>せつ</rt></ruby><ruby>備<rt>び</rt></ruby>が<ruby>整<rt>とと</rt></ruby>っています。
	이 맨션은 보안 설비가 갖추어져 있습니다.
設備	このマンションはセキュリティ設備が整っています。

ぜんいん **全員** 전원	この<ruby>大会<rt>たいかい</rt></ruby>は<ruby>参加者<rt>さんかしゃ</rt></ruby><ruby>全員<rt>ぜんいん</rt></ruby>が<ruby>参加賞<rt>さんかしょう</rt></ruby>をもらいます。
	이 대회는 참가자 전원이 참가상을 받습니다.
全員	この大会は参加者全員が参加賞をもらいます。

ぜんご **前後** 전후	<ruby>7時<rt>しちじ</rt></ruby><ruby>前後<rt>ぜんご</rt></ruby>にご<ruby>連絡<rt>れんらく</rt></ruby>ください。
	7시 전후로 연락주세요.
前後	7時前後にご連絡ください。

せんざい **洗剤** 세제	<ruby>液体<rt>えきたい</rt></ruby><ruby>洗剤<rt>せんざい</rt></ruby>を<ruby>使用<rt>しよう</rt></ruby>しています。
	액체 세제를 사용하고 있습니다.
洗剤	液体洗剤を使用しています。

ととの
整う 형태가 갖추어지다 | たいかい
大会 대회 | さんかしょう
参加賞 참가상 | れんらく
連絡 연락 | えきたい
液体 액체 | しよう
使用

사용

156

✎ 문장으로 단어를 익히고 손으로 직접 써보세요

せんじつ**先日** 전일/요전날	せんじつ　　　　　あそ　　い 先日プールに遊びに行ってきました。 요전에 수영장에 놀러 갔다 왔습니다.
先日	先日プールに遊びに行ってきました。

ぜんしゃ**前者** 전자	ぜんしゃ　　　こうしゃ　よ　　　おも 前者より後者が良いと思います。 전자보다 후자가 좋다고 생각합니다.
前者	前者より後者が良いと思います。

ぜんしゅう**全集** 전집	せ かいぶんがくぜんしゅう 世界文学全集をプレゼントでもらいました。 세계 문학전집을 선물로 받았습니다.
全集	世界文学全集をプレゼントでもらいました。

ぜんしん**全身** 전신	ぜんしん　つか　　　　　　　　　　　　　にん き 全身を使ったエクササイズが人気です。 전신을 사용하는 운동이 인기입니다.
全身	全身を使ったエクササイズが人気です。

こうしゃ　　　　　　せ かい　　　　　　ぶんがく
後者 후자 | 世界 세계 | 文学 문학 | エクササイズ 액서사이즈/운동/훈련/연습 | 人気 にん き
인기

25일차 단어 미리 보기 알고 있는 단어를 체크해 보세요

번호	단어	읽는 법	뜻	체크
1	扇子	せんす	부채	☐
2	先祖	せんぞ	선조/조상	☐
3	先頭	せんとう	선두	☐
4	先輩	せんぱい	선배	☐
5	全般	ぜんぱん	전반	☐
6	全力	ぜんりょく	전력	☐
7	線路	せんろ	선로	☐
8	騒音	そうおん	소음	☐
9	雑巾	ぞうきん	걸레	☐
10	増減	ぞうげん	증감	☐
11	倉庫	そうこ	창고	☐
12	相互	そうご	상호	☐
13	葬式	そうしき	장례식	☐
14	送別	そうべつ	송별	☐
15	送料	そうりょう	송료/우송·운송요금	☐
16	速達	そくたつ	속달/빠른우편	☐
17	速度	そくど	속도	☐
18	速力	そくりょく	속력	☐
19	素質	そしつ	소질	☐
20	損害	そんがい	손해	☐

✏️ **문장으로 단어를 익히고 손으로 직접 써보세요**

せん す **扇子**	せん す ししゅう い 扇子に刺繍を入れました。
부채	부채에 자수를 놓았습니다.
扇子	扇子に刺繍を入れました。

せん ぞ **先祖**	せん ぞ ち え み なら 先祖たちの知恵を見習いたいです。
선조/조상	선조들의 지혜를 본받고 싶습니다.
先祖	先祖たちの知恵を見習いたいです。

せんとう **先頭**	わたし おうえん せんしゅ せんとう はし 私が応援している選手が先頭を走っています。
선두	제가 응원하고 있는 선수가 선두를 달리고 있습니다.
先頭	私が応援している選手が先頭を走っています。

せんぱい **先輩**	かいしゃ せんぱい じょげん もと 会社の先輩に助言を求めました。
선배	회사 선배에게 조언을 구했습니다.
先輩	会社の先輩に助言を求めました。

しゅう
刺繍 자수 | 知恵 지혜 | 見習う 본받다/보고 익히다 | 応援 응원 | 選手 선수 | 助言
ち え   み なら   おうえん   せんしゅ   じょげん
조언 | 求める 구하다/바라다/요구하다
      もと

[N2 음독명사] さ행 단어 쓰기 02

✎ 문장으로 단어를 익히고 손으로 직접 써보세요

ぜんぱん **全般** .... 전반	この記事は社会問題を全般的に扱っている。 きじ しゃかいもんだい ぜんぱんてき あつか
	이 기사는 사회문제를 전반적으로 다루고 있다.
全般	この記事は社会問題を全般的に扱っている。

ぜんりょく **全力** .... 전력	選手たちは最後まで優勝を目指して全力を尽くした。 せんしゅ さいご ゆうしょう めざ ぜんりょく つ
	선수들은 마지막까지 우승을 목표로 하고 전력을 다했다.
全力	選手たちは最後まで優勝を目指して全力を尽くした。

せんろ **線路** .... 선로	汽車が線路の上を速く走っています。 きしゃ せんろ うえ はや はし
	기차가 선로 위를 빠르게 달리고 있습니다.
線路	汽車が線路の上を速く走っています。

そうおん **騒音** .... 소음	この周辺は騒音がひどいです。 しゅうへん そうおん
	이 주변은 소음이 심합니다.
騒音	この周辺は騒音がひどいです。

記事 기사 | 扱う 다루다/취급하다/처리하다 | 選手 선수 | 最後 최후/마지막 | 優勝 우승
| 汽車 기차 | 周辺 주변

160

✎ **문장으로 단어를 익히고 손으로 직접 써보세요**

ぞうきん **雑巾** 걸레	コーラをこぼしたので雑巾で拭きました。
	콜라를 흘려서 걸레로 닦았습니다.
雑巾	コーラをこぼしたので雑巾で拭きました。

ぞうげん **増減** 증감	人口増減について調査しました。
	인구증감에 대해 조사했습니다.
増減	人口増減について調査しました。

そうこ **倉庫** 창고	品物が倉庫に積んであります。
	물건이 창고에 쌓여있습니다.
倉庫	品物が倉庫に積んであります。

そうご **相互** 상호	問題を解決するためには相互理解が必要です。
	문제를 해결하기 위해서는 상호 이해가 필요합니다.
相互	問題を解決するためには相互理解が必要です。

こぼす 흘리다/엎지르다 | 拭く 닦다/훔치다 | 人口 인구 | 調査 조사 | 積む 쌓다 |
問題 문제 | 解決 해결 | 理解 이해 | 必要 필요

[N2 음독명사] さ행 단어 쓰기 04

✎ 문장으로 단어를 익히고 손으로 직접 써보세요

そうしき **葬式**	きのう そうしき い 昨日はお葬式に行ってきました。
장례식	어제는 장례식에 다녀왔습니다.
葬式	昨日はお葬式に行ってきました。

そうべつ **送別**	いじゅう ともだち そうべつかい 移住する友達のために送別会をしました。
송별	이주하는 친구를 위해서 송별회를 했습니다.
送別	移住する友達のために送別会をしました。

そうりょう **送料**	そうりょう 送料はいくらですか。
송료/우송·운송요금	운송 요금은 얼마입니까?
送料	送料はいくらですか。

そくたつ **速達**	しょるい そくたつ おく この書類は速達で送らなければなりません。
속달/빠른우편·	이 서류는 속달로 보내야 합니다.
速達	この書類は速達で送らなければなりません。

いじゅう しょるい
移住 이주 | **書類** 서류

162

[N2 음독명사] さ행 단어 쓰기 05

✎ 문장으로 단어를 익히고 손으로 직접 써보세요

そくど **速度**	せいげんそくど 制限速度をまもってください。
속도	제한속도를 지켜주세요.
速度	制限速度をまもってください。

そくりょく **速力**	ぜんそくりょく　はし　　やくそく　じかん　とうちゃく 全速力で走ったら約束の時間に到着できた。
속력	전속력으로 달리니 약속 시간에 도착할 수 있었다.
速力	全速力で走ったら約束の時間に到着できた。

そしつ **素質**	わたし　　りょうり　　そしつ 私には料理の素質がありません。
소질	저는 요리에 소질이 없습니다.
素質	私には料理の素質がありません。

そんがい **損害**	そうぞう　い じょう　かいしゃ　　　そんがい　おお 想像以上に会社への損害が大きかったです。
손해	상상 이상으로 회사에 손해가 컸습니다.
損害	想像以上に会社への損害が大きかったです。

せいげん
制限 제한 | やくそく
約束 약속 | とうちゃく
到着 도착 | りょうり
料理 요리 | そうぞう
想像 상상 | いじょう
以上 이상

163

26일차 단어 미리 보기 알고 있는 단어를 체크해 보세요

번호	단어	읽는 법	뜻	체크
1	体育	たいいく	체육	☐
2	体温	たいおん	체온	☐
3	大会	たいかい	대회	☐
4	大気	たいき	대기	☐
5	代金	だいきん	대금	☐
6	大工	だいく	목수	☐
7	太鼓	たいこ	북	☐
8	大使	たいし	대사	☐
9	体重	たいじゅう	체중	☐
10	対照	たいしょう	대조	☐
11	対象	たいしょう	대상	☐
12	大小	だいしょう	대소	☐
13	体制	たいせい	체제	☐
14	体積	たいせき	체적/부피	☐
15	対戦	たいせん	대전	☐
16	大半	たいはん	과반/대부분	☐
17	大木	たいぼく	거목/큰 나무	☐
18	題名	だいめい	제목/표제명	☐
19	楕円	だえん	타원	☐
20	多少	たしょう	다소	☐

✏️ **문장으로 단어를 익히고 손으로 직접 써보세요**

たいいく **体育** 체육	たいいく　　じかん 体育の時間にサッカーをしました。 체육 시간에 축구를 했습니다.
体育	体育の時間にサッカーをしました。

たいおん **体温** 체온	あか　　　　　　おとな　　　　き そたいおん　たか 赤ちゃんは大人より基礎体温が高いです。 아기는 어른보다 기초체온이 높습니다.
体温	赤ちゃんは大人より基礎体温が高いです。

たいかい **大会** 대회	た なか　　　　　　　　　　まえ　　　　　　たいかい　ゆうしょう 田中さんはこの前のテニス大会で優勝しました。 다나카 씨는 지난번 테니스 대회에서 우승했습니다.
大会	田中さんはこの前のテニス大会で優勝しました。

たい き **大気** 대기	たいき お せん　くうき　　わる 大気汚染で空気が悪くなりました。 대기오염으로 공기가 나빠졌습니다.
大気	大気汚染で空気が悪くなりました。

じ かん
時間 시간 | サッカー 축구 | おとな
大人 어른/성인 | き そ
基礎 기초 | ゆうしょう
優勝 우승 | お せん
汚染 오염 |
くう き
空気 공기 | わる
悪い 나쁘다/좋지 않다

[N2 음독명사] た행 단어 쓰기 02

✏️ 문장으로 단어를 익히고 손으로 직접 써보세요

だいきん **代金** 대금	し はら だいきん まだ支払われていない代金があります。
	아직 상환되지 않은 대금이 있습니다.
代金	まだ支払われていない代金があります。

だい く **大工** 목수	すず き だい く し ごと 鈴木さんは大工の仕事をしています。
	스즈키 씨는 목수 일을 하고 있습니다.
大工	鈴木さんは大工の仕事をしています。

たい こ **太鼓** 북	こうえんかいじょう たい こ おと おお ひび 公演会場に太鼓の音が大きく響いた。
	공연장에 북소리가 크게 울려 퍼졌다.
太鼓	公演会場に太鼓の音が大きく響いた。

たい し **大使** 대사	たい し かん ちゅう い かん き とど 大使館から注意喚起のメールが届いた。
	대사관으로부터 주의 환기 메일이 왔다.
大使	大使館から注意喚起のメールが届いた。

し はら
支払う 지불[지급]하다/치르다 | こうえんかいじょう
公演会場 공연회장 | ひび
響く 울리다/울려 퍼지다 | たい し かん
大使館
대사관 | ちゅう い
注意 주의 | かん き
喚起 환기

166

[N2 음독명사] た행 단어 쓰기 03

✏️ 문장으로 단어를 익히고 손으로 직접 써보세요

たいじゅう **体重** 체중	たいじゅう へ ゆうしょく と 体重を減らすために夕食は取りません。 체중을 줄이기 위해 저녁 식사는 하지 않아요.
体重	体重を減らすために夕食は取りません。
たいしょう **対照** 대조	たいしょう さっきのとは対照的なデザインですね。 아까와는 대조적인 디자인이네요.
対照	さっきのとは対照的なデザインですね。
たいしょう **対象** 대상	こども たいしょう えいご きょういく 子供を対象に英語教育をしています。 어린이를 대상으로 영어 교육을 하고 있습니다.
対象	子供を対象に英語教育をしています。
だいしょう **大小** 대소	こと だいしょう と じょうし ほうこく 事の大小を問わず上司に報告します。 일의 대소를 불문하고 상사에게 보고합니다.
大小	事の大小を問わず上司に報告します。

へ
減らす 줄이다/감하다 | デザイン 디자인/설계/도안 | 教育 교육 | 問わず 묻지 않고/불
きょういく と
じょうし ほうこく
문하고 | 上司 상사 | 報告 보고

167

[N2 음독명사] た행 단어 쓰기 04

✎ 문장으로 단어를 익히고 손으로 직접 써보세요

たいせい **体制** 체제	でんせんびょう じんそく たいおう たいせい ひつよう 伝染病に迅速に対応できる体制が必要です。 전염병에 신속하게 대응할 수 있는 체제가 필요합니다.
体制	伝染病に迅速に対応できる体制が必要です。

たいせき **体積** 체적/부피	ふ とん あっしゅく い たいせき へ 布団を圧縮パックに入れて体積を減らした。 이불을 압축팩에 넣어 부피를 줄였다.
体積	布団を圧縮パックに入れて体積を減らした。

たいせん **対戦** 대전	さいきん ともだち たいせん たの 最近は友達と対戦ゲームを楽しんでいます。 요즘은 친구들과 대전게임을 즐기고 있습니다.
対戦	最近は友達と対戦ゲームを楽しんでいます。

たいはん **大半** 과반/대부분	きゅう よ たいはん ちょちく 給与の大半は貯蓄しています。 급여의 대부분은 저축하고 있습니다.
大半	給与の大半は貯蓄しています。

でんせんびょう じんそく たいおう ひつよう ふ とん あっしゅく
伝染病 전염병 ｜ 迅速 신속/재빠름 ｜ 対応 대응 ｜ 必要 필요 ｜ 布団 이불/요 ｜ 圧縮
へ きゅう よ ちょちく
압축/물질에 압력을 가해 부피를 줄이는 것 ｜ 減らす 줄이다/감하다 ｜ 給与 급여/급료 ｜ 貯蓄

저축

✏️ **문장으로 단어를 익히고 손으로 직접 써보세요**

たいぼく **大木** 거목/큰 나무	**むら いりぐち たいぼく** 村の入口に大木があります。 마을 입구에 큰 나무가 있습니다.
大木	村の入口に大木があります。

だいめい **題名** 제목/표제명	**ろんぶん しゅだい だいめい き** 論文の主題にふさわしい題名を決めた。 논문 주제에 맞는 제목을 정했다.
題名	論文の主題にふさわしい題名を決めた。

だ えん **楕円** 타원	**だ えんけい とくちょう たてもの** こちらは楕円形が特徴の建物です。 이곳은 타원형이 특징인 건물입니다.
楕円	こちらは楕円刑が特徴の建物です

た しょう **多少** 다소	**かれ た しょう せきにん** 彼にも多少の責任はある。 그에게도 다소의 책임은 있다.
多少	彼にも多少の責任はある。

ろんぶん 論文 논문 | **しゅだい** 主題 주제 | ふさわしい 어울리다/걸맞다/상응하다 | **とくちょう** 特徴 특징

27일차 단어 미리 보기 알고 있는 단어를 체크해 보세요

번호	단어	읽는 법	뜻	체크
1	単位	たんい	단위	☐
2	段階	だんかい	단계	☐
3	短期	たんき	단기	☐
4	単語	たんご	단어	☐
5	炭鉱	たんこう	탄광	☐
6	男子	だんし	남자/남성	☐
7	単身	たんしん	단신/혼자	☐
8	団地	だんち	단지	☐
9	短編	たんぺん	단편	☐
10	地位	ちい	지위	☐
11	地下	ちか	지하	☐
12	地区	ちく	지구	☐
13	知識	ちしき	지식	☐
14	地質	ちしつ	지질	☐
15	知人	ちじん	지인	☐
16	地点	ちてん	지점	☐
17	知能	ちのう	지능	☐
18	地方	ちほう	지방	☐
19	地名	ちめい	지명	☐
20	中央	ちゅうおう	중앙	☐

✏️ **문장으로 단어를 익히고 손으로 직접 써보세요**

たん い **単位** 단위	に ほん か へいたん い えん 日本の貨幣単位は円である。 일본의 화폐 단위는 엔이다.
単位	日本の貨幣単位は円である。

だんかい **段階** 단계	い しょうじょう しんこうだんかい しら 胃がんの症状と進行段階について調べてみました。 위암 증상과 진행 단계에 대해서 알아봤습니다.
段階	胃がんの症状と進行段階について調べてみました。

たん き **短期** 단기	キム に ほん たん き りゅうがく い 金さんは日本に短期留学に行ってきました。 김 씨는 일본으로 단기유학을 다녀왔습니다.
短期	金さんは日本に短期留学に行ってきました。

たん ご **単語** 단어	がいこく ご べんきょう とき たん ご あん き ひっ す 外国語を勉強する時、単語の暗記は必須です。 외국어를 공부할 때 단어 암기는 필수입니다.
単語	外国語を勉強する時、単語の暗記は必須です。

か へい　　　　　　い　　　　　　しょうじょう　　　　しんこう　　　　　りゅうがく　　　　　がいこく ご
貨幣 화폐 | **胃がん** 위암 | **症状** 증상 | **進行** 진행 | **留学** 유학 | **外国語** 외국어 |
べんきょう　　　　あん き　　　　ひっ す
勉強 공부 | **暗記** 암기 | **必須** 필수

[N2 음독명사] た행 단어 쓰기 02

✏️ 문장으로 단어를 익히고 손으로 직접 써보세요

炭鉱 (たんこう) 탄광	父は炭鉱で生涯働きました。
	아버지는 탄광에서 평생 일하셨습니다.
炭鉱	父は炭鉱で生涯働きました。

男子 (だんし) 남자/남성	テコンド-選手権大会の男子決勝戦が生中継されます。
	태권도 선수권 대회 남자 결승전이 생중계됩니다.
男子	テコンド-選手権大会の男子決勝戦が生中継されます。

単身 (たんしん) 단신/혼자	彼女は50歳の今も単身で暮らしている。
	그녀는 50세인 지금도 단신으로 살고 있다.
単身	彼女は50歳の今も単身で暮らしている。

団地 (だんち) 단지	よく団地で友達と縄跳びをして遊んだ。
	자주 단지에서 친구들과 줄넘기를 하며 놀았다.
団地	よく団地で友達と縄跳びをして遊んだ。

生涯 일생/평생 | 働く 일을 하다/활동하다 | テコンドー 태권도 | 選手権 선수권 | 大会 대회 | 決勝戦 결승전 | 生中継 생중계 | 縄跳び 줄넘기

✎ 문장으로 단어를 익히고 손으로 직접 써보세요

たんぺん **短編** 단편	さいきん たんぺんしょうせつ よ 最近は短編小説をよく読んでいます。 최근에는 단편 소설을 자주 읽습니다.
短編	最近は短編小説をよく読んでいます。

ち い **地位** 지위	い ぜん くら じょせい ち い こうじょう 以前に比べて女性の地位が向上している。 이전에 비해서 여성의 지위가 향상되고 있다.
地位	以前に比べて女性の地位が向上している。

ち か **地下** 지하	たてもの ち か ちゅうしゃじょう あの建物は地下駐車場があります。 저 건물은 지하주차장이 있습니다.
地下	あの建物は地下駐車場があります。

ち く **地区** 지구	ち いき さいかいはつ ち く この地域はまもなく再開発地区になるそうです。 이 지역은 곧 재개발 지구가 된다고 합니다.
地区	この地域はまもなく再開発地区になるそうです。

しょうせつ い ぜん じょせい こうじょう たてもの ちゅうしゃじょう
小説 소설 | **以前** 이전/옛날/과거 | **女性** 여성 | **向上** 향상 | **建物** 건물/건축물 | **駐車場**
ち いき さいかいはつ
주차장 | **地域** 지역 | **再開発** 재개발

✏️ 문장으로 단어를 익히고 손으로 직접 써보세요

ちしき **知識** 지식	鈴木さんは医学的専門知識を持った弁護士です。 스즈키 씨는 의학적 전문 지식을 가진 변호사입니다.
知識	鈴木さんは医学的専門知識を持った弁護士です。

ちしつ **地質** 지질	私の妹は小学生の時から地質学者を夢見てきた。 내 여동생은 초등학생 때부터 지질학자를 꿈꿔 왔다.
地質	私の妹は小学生の時から地質学者を夢見てきた。

ちじん **知人** 지인	知人の紹介でバイトをするようになりました。 지인의 소개로 아르바이트를 하게 되었습니다.
知人	知人の紹介でバイトをするようになりました。

ちてん **地点** 지점	警察は発火地点を中心に捜査を進めています。 경찰은 발화 지점을 중심으로 수사를 진행하고 있습니다.
地点	警察は発火地点を中心に捜査を進めています。

医学 의학 | 専門 전문 | 弁護士 변호사 | 小学生 초등학생 | 学者 학자 | 夢見る 꿈꾸다 | 紹介 소개 | バイト 아르바이트(アルバイト의 준말) | 警察 경찰 | 発火 발화 | 中心 중심 | 捜査 진행

✎ 문장으로 단어를 익히고 손으로 직접 써보세요

ちのう **知能** 지능	こんかい ち のうけん さ ち のうし すう ひく で 今回の知能検査で知能指数が低く出た。 이번 지능검사에서 지능 지수가 낮게 나왔다.
知能	今回の知能検査で知能指数が低く出た。

ちほう **地方** 지방	らいしゅう ち ほうしゅっちょう 来週は地方出張があります。 다음 주에는 지방 출장이 있습니다.
地方	来週は地方出張があります。

ちめい **地名** 지명	さいきん ち めい へんこう ここは最近地名が変更されました。 이곳은 최근에 지명이 변경되었습니다.
地名	ここは最近地名が変更されました。

ちゅうおう **中央** 중앙	ふんすいだい みずうみ ちゅうおう い ち 噴水台は湖の中央に位置している。 분수대는 호수 중앙에 위치하고 있다.
中央	噴水台は湖の中央に位置している。

けん さ さ しすう しゅっちょう へんこう ふんすいだい い ち
検査 검사 | 指数 지수 | 出張 출장 | 変更 변경 | 噴水台 분수대 | 位置 위치

번호	단어	읽는 법	뜻	체크
1	中学	ちゅうがく	중학교	☐
2	中間	ちゅうかん	중간	☐
3	中古	ちゅうこ	중고	☐
4	注射	ちゅうしゃ	주사	☐
5	中旬	ちゅうじゅん	중순	☐
6	抽象	ちゅうしょう	추상	☐
7	昼食	ちゅうしょく	중식/점심	☐
8	中世	ちゅうせい	중세	☐
9	中性	ちゅうせい	중성	☐
10	中途	ちゅうと	중도	☐
11	中年	ちゅうねん	중년	☐
12	朝刊	ちょうかん	조간	☐
13	長期	ちょうき	장기	☐
14	調子	ちょうし	상태	☐
15	長所	ちょうしょ	장점	☐
16	長女	ちょうじょ	장녀	☐
17	長男	ちょうなん	장남	☐
18	直後	ちょくご	직후	☐
19	直接	ちょくせつ	직접	☐
20	直線	ちょくせん	직선	☐

✎ 문장으로 단어를 익히고 손으로 직접 써보세요

ちゅうがく 中学	ちゅうがく どうそうかい こんしゅう わす 中学の同窓会が今週だったことを忘れていた。
중학교	중학교 동창회가 이번 주였다는 사실을 잊고 있었다.
中学	中学の同窓会が今週だったことを忘れていた。

ちゅうかん 中間	こんど ちゅうかんしけん べんきょう じしん 今度の中間試験は勉強したので自信がある。
중간	이번 중간고사는 공부했기 때문에 자신이 있다.
中間	今度の中間試験は勉強したので自信がある。

ちゅうこ 中古	ちゅうこ えいごじてん か 中古で英語辞典を買いました。
중고	중고로 영어 사전을 샀습니다.
中古	中古で英語辞典を買いました。

ちゅうしゃ 注射	あか よぼうちゅうしゃ う こうねつ だ 赤ちゃんは予防注射を打って高熱を出しました。
주사	아기는 예방주사를 맞고 고열이 났습니다.
注射	赤ちゃんは予防注射を打って高熱を出しました。

どうそうかい じてん よぼう こうねつ
同窓会 동창회 | 試験 시험/테스트 | 自信 자신 | 辞典 사전 | 予防 예방 | 高熱 고열

[N2 음독명사] た행 단어 쓰기 02

✎ 문장으로 단어를 익히고 손으로 직접 써보세요

ちゅうじゅん **中旬** 중순	まいとしさんがつちゅうじゅん　じゅんび　はじ 毎年３月中旬から準備を始めます。 매년 3월 중순부터 준비를 시작합니다.
中旬	毎年３月中旬から準備を始めます。

ちゅうしょう **抽象** 추상	ちゅうしょうてき　はなし　りかい　　　とき 抽象的な話は理解しにくい時がある。 추상적인 이야기는 이해하기 어려울 때가 있다.
抽象	抽象的な話は理解しにくい時がある。

ちゅうしょく **昼食** 중식/점심	ちゅうしょく　おも　かいしゃ　しょくどう　　た 昼食は主に会社の食堂で食べます。 점심은 주로 회사 식당에서 먹습니다.
昼食	昼食は主に会社の食堂で食べます。

ちゅうせい **中世** 중세	すず き　　ちゅうせい　ぶんがく　けんきゅう　ろんぶん　はっぴょう 鈴木さんは中世の文学を研究して論文を発表した。 스즈키 씨는 중세 문학을 연구해 논문을 발표했다.
中世	鈴木さんは中世の文学を研究して論文を発表した。

まいとし
毎年 매년/매해/해마다 | じゅんび
準備 준비 | りかい
理解 이해 | しょくどう
食堂 식당 | ぶんがく
文学 문학 | けんきゅう
研究 연구
ろんぶん
論文 논문 | はっぴょう
発表 발표

[N2 음독명사] た행 단어 쓰기 03

✎ 문장으로 단어를 익히고 손으로 직접 써보세요

ちゅうせい **中性** 중성	れいすい　ちゅうせいせんざい　い　　せんたく 冷水に中性洗剤を入れて洗濯しました。 찬물에 중성세제를 넣고 세탁했어요.
中性	冷水に中性洗剤を入れて洗濯しました。

ちゅう と **中途** 중도	ちゅう と さいよう　てんしょく 中途採用で転職しました。 중도 채용으로 이직했습니다.
中途	中途採用で転職しました。

ちゅうねん **中年** 중년	ひと　いっしょう ちゅう き　あ　　じ き　ちゅうねん 人の一生で中期に当たる時期を中年という。 사람의 일생에서 중기에 해당하는 시기를 중년이라고 한다.
中年	人の一生で中期に当たる時期を中年という。

ちょうかん **朝刊** 조간	かのじょ　しゅっきん　　ち か てつ　なか　ちょうかん　よ 彼女は出勤する地下鉄の中で朝刊を読みます。 그녀는 출근하는 지하철 안에서 조간을 읽습니다.
朝刊	彼女は出勤する地下鉄の中で朝刊を読みます。

れいすい　　　　　せんざい　　　　　さいよう　　　　てんしょく　　　　　いっしょう　　　　　ちゅう き
冷水 냉수 | 洗剤 세제 | 採用 채용 | 転職 전직/이직 | 一生 일생/평생 | 中期 중기 |
じ き　　　　しゅっきん
時期 시기 | 出勤 출근

✎ 문장으로 단어를 익히고 손으로 직접 써보세요

ちょうき **長期**	**こうつう じ こ ちょうき けっせきちゅう がくせい** 交通事故で長期欠席中の学生がいます。
장기	교통사고로 장기 결석 중인 학생이 있습니다.
長期	交通事故で長期欠席中の学生がいます。

ちょうし **調子**	**からだ ちょうし よ とき やす ほう** 体の調子が良くない時は休んだ方がいいです。
상태	몸 상태가 좋지 않을 때는 쉬는 편이 좋습니다.
調子	体の調子が良くない時は休んだ方がいいです。

ちょうしょ **長所**	**せんせい がくせい ちょうしょ きろく にっし か** 先生は学生たちの長所を記録する日誌を書く。
장점	선생님은 학생들의 장점을 기록하는 일지를 쓰신다.
長所	先生は学生たちの長所を記録する日誌を書く。

ちょうじょ **長女**	**すず き ちょうじょ けっこん どう じ りゅうがく** 鈴木さんの長女は結婚と同時に留学したそうです。
장녀	스즈키 씨의 장녀는 결혼과 동시에 유학을 떠났다고 합니다.
長女	鈴木さんの長女は結婚と同時に留学したそうです。

こうつう じ こ
交通事故 교통사고 | **けっせき**
欠席 결석 | **きろく**
記録 기록 | **にっし**
日誌 일지 | **けっこん**
結婚 결혼 | **どう じ**
同時 동시

✏️ 문장으로 단어를 익히고 손으로 직접 써보세요

ちょうなん **長男**	ざいさん　　　　　　　　ちょうなん　　ゆず　　　　　　　　　　ゆいごん　　のこ 財産はすべて長男に譲るという遺言を残した。
장남	재산은 모두 장남에게 물려주겠다는 유언을 남겼다.
長男	財産はすべて長男に譲るという遺言を残した。

ちょく ご **直後**	あね　だいがく　　そつぎょう　　ちょく ご　　　　　　しゅうしょく 姉は大学を卒業した直後にすぐ就職した。
직후	언니는 대학을 졸업한 직후에 바로 취직했다.
直後	姉は大学を卒業した直後にすぐ就職した。

ちょくせつ **直接**	じ こ　　ちょくせつてき　　げんいん　　あき 事故の直接的な原因は明らかになっていない。
직접	사고의 직접적인 원인은 밝혀지지 않았다.
直接	事故の直接的な原因は明らかになっていない。

ちょくせん **直線**	ちょくせん　　　　　　　の　　　せん 直線はまっすぐ伸びた線だ。
직선	직선은 곧게 뻗은 선이다.
直線	直線はまっすぐ伸びた線だ。

ざいさん　　　　　　　　ゆず　　　　　　　　　　　　　　　　　　　　　ゆいごん　　　　　　そつぎょう　　　　　　しゅうしょく　　　　　　じ こ
財産 재산 | 譲る 양도하다/물려주다 | 遺言 유언 | 卒業 졸업 | 就職 취직 | 事故 사고
げんいん　　　　　　の
原因 원인 | 伸びる 뻗다

번호	단어	읽는 법	뜻	체크
1	直前	ちょくぜん	직전	☐
2	直通	ちょくつう	직통	☐
3	直流	ちょくりゅう	직류	☐
4	直角	ちょっかく	직각	☐
5	賃貸	ちんたい	임대	☐
6	通帳	つうちょう	통장	☐
7	通路	つうろ	통로	☐
8	定員	ていいん	정원	☐
9	定価	ていか	정가	☐
10	定期	ていき	정기	☐
11	程度	ていど	정도	☐
12	哲学	てつがく	철학	☐
13	鉄道	てつどう	철도	☐
14	徹夜	てつや	철야	☐
15	電球	でんきゅう	전구	☐
16	典型	てんけい	전형	☐
17	電子	でんし	전자	☐
18	天井	てんじょう	천장	☐
19	点数	てんすう	점수	☐
20	電線	でんせん	전선	☐

✎ 문장으로 단어를 익히고 손으로 직접 써보세요

ちょくぜん **直前** 직전	し き じ かんちょくぜん にゅうし がんしょ ていしゅつ 締め切り時間直前に入試願書を提出した。
	마감 시간 직전에 입시 원서를 제출했다.
直前	締め切り時間直前に入試願書を提出した。

ちょくつう **直通** 직통	とうきょう おおさか ちょくつう い の 東京から大阪まで直通で行けるバスに乗りました。
	도쿄에서 오사카까지 직통으로 갈 수 있는 버스를 탔습니다.
直通	東京から大阪まで直通で行けるバスに乗りました。

ちょくりゅう **直流** 직류	ちょくりゅう ほう こうりゅう あんてい 直流の方が交流より安定しています。
	직류가 교류보다 안정적입니다.
直流	直流の方が交流より安定しています。

ちょっかく **直角** 직각	よっ かど ちょっかく し かくけい ちょうほうけい 四つの角がすべて直角の四角形を長方形という。
	네 개의 각이 모두 직각인 사각형을 직사각형이라고 한다.
直角	四つの角がすべて直角の四角形を長方形という。

し き がんしょ ていしゅつ こうりゅう し かくけい
締め切り 마감/마감 날짜 | 願書 원서/입학원서 | 提出 제출 | 交流 교류 | 四角形
ちょうほうけい
사각형 | 長方形 직사각형

[N2 음독명사] た행 단어 쓰기 02

✏️ 문장으로 단어를 익히고 손으로 직접 써보세요

ちんたい **賃貸** 임대	ちんたい す ひ こ よてい 賃貸アパートに住んでいますが、引っ越す予定です。 임대아파트에 살고 있습니다만, 이사 갈 예정입니다.
賃貸	賃貸アパートに住んでいますが、引っ越す予定です。

つうちょう **通帳** 통장	にゅうきん しゅっきん じゆう つうちょう かいせつ 入金と出金が自由な通帳を開設しました。 입금과 출금이 자유로운 통장을 개설했습니다.
通帳	入金と出金が自由な通帳を開設しました。

つうろ **通路** 통로	せま つうろ と こ み 狭い通路に閉じ込められているタヌキを見た。 좁은 통로에 갇혀 있는 너구리를 봤다.
通路	狭い通路に閉じ込められているタヌキを見た。

ていいん **定員** 정원	こうぎ ていいんちょうか じゅこうしんせい 講義は定員超過のため受講申請ができません。 강의는 정원 초과로 수강신청이 불가능합니다.
定員	講義は定員超過のため受講申請ができません。

よてい しんせい にゅうきん しゅっきん かいせつ と こ
予定 예정 | 入金 입금 | 出金 출금 | 開設 개설 | 閉じ込める 가두다/감금하다
こうぎ ちょうか じゅこう しんせい
講義 강의 | 超過 초과 | 受講 수강 | 申請 신청

[N2 음독명사] た행 단어 쓰기 03

✎ 문장으로 단어를 익히고 손으로 직접 써보세요

ていか **定価** 정가	きかんちゅう ていか じゅう やす か セール期間中は定価より10%安く買える。
	세일 기간에는 정가보다 10% 싸게 살 수 있다.
定価	セール期間中は定価より10%安く買える。

ていき **定期** 정기	けいざいしんぶん さんねんかんていき こうどくちゅう 経済新聞を3年間定期購読中です。
	경제신문을 3년째 정기구독 중입니다.
定期	経済新聞を3年間定期購読中です。

ていど **程度** 정도	ていど しきん あつ じぎょう ある程度資金が集まれば事業をするつもりです。
	어느 정도 자금이 모이면 사업을 할 생각입니다.
程度	ある程度資金が集まれば事業をするつもりです。

てつがく **哲学** 철학	かれ はなし てつがくてき たいくつ かん 彼の話は哲学的すぎて退屈に感じられた。
	그의 이야기는 너무 철학적이어서 지루하게 느껴졌다.
哲学	彼の話は哲学的すぎて退屈に感じられた。

き かん
期間 기간 | パーセント
% 퍼센트 | けいざい
経済 경제 | しんぶん
新聞 신문 | こうどく
購読 구독 | し きん
資金 자금 | じ ぎょう
事業
사업 | たいくつ
退屈 지루함/심심하고 따분함/무료함

185

[N2 음독명사] た행 단어 쓰기 04

✏️ 문장으로 단어를 익히고 손으로 직접 써보세요

てつどう 鉄道	うんこうちゅうだん てつどうふっきゅう さ ぎょう ま さいちゅう 運行中断されていた鉄道復旧作業が真っ最中です。
철도	운행 중단되었던 철도 복구 작업이 한창입니다.
鉄道	運行中断されていた鉄道復旧作業が真っ最中です。

てつ や 徹夜	いっしゅうかんてつ や さ ぎょう 一週間徹夜作業をしています。
철야	일주일 동안 철야 작업을 하고 있습니다.
徹夜	一週間徹夜作業をしています。

でんきゅう 電球	ふる でんきゅう あたら こうかん 古い電球を新しいものに交換しました。
전구	오래된 전구를 새것으로 교체했습니다.
電球	古い電球を新しいものに交換しました。

てんけい 典型	せんせい てんけいてき れい あ せつめい 先生は典型的な例を挙げて説明してくれた。
전형	선생님은 전형적인 예를 들어 설명해 주셨다.
典型	先生は典型的な例を挙げて説明してくれた。

うんこう ちゅうだん ふっきゅう さ ぎょう
運行 운행 | 中断 중단 | 復旧 복구 | 作業 작업

186

✎ 문장으로 단어를 익히고 손으로 직접 써보세요

でんし **電子**	でんしききうう　ば　さんがい 電子機器売り場は3階にございます。
전자	전자기기 매장은 3층에 있습니다.
電子	電子機器売り場は3階にございます。

てんじょう **天井**	こうぞう　よ　　てんじょう　ひく　ほう このアパートは構造は良いが天井が低い方だ。
천장	이 아파트는 구조는 좋지만 천장이 낮은 편이다.
天井	このアパートは構造は良いが天井が低い方だ。

てんすう **点数**	りょうしん　しけん　てんすう　み 両親に試験の点数を見せた。
점수	부모님께 시험 점수를 보여드렸다.
点数	両親に試験の点数を見せた。

でんせん **電線**	せいびし　　でんせん　　　　れんけつ　　　　かくにん 整備士は電線がよく連結されているかを確認した。
전선	정비사는 전선이 잘 연결되어 있는지 확인했다.
電線	整備士は電線がよく連結されているかを確認した。

き き
機器 기기/기계·기구 | う ば
売り場 파는 곳/판매장 | こうぞう
構造 구조 | しけん
試験 시험 | せいびし
整備士 정비사
| れんけつ
連結 연결

번호	단어	읽는 법	뜻	체크
1	伝統	でんとう	전통	☐
2	天然	てんねん	천연	☐
3	電波	でんぱ	전파	☐
4	電流	でんりゅう	전류	☐
5	電力	でんりょく	전력	☐
6	答案	とうあん	답안	☐
7	同一	どういつ	동일	☐
8	統計	とうけい	통계	☐
9	動作	どうさ	동작	☐
10	当時	とうじ	당시	☐
11	動詞	どうし	동사	☐
12	当日	とうじつ	당일	☐
13	灯台	とうだい	등대	☐
14	道徳	どうとく	도덕	☐
15	当番	とうばん	당번	☐
16	童謡	どうよう	동요	☐
17	道路	どうろ	도로	☐
18	童話	どうわ	동화	☐
19	特色	とくしょく	특색	☐
20	特徴	とくちょう	특징	☐

✎ 문장으로 단어를 익히고 손으로 직접 써보세요

でんとう **伝統**	げんだいおんがく でんとうおんがく ちょうわ こうえん 現代音楽と伝統音楽が調和をなす公演です。
전통	현대음악과 전통음악이 조화를 이루는 공연입니다.
伝統	現代音楽と伝統音楽が調和をなす公演です。

てんねん **天然**	あか ふく てんねんせいぶん つく せんざい せんたく 赤ちゃんの服は天然成分で作った洗剤で洗濯します。
천연	아기 옷은 천연 성분으로 만든 세제로 세탁합니다.
天然	赤ちゃんの服は天然成分で作った洗剤で洗濯します。

でんぱ **電波**	たいふう でんぱ しゃだん じゅしん えんかつ 台風で電波が遮断され、受信が円滑にできません。
전파	태풍으로 전파가 차단되어 수신이 원활하지 않습니다.
電波	台風で電波が遮断され、受信が円滑にできません。

でんりゅう **電流**	こうあつでんりゅう なが ところ きけん 高圧電流が流れる所は危険です。
전류	고압 전류가 흐르는 곳은 위험합니다.
電流	高圧電流が流れる所は危険です。

げんだい 現代 현대 | おんがく 音楽 음악 | ちょうわ 調和 조화 | こうえん 公演 공연 | せいぶん 成分 성분 | せんざい 洗剤 세제 | たいふう 台風 태풍 | しゃだん 遮断 차단 | じゅしん 受信 수신 | えんかつ 円滑 원활 | こうあつ 高圧 고압

[N2 음독명사] た행 단어 쓰기 02

✏️ 문장으로 단어를 익히고 손으로 직접 써보세요

でんりょく **電力** 전력	もうしょ でんりょくしょう ひ りょう ぞう か 猛暑により電力消費量が増加しています。 폭염으로 인한 전력 소비량이 증가하고 있습니다.
電力	猛暑により電力消費量が増加しています。

とうあん **答案** 답안	ていしゅつ とうあん しゅうせい 提出した答案は修正できません。 제출한 답안은 수정할 수 없습니다.
答案	提出した答案は修正できません。

どういつ **同一** 동일	はんざい どういつじんぶつ し わざ すいそく 犯罪は同一人物の仕業と推測されている。 범죄는 동일 인물의 소행으로 추측되고 있다.
同一	犯罪は同一人物の仕業と推測されている。

とうけい **統計** 통계	だいがく しゅうしょくりつ たか とうけい はっぴょう この大学の就職率が高いという統計が発表された。 이 대학의 취업률이 높다는 통계가 발표되었다.
統計	この大学の就職率が高いという統計が発表された。

もうしょ しょう ひ りょう ぞう か ていしゅつ しゅうせい はんざい
猛暑 심한 더위 | 消費量 소비량 | 増加 증가 | 提出 제출 | 修正 수정 | 犯罪 범죄
じんぶつ し わざ すいそく しゅうしょくりつ
人物 인물 | 仕業 소행/짓 | 推測 추측 | 就職率 취업률

190

✏️ 문장으로 단어를 익히고 손으로 직접 써보세요

どう さ **動作**	まだ基本動作だけを習っています。
동작	아직 기본 동작만 배우고 있습니다.
動作	まだ基本動作だけを習っています。

とう じ **当時**	その当時のことを回想した。
당시	그 당시의 일을 회상했다.
当時	その当時のことを回想した。

どう し **動詞**	形容詞と動詞は語尾の活用方式が異なる。
동사	형용사와 동사는 어미의 활용 방식이 다르다.
動詞	形容詞と動詞は語尾の活用方式が異なる。

とうじつ **当日**	当日キャンセルはできません。
당일	당일 취소는 불가능합니다.
当日	当日キャンセルはできません。

き ほん **基本** 기본 | かいそう **回想** 회상 | けいよう し **形容詞** 형용사 | ご び **語尾** 어미 | **方式** 방식

✎ 문장으로 단어를 익히고 손으로 직접 써보세요

とうだい**灯台**	灯台から出る明かりが海を照らしています。
등대	등대에서 나오는 불빛이 바다를 비추고 있습니다.
灯台	灯台から出る明かりが海を照らしています。

どうとく**道徳**	学校で道徳教育を受けています。
도덕	학교에서 도덕 교육을 받고 있습니다.
道徳	学校で道徳教育を受けています。

とうばん**当番**	友達と同じ日に掃除当番だ。
당번	친구와 같은 날에 청소 당번이다.
当番	友達と同じ日に掃除当番だ。

どうよう**童謡**	子供に毎日童謡を聞かせてあげます。
동요	아이에게 매일 동요를 들려줍니다.
童謡	子供に毎日童謡を聞かせてあげます。

明かり 환한 빛/밝은 빛 | 教育 교육

[N2 음독명사] た행 단어 쓰기 05

✎ 문장으로 단어를 익히고 손으로 직접 써보세요

どう ろ **道路** 도로	<ruby>道路<rt>どう ろ</rt></ruby>はいつも<ruby>渋滞<rt>じゅうたい</rt></ruby>している。
	이 도로는 항상 정체되어 있다.
道路	この道路はいつも渋滞している。

どう わ **童話** 동화	<ruby>子供<rt>こ ども</rt></ruby>に<ruby>毎日童話<rt>まいにちどう わ</rt></ruby>の<ruby>本<rt>ほん</rt></ruby>を<ruby>読<rt>よ</rt></ruby>んであげます。
	아이에게 매일 동화책을 읽어 줍니다.
童話	子供に毎日童話の本を読んであげます。

とくしょく **特色** 특색	<ruby>地域<rt>ち いき</rt></ruby>の<ruby>特色<rt>とくしょく</rt></ruby>を<ruby>生<rt>い</rt></ruby>かして<ruby>観光客<rt>かんこうきゃく</rt></ruby>の<ruby>目<rt>め</rt></ruby>を<ruby>引<rt>ひ</rt></ruby>いた。
	지역의 특색을 살려 관광객의 눈길을 끌었다.
特色	地域の特色を生かして観光客の目を引いた。

とくちょう **特徴** 특징	<ruby>先生<rt>せんせい</rt></ruby>は<ruby>現代小説<rt>げんだいしょうせつ</rt></ruby>の<ruby>特徴<rt>とくちょう</rt></ruby>について<ruby>説明<rt>せつめい</rt></ruby>してくれた。
	선생님은 현대소설의 특징에 관해 설명해 주셨다.
特徴	先生は現代小説の特徴について説明してくれた。

じゅうたい
渋滞 정체 | まいにち
毎日 매일 | ち いき
地域 지역 | かんこうきゃく
観光客 관광객 | げんだいしょうせつ
現代小説 현대소설 | せつめい
説明 설명

번호	단어	읽는 법	뜻	체크
1	内科	ないか	내과	☐
2	南極	なんきょく	남극	☐
3	南北	なんぼく	남북	☐
4	日時	にちじ	일시	☐
5	日課	にっか	일과	☐
6	日中	にっちゅう	낮/주간	☐
7	日程	にってい	일정	☐
8	日本	にほん	일본	☐
9	女房	にょうぼう	아내/처	☐
10	人気	にんき	인기	☐
11	人間	にんげん	인간	☐
12	年間	ねんかん	연간	☐
13	年月	ねんげつ	연월/세월	☐
14	年度	ねんど	연도	☐
15	燃料	ねんりょう	연료	☐
16	農家	のうか	농가	☐
17	農村	のうそん	농촌	☐
18	農民	のうみん	농민	☐
19	農薬	のうやく	농약	☐
20	能力	のうりょく	능력	☐

✏️ **문장으로 단어를 익히고 손으로 직접 써보세요**

ないか **内科** 내과	かぜ ひ ないか しんりょう う 風邪を引いて内科診療を受けました。 감기에 걸려서 내과 진료를 받았습니다.
内科	風邪を引いて内科診療を受けました。

なんきょく **南極** 남극	なんきょく ひょうが と かいすいめん たか 最近、南極の氷河が溶けて海水面を高めています。 최근 남극 빙하가 녹아 해수면을 높이고 있습니다.
南極	最近、南極の氷河が溶けて海水面を高めています。

なんぼく **南北** 남북	しんぶんしゃ なんぼくかいだん きじ あつか すべての新聞社で南北会談の記事を扱っている。 모든 신문사에서 남북회담 기사를 다루고 있다.
南北	すべての新聞社で南北会談の記事を扱っている。

にちじ **日時** 일시	てちょう にちじ 手帳に日時をメモした。 수첩에 일시를 메모했다.
日時	手帳に日時をメモした。

しんりょう 診療 진료 | ひょうが 氷河 빙하 | かいすいめん 海水面 해수면 | かいだん 会談 회담 | きじ 記事 기사 | あつか 扱う 다루다/취급하다
| てちょう 手帳 수첩

✎ **문장으로 단어를 익히고 손으로 직접 써보세요**

日課 にっか	毎日、日課を終えて日記を書きます。 まいにち にっか お にっき か
일과	매일 일과를 마치고 일기를 씁니다.
日課	毎日、日課を終えて日記を書きます。

日中 にっちゅう	日中は気温が上昇する。 にっちゅう きおん じょうしょう
낮/주간	낮에는 기온이 상승한다.
日中	日中は気温が上昇する。

日程 にってい	台風で旅行の日程が延期されました。 たいふう りょこう にってい えんき
일정	태풍으로 여행 일정이 연기되었습니다.
日程	台風で旅行の日程が延期されました。

日本 にほん	日本文学作品を好んで読みます。 に ほんぶんがくさくひん この よ
일본	일본 문학작품을 즐겨 읽습니다.
日本	日本文学作品を好んで読みます。

日記 일기 | 気温 기온 | 上昇 상승 | 台風 태풍 | 旅行 여행 | 延期 연기 | 文学 문학
にっき きおん じょうしょう たいふう りょこう えんき ぶんがく
| 作品 작품 | 好む 좋아하다/즐기다
さくひん この

[N2 음독명사] な행 단어 쓰기 03

✎ 문장으로 단어를 익히고 손으로 직접 써보세요

にょうぼう **女房** ······ 아내/처 **女房**	女房には苦労をかけてきた。 ······ 아내에게는 고생을 끼쳐 왔다. 女房には苦労をかけてきた。

にんき **人気** ······ 인기 **人気**	にほんご　せんせい　がくせい　　　　にんき　たか 日本語の先生は学生たちからの人気が高い。 ······ 일본어 선생님은 학생들에게 인기가 많다. 日本語の先生は学生たちからの人気が高い。

にんげん **人間** ······ 인간 **人間**	にんげん　よく　かぎ 人間の欲は限りがない。 ······ 인간의 욕심은 끝이 없다. 人間の欲は限りがない。

ねんかん **年間** ······ 연간 **年間**	ねんかんこうすいりょう　ちょうさ 年間降水量を調査しています。 ······ 연간 강수량을 조사하고 있습니다. 年間降水量を調査しています。

くろう　　　　　よく　　　　こうすいりょう　　　　ちょうさ
苦労 고생 | **欲** 욕심 | **降水量** 강수량 | **調査** 조사

[N2 음독명사] な행 단어 쓰기 04

✎ 문장으로 단어를 익히고 손으로 직접 써보세요

ねんげつ **年月** 연월/세월	忘れてしまうくらい年月が経った。 잊어버릴 정도로 세월이 흘렀다.
年月	忘れてしまうくらい年月が経った。

ねんど **年度** 연도	年度が変わる時期には仕事量が増加する。 연도가 바뀌는 시기에는 업무량이 증가한다.
年度	年度が変わる時期には仕事量が増加する。

ねんりょう **燃料** 연료	夫は燃料費の少ない小型自動車を購入しました。 남편은 연료비가 적은 소형 자동차를 구입했습니다.
燃料	夫は燃料費の少ない小型自動車を購入しました。

のうか **農家** 농가	台風によって農家が多大な被害を受けた。 태풍으로 인해 농가가 큰 피해를 입었다.
農家	台風によって農家が多大な被害を受けた。

じき
時期 시기 | しごと
仕事 일/업무 | ぞうか
増加 증가 | こがた
小型 소형 | こうにゅう
購入 구입 | たいふう
台風 태풍

198

[N2 음독명사] な행 단어 쓰기 05

✏️ 문장으로 단어를 익히고 손으로 직접 써보세요

のうそん **農村** 농촌	のうそんもんだい しら ひつよう 農村問題を調べる必要がある。 농촌 문제를 살펴볼 필요가 있다.
農村	農村問題を調べる必要がある。

のうみん **農民** 농민	と ち うしな のうみん かな ことば い あらわ 土地を失った農民の悲しみは言葉では言い表せない。 토지를 잃은 농민의 슬픔은 말로 표현할 수가 없다.
農民	土地を失った農民の悲しみは言葉では言い表せない。

のうやく **農薬** 농약	のうやく つか やさい けんこう よ 農薬を使わない野菜は健康に良い。 농약을 사용하지 않은 채소는 건강에 좋다.
農薬	農薬を使わない野菜は健康に良い。

のうりょく **能力** 능력	た なか ぎょう む しょり のうりょく すぐ 田中さんは業務処理能力に優れている。 다나카 씨는 업무 처리 능력이 뛰어나다.
能力	田中さんは業務処理能力に優れている。

もんだい し ら
問題 문제 | **調べる** 조사하다/연구하다/검토하다/점검하다 | ひつよう と ち
必要 필요 | **土地** 토지 |
い あらわ けんこう ぎょうむ しょり すぐ
言い表す 말로 나타내다/표현하다 | **健康** 건강 | **業務** 업무 | **処理** 처리 | **優れる** 뛰어

└나다/우수하다/훌륭하다

199

번호	단어	읽는 법	뜻	체크
1	梅雨	ばいう	장마	☐
2	俳句	はいく	하이쿠	☐
3	廃止	はいし	폐지	☐
4	売店	ばいてん	매점	☐
5	俳優	はいゆう	배우	☐
6	発想	はっそう	발상	☐
7	場面	ばめん	장면	☐
8	範囲	はんい	범위	☐
9	繁栄	はんえい	번영	☐
10	反響	はんきょう	반향/메아리	☐
11	半径	はんけい	반경	☐
12	犯罪	はんざい	범죄	☐
13	万歳	ばんざい	만세	☐
14	判事	はんじ	판사	☐
15	番地	ばんち	번지	☐
16	半島	はんとう	반도	☐
17	犯人	はんにん	범인	☐
18	比較	ひかく	비교	☐
19	美人	びじん	미인	☐
20	筆者	ひっしゃ	필자	☐

✏️ 문장으로 단어를 익히고 손으로 직접 써보세요

ばい う 梅雨	ばい う ぜんせん　なん ぶ ち ほう　 い どう 梅雨前線が南部地方に移動しています。
장마	장마전선이 남부지방으로 이동하고 있습니다.
梅雨	梅雨前線が南部地方に移動しています。

はい く 俳句	かれ　　はい く　　　とくべつ　　かん 彼の俳句には特別な感じがあります。
하이쿠	그의 하이쿠에는 특별한 느낌이 있습니다.
俳句	彼の俳句には特別な感じがあります。

はい し 廃止	し けいせい ど はい し　　たい　　とうろんかい　　はじ 死刑制度廃止に対する討論会が始まります。
폐지	사형제도 폐지에 대한 토론회가 시작됩니다.
廃止	死刑制度廃止に対する討論会が始まります。

ばいてん 売店	しゅっきん と ちゅう　　ばいてん　　　　　　か 出勤途中に売店でおやつを買いました。
매점	출근길에 매점에서 간식을 샀습니다.
売店	出勤途中に売店でおやつを買いました。

ぜんせん　　　　　　なん ぶ　　　　　　ち ほう　　　　　　い どう　　　　　とくべつ　　　　　し けい　　　　　せい ど
前線 전선 | 南部 남부 | 地方 지방 | 移動 이동 | 特別 특별 | 死刑 사형 | 制度 제도 |
とうろんかい　　　　　しゅっきん　　　　　と ちゅう
討論会 토론회 | 出勤 출근 | 途中 도중 | おやつ 오후의 간식, 간식

✏️ 문장으로 단어를 익히고 손으로 직접 써보세요

はいゆう **俳優** 배우	このドラマは有名な俳優がたくさん出る。
	이 드라마는 유명한 배우들이 많이 나온다.
俳優	このドラマは有名な俳優がたくさん出る。

はっそう **発想** 발상	発想の転換が必要な時期だ。
	발상의 전환이 필요한 시기이다.
発想	発想の転換が必要な時期だ。

ばめん **場面** 장면	悲しい場面を見ると、間違いなく涙が出る。
	슬픈 장면을 보면, 어김없이 눈물이 난다.
場面	悲しい場面を見ると、間違いなく涙が出る。

はんい **範囲** 범위	友達に試験範囲を聞いてみました。
	친구에게 시험 범위를 물어봤습니다.
範囲	友達に試験範囲を聞いてみました。

ドラマ 드라마 | 転換 전환 | 時期 시기 | 試験 시험

✎ 문장으로 단어를 익히고 손으로 직접 써보세요

はんえい 繁栄	み らい　　はんえい　　いの 未来の繁栄を祈ります。
번영	미래의 번영을 기원합니다.
繁栄	未来の繁栄を祈ります。

はんきょう 反響	おと　　はんきょう　　　　　　　　　　しず　　　　　ねが 音が反響しやすいのでお静かにお願いします。
반향/메아리	소리가 반향하기 쉬우니 조용히 해주시길 부탁드립니다.
反響	音が反響しやすいのでお静かにお願いします。

はんけい 半径	はんけい　ご　　　　　　　　　　　　い　ない 半径 5 メートル以内にいなければなりません。
반경	반경 5미터 이내에 있어야 합니다.
半径	半径 5 メートル以内にいなければなりません。

はんざい 犯罪	さいきん　　　　　　　　　　　　　　　はんざい　　そう か 最近になってサイバー犯罪が増加しています。
범죄	최근 들어 사이버 범죄가 증가하고 있습니다.
犯罪	最近になってサイバー犯罪が増加しています。

み らい
未来 미래 | い の
祈る 빌다/기원하다/희망하다 | い ない
以内 이내 | **サイバー** 사이버/컴퓨터 통신망 |
そう か
増加 증가

[N2 음독명사] は행 단어 쓰기 04

✏️ 문장으로 단어를 익히고 손으로 직접 써보세요

ばんざい **万歳** 만세	し けん ごうかく あと ばんざい とな 試験に合格した後、万歳を唱えた。
	시험에 합격한 후 만세를 불렀다.
万歳	試験に合格した後、万歳を唱えた。

はん じ **判事** 판사	はん じ ひ こくにん む ざい せんこく 判事は被告人に無罪を宣告しました。
	판사는 피고인에게 무죄를 선고했습니다.
判事	判事は被告人に無罪を宣告しました。

ばん ち **番地** 번지	ばん ち まちが き さい へんそうしょり 番地が間違って記載され返送処理されます。
	번지가 잘못 기재되어 반송처리 됩니다.
番地	番地が間違って記載され返送処理されます。

はんとう **半島** 반도	たいふう しずおかけん い ず はんとう じょうりく 台風が静岡県の伊豆半島に上陸した。
	태풍이 시즈오카 현의 이즈 반도에 상륙했다.
半島	台風が静岡県の伊豆半島に上陸した。

ごうかく ひ こくにん む ざい せんこく き さい へんそう
合格 합격 | 被告人 (형사 사건의)피고인 | 無罪 무죄 | 宣告 선고 | 記載 기재 | 返送
しょり
반송 | 処理 처리

204

✎ 문장으로 단어를 익히고 손으로 직접 써보세요

はんにん **犯人**	じ けんげん ば　　はんにん　し もん　はっけん 事件現場で犯人の指紋が発見された。
범인	사건 현장에서 범인의 지문이 발견되었다.
犯人	事件現場で犯人の指紋が発見された。

ひ かく **比較**	しょうひん　ひんしつ　ひ かく　　こうにゅう 商品の品質を比較して購入しました。
비교	상품의 품질을 비교하여 구입했습니다.
比較	商品の品質を比較して購入しました。

び じん **美人**	た なか　　おく　　　　　　　　び じん 田中さんの奥さんはすごく美人です。
미인	다나카 씨의 아내는 굉장한 미인입니다.
美人	田中さんの奥さんはすごく美人です。

ひっしゃ **筆者**	しょうせつ　ひっしゃ　じんせい　　　　か　　さくひん この小説は筆者の人生をもとに書いた作品だ。
필자	이 소설은 필자의 삶을 바탕으로 쓴 작품이다.
筆者	この小説は筆者の人生 をもとに書いた作品だ。

じ けん　　　　　げん ば　　　　　し もん　　　　　はっけん　　　　　しょうひん　　　　ひんしつ　　　　こうにゅう
事件 사건 | **現場** 현장 | **指紋** 지문 | **発見** 발견 | **商品** 상품 | **品質** 품질 | **購入** 구입
しょうせつ　　　　じんせい　　　　さくひん
小説 소설 | **人生** 인생 | **作品** 작품

33일차 단어 미리 보기 알고 있는 단어를 체크해 보세요

번호	단어	읽는 법	뜻	체크
1	非難	ひなん	비난	☐
2	美容	びよう	미용	☐
3	表紙	ひょうし	표지	☐
4	標準	ひょうじゅん	표준	☐
5	表情	ひょうじょう	표정	☐
6	標本	ひょうほん	표본	☐
7	表面	ひょうめん	표면	☐
8	評論	ひょうろん	평론	☐
9	便箋	びんせん	편지지	☐
10	貧富	ひんぷ	빈부	☐
11	風景	ふうけい	풍경	☐
12	風船	ふうせん	풍선	☐
13	不運	ふうん	불운	☐
14	不可	ふか	불가	☐
15	武器	ぶき	무기	☐
16	副詞	ふくし	부사	☐
17	複数	ふくすう	복수	☐
18	符号	ふごう	부호	☐
19	武士	ぶし	무사	☐
20	部首	ぶしゅ	(한자의) 부수	☐

✎ **문장으로 단어를 익히고 손으로 직접 써보세요**

ひ なん 非難	かれ こうどう しゃかいてき ひ なん たいしょう 彼の行動は社会的に非難の対象となった。
비난	그의 행동은 사회적으로 비난의 대상이 되었다.
非難	彼の行動は社会的に非難の対象となった。

び よう 美容	かんそう き せつ はだ び よう き つか 乾燥する季節には肌の美容に気を使っています。
미용	건조한 계절에는 피부미용에 신경을 쓰고 있습니다.
美容	乾燥する季節には肌の美容に気を使っています。

ひょう し 表紙	ほん ひょう し 本の表紙にコーヒーをこぼしました。
표지	책 표지에 커피를 쏟았습니다.
表紙	本の表紙にコーヒーをこぼしました。

ひょうじゅん 標準	ひょうじゅん ご はつおん れんしゅう 標準語の発音を練習します。
표준	표준어 발음을 연습합니다.
標準	標準語の発音を練習します。

こうどう しゃかいてき たいしょう かんそう き せつ はだ
行動 행동 | 社会的 사회적 | 対象 대상 | 乾燥 건조 | 季節 계절 | 肌 살갗/피부 |

はつおん れんしゅう
こぼす 흘리다/엎지르다 | 発音 발음 | 練習 연습

✎✧ **문장으로 단어를 익히고 손으로 직접 써보세요**

ひょうじょう **表情**	鈴木さんは悲しそうな表情をしている。
표정	스즈키 씨는 슬픈 표정을 짓고 있다.
表情	鈴木さんは悲しそうな表情をしている。

ひょうほん **標本**	採集した昆虫を標本箱に入れた。
표본	채집한 곤충을 표본 상자에 넣었다.
標本	採集した昆虫を標本箱に入れた。

ひょうめん **表面**	この家具の表面は柔らかく光沢がある。
표면	이 가구의 표면은 부드럽고 광택이 난다.
表面	この家具の表面は柔らかく光沢がある。

ひょうろん **評論**	田中さんは新聞に時事評論を寄稿した。
평론	다나카 씨는 신문에 시사평론을 기고했다.
評論	田中さんは新聞に時事評論を寄稿した。

採集 채집 | 昆虫 곤충 | 家具 가구 | 柔らかい 부드럽다 | 光沢 광택 | 寄稿 기고

✎ 문장으로 단어를 익히고 손으로 직접 써보세요

びんせん **便箋**	かれ し て がみ か 彼氏に手紙を書こうときれいな便箋を買った。
편지지	남자친구에게 편지를 쓰려고 예쁜 편지지를 샀다.
便箋	彼氏に手紙を書こうときれいな便箋を買った。

ひん ぶ **貧富**	ひん ぶ さ しゃかいもんだい しんこく 貧富の差による社会問題が深刻になっている。
빈부	빈부격차로 인한 사회 문제가 심각해지고 있다.
貧富	貧富の差による社会問題が深刻になっている。

ふうけい **風景**	うつく ふうけい おどろ 美しい風景に驚かずにはいられなかった。
풍경	아름다운 풍경에 놀라지 않을 수 없었다.
風景	美しい風景に驚かずにはいられなかった。

ふうせん **風船**	ふうせん ふく いき き 風船を膨らませすぎて息が切れる。
풍선	풍선을 너무 불어서 숨이 차다.
風船	風船を膨らませすぎて息が切れる。

て がみ　　　しんこく　　　　おどろ　　　　　　　　ふく　　　　　　　　　　　いき
手紙 편지 | **深刻** 심각 | **驚く** 놀라다/경악하다 | **膨らます** 부풀리다/부풀게 하다 | **息が**
き
切れる 숨이 차다

✏️ 문장으로 단어를 익히고 손으로 직접 써보세요

ふ うん **不運**	わたし つづ ふ うん ぜつぼう 私は続く不運に絶望してしまった。
불운	나는 계속되는 불운에 절망하고 말았다.
不運	私は続く不運に絶望してしまった。

ふ か **不可**	てんけん しよう ふ か システム点検で使用不可です。
불가	시스템 점검으로 사용 불가합니다.
不可	システム点検で使用不可です。

ぶ き **武器**	かれ さいせんたん ぶ き ほ ゆう 彼らは最先端の武器を保有している。
무기	그들은 최첨단 무기를 보유하고 있다.
武器	彼らは最先端の武器を保有している。

ふくし **副詞**	ふくし おも どう し しゅうしょく 副詞は主に動詞を修飾する。
부사	부사는 주로 동사를 수식한다.
副詞	副詞は主に動詞を修飾する。

ぜつぼう てんけん さいせんたん ほ ゆう どう し
絶望 절망 | システム 시스템 | 点検 점검 | 最先端 최첨단 | 保有 보유 | 動詞 동사
しゅうしょく
修飾 수식

✏️ 문장으로 단어를 익히고 손으로 직접 써보세요

ふくすう **複数**	この副詞は複数の意味を持っている。
복수	이 부사는 복수의 의미를 가지고 있다.
複数	この副詞は複数の意味を持っている。

ふごう **符号**	括弧の中に符号を入れてください。
부호	괄호 안에 부호를 넣어주세요.
符号	括弧の中に符号を入れてください。

ぶし **武士**	幼い頃から武芸を学んで立派な武士になった。
무사	어릴 적부터 무예를 배워 훌륭한 무사가 되었다.
武士	幼い頃から武芸を学んで立派な武士になった。

ぶしゅ **部首**	部首が同じ漢字同士で覚えています。
(한자의)부수	부수가 같은 한자끼리 외우고 있습니다.
部首	部首が同じ漢字同士で覚えています。

ふくし 副詞 부사 | いみ 意味 의미 | かっこ 括弧 괄호 | おさな 幼い 어리다/미숙하다 | ぶげい 武芸 무예/무술 | どうし 同士

~끼리

211

번호	단어	읽는 법	뜻	체크
1	夫人	ふじん	부인	☐
2	婦人	ふじん	부인/여성	☐
3	不審物	ふしんぶつ	수상한 물건	☐
4	普段	ふだん	항상/평상시/평소	☐
5	不通	ふつう	불통	☐
6	物価	ぶっか	물가	☐
7	物理	ぶつり	물리	☐
8	不平	ふへい	불평	☐
9	父母	ふぼ	부모	☐
10	文芸	ぶんげい	문예	☐
11	文献	ぶんけん	문헌	☐
12	噴水	ふんすい	분수	☐
13	分数	ぶんすう	분수	☐
14	文体	ぶんたい	문체	☐
15	文脈	ぶんみゃく	문맥	☐
16	文明	ぶんめい	문명	☐
17	分野	ぶんや	분야	☐
18	分量	ぶんりょう	분량	☐
19	平日	へいじつ	평일	☐
20	兵隊	へいたい	군대/병대	☐

✎ 문장으로 단어를 익히고 손으로 직접 써보세요

ふじん **夫人** 부인	すずき ふじん ゆうめい しょうせつ か 鈴木さんの夫人は有名な小説家だ。 스즈키 씨의 부인은 유명한 소설가이다.
夫人	鈴木さんの夫人は有名な小説家だ。

ふじん **婦人** 부인/여성	ふ じん か びょういん しんさつ う 婦人科病院で診察を受けました。 부인과 병원에서 진찰을 받았습니다.
婦人	婦人科病院で診察を受けました。

ふ しんぶつ **不審物** 수상한 물건	ふ しんぶつ み かた えきいん し 不審物を見かけた方は駅員へお知らせください。 수상한 물건을 발견하신 분은 역무원에게 알려 주십시오.
不審物	不審物を見かけた方は駅員へお知らせください。

ふ だん **普段** 항상/평상시/평소	かれ ふ だん りょうしん たい あいじょう かくべつ 彼は普段、両親に対する愛情が格別でした。 그는 평소 부모님에 대한 애정이 각별했다.
普段	彼は普段、両親に対する愛情が格別でした。

しょうせつ か しんさつ えきいん りょうしん あいじょう かくべつ
小説家 소설가 | 診察 진찰 | 駅員 역무원 | 両親 양친/부모/어버이 | 愛情 애정 | 格別

각별/특별함/유별남

✎ 문장으로 단어를 익히고 손으로 직접 써보세요

ふ つう **不通** 불통	トンネルの中では電話が不通になることもある。 터널 안에서는 전화가 불통이 되기도 한다.
不通	トンネルの中では電話が不通になることもある。

ぶっ か **物価** 물가	物価の上昇にはさまざまな原因があります。 물가 상승에는 다양한 원인이 있습니다.
物価	物価の上昇にはさまざまな原因があります。

ぶつ り **物理** 물리	鈴木さんが一番好きな科目は物理だ。 스즈키 씨가 가장 좋아하는 과목은 물리다.
物理	鈴木さんが一番好きな科目は物理だ。

ふ へい **不平** 불평	彼女は暇さえあれば不平を並べる。 그녀는 틈만 나면 불평을 늘어놓는다.
不平	彼女は暇さえあれば不平を並べる。

トンネル 터널 | 上昇 상승 | 原因 원인 | 科目 과목

[N2 음독명사] は행 단어 쓰기 03

✎ 문장으로 단어를 익히고 손으로 직접 써보세요

ふぼ 父母	父母が揃っている家庭ばかりとは限らない。
부모	부모가 갖추어져 있는 가정만 있는 것은 아니다.
父母	父母が揃っている家庭ばかりとは限らない。

ぶんげい 文芸	先月から文芸雑誌を購読しています。
문예	지난달부터 문예 잡지를 구독하고 있습니다.
文芸	先月から文芸雑誌を購読しています。

ぶんけん 文献	様々な文献を参考にした。
문헌	여러 가지 문헌을 참고하였다.
文献	様々な文献を参考にした。

ふんすい 噴水	公園の中央にある噴水から水が出ている。
분수	공원 중앙에 있는 분수에서 물이 나오고 있다.
噴水	公園の中央にある噴水から水が出ている。

かてい 家庭 가정 | こうどく 購読 구독 | さんこう 参考 참고 | ちゅうおう 中央 중앙

✏️ **문장으로 단어를 익히고 손으로 직접 써보세요**

ぶんすう **分数** 분수	^{しょうすう}小数を^{まな}学ぶ^{まえ}前に^{ぶんすう}分数をまず^{まな}学びます。
	소수를 배우기 전에 분수를 먼저 배웁니다.
分数	小数を学ぶ前に分数をまず学びます。

ぶんたい **文体** 문체	この^{さっか}作家の^{ぶんたい}文体は^{やわ}柔らかくて^{かんけつ}簡潔で^{どくしゃ}読者が^{この}好む。
	이 작가의 문체는 부드럽고 간결해서 독자들이 좋아한다.
文体	この作家の文体は柔らかくて簡潔で読者が好む。

ぶんみゃく **文脈** 문맥	^{ぶんみゃく}文脈に^あ合わせて^{たんご}単語を^{しゅうせい}修正できます。
	문맥에 맞게 단어를 수정할 수 있습니다.
文脈	文脈に合わせて単語を修正できます。

ぶんめい **文明** 문명	^{こだいぶんめい}古代文明に^{かん}関する^{ほん}本を^よ読んでいます。
	고대 문명에 관한 책을 읽고 있습니다.
文明	古代文明に関する本を読んでいます。

^{しょうすう}**小数** 소수 ┃ ^{さっか}**作家** 작가 ┃ ^{やわ}**柔らかい** 부드럽다/몰랑하다/포근하다/유연하다 ┃ ^{かんけつ}**簡潔** 간결

^{どくしゃ}**読者** 독자 ┃ ^{この}**好む** 좋아하다/즐기다 ┃ ^{たんご}**単語** 단어 ┃ ^{しゅうせい}**修正** 수정 ┃ ^{こだい}**古代** 고대

✎ 문장으로 단어를 익히고 손으로 직접 써보세요

ぶんや **分野**	あたら　　　ぶんや　　ちょうせん 新しい分野に挑戦したいです。
분야	새로운 분야에 도전하고 싶습니다.
分野	新しい分野に挑戦したいです。

ぶんりょう **分量**	りょうり　　　　さい　ちょうみりょう　ぶんりょう　ちゅうい 料理をする際は調味料の分量に注意します。
분량	요리를 할 때는 조미료 분량에 주의합니다.
分量	料理をする際は調味料の分量に注意します。

へいじつ **平日**	へいじつ　　　ごぜん　　にゅうじょうりょう　　むりょう 平日の午前は入場料が無料です。
평일	평일 오전에는 입장료가 무료입니다.
平日	平日の午前は入場料が無料です。

へいたい **兵隊**	かれ　さくねん　へいたい　い 彼は昨年に兵隊に行ったそうです。
군대/병대	그는 작년에 군대에 갔다고 합니다.
兵隊	彼は昨年に兵隊に行ったそうです。

ちょうせん
挑戦 도전 | ちょうみりょう
調味料 조미료 | にゅうじょうりょう
入場料 입장료 | むりょう
無料 무료

번호	단어	읽는 법	뜻	체크
1	平野	へいや	평야	☐
2	別荘	べっそう	별장	☐
3	便所	べんじょ	변소/화장실	☐
4	弁当	べんとう	도시락	☐
5	貿易	ぼうえき	무역	☐
6	方角	ほうがく	방위/방향	☐
7	方言	ほうげん	방언/사투리	☐
8	方向	ほうこう	방향	☐
9	包帯	ほうたい	붕대	☐
10	包丁	ほうちょう	부엌칼/식칼	☐
11	方面	ほうめん	방면	☐
12	牧場	ぼくじょう	목장	☐
13	牧畜	ぼくちく	목축	☐
14	保健	ほけん	보건	☐
15	保証	ほしょう	보증	☐
16	北極	ほっきょく	북극	☐
17	歩道	ほどう	보도	☐
18	本人	ほんにん	본인	☐
19	本部	ほんぶ	본부	☐
20	本来	ほんらい	본래	☐

✎ 문장으로 단어를 익히고 손으로 직접 써보세요

へい や 平野	へい や なか かんとう ち く かんとうへい や よ 平野の中で関東地区は関東平野と呼びます。
평야	평야 중에서 관동지구는 관동평야라고 부릅니다.
平野	平野の中で関東地区は関東平野と呼びます。

べっそう 別荘	なつやす べっそう す 夏休みは別荘で過ごすことにしました。
별장	여름방학은 별장에서 보내기로 했습니다.
別荘	夏休みは別荘で過ごすことにしました。

べんじょ 便所	こうえん こうしゅうべんじょ せっ ち 公園に公衆便所が設置されました。
변소/화장실	공원에 공중화장실이 설치되었습니다.
便所	公園に公衆便所が設置されました。

べんとう 弁当	しゅっきん と ちゅう べんとう か 出勤途中に弁当を買いました。
도시락	출근길에 도시락을 샀습니다.
弁当	出勤途中に弁当を買いました。

なつやす 夏休み 여름방학/여름휴가 | こうえん 公園 공원 | こうしゅう 公衆 공중 | せっ ち 設置 설치 | しゅっきん 出勤 출근 | と ちゅう 途中 도중

[N2 음독명사] は행 단어 쓰기 02

✏️ **문장으로 단어를 익히고 손으로 직접 써보세요**

ぼうえき **貿易**	かれ ぼうえきかいしゃ けいえい 彼は貿易会社を経営しています。
무역	그는 무역회사를 경영하고 있습니다.
貿易	彼は貿易会社を経営しています。

ほうがく **方角**	かいしゃ ゆうびんきょく はんたい ほうがく 会社は郵便局と反対の方角です。
방위/방향	회사는 우체국과 반대 방향입니다.
方角	会社は郵便局と反対の方角です。

ほうげん **方言**	ともだち ほうげん き と とき 友達の方言が聞き取れない時があります。
방언/사투리	친구의 사투리를 못 알아들을 때가 있습니다.
方言	友達の方言が聞き取れない時があります。

ほうこう **方向**	かれ じ ぶん ゆうり ほうこう ものがたり つく あ 彼は自分に有利な方向に物語を作り上げた。
방향	그는 자신에게 유리한 방향으로 이야기를 꾸며냈다.
方向	彼は自分に有利な方向に物語を作り上げた。

はんたい き と ゆうり ものがたり つく あ
反対 반대 | 聞き取れる 알아들을 수 있다 | 有利 유리 | 物語 이야기(함) | 作り上げる

만들어 내다/(거짓으로)꾸며 내다

220

220

✎ 문장으로 단어를 익히고 손으로 직접 써보세요

ほうたい **包帯** 붕대 包帯	きずぐち　ほうたい　　　　ま 傷口に包帯をぐるぐる巻きました。 상처에 붕대를 둘둘 감았습니다. 傷口に包帯をぐるぐる巻きました。

ほうちょう **包丁** 부엌칼/식칼 包丁	ほうちょう　　　しょうどく　　つか 包丁はよく消毒して使っています。 부엌칼은 자주 소독해서 사용하고 있습니다. 包丁はよく消毒して使っています。

ほうめん **方面** 방면 方面	さまざま　　ほうめん　　　しよう 様々な方面にご使用いただけます。 다양한 방면으로 사용할 수 있습니다. 様々な方面にご使用いただけます。

ぼくじょう **牧場** 목장 牧場	ぼくじょう　　　にゅうぎゅう　　　　　　くさ 牧場には乳牛がのんびりと草をかじっています。 목장에는 젖소가 한가롭게 풀을 뜯고 있습니다. 牧場には乳牛がのんびりと草をかじっています。

きずぐち
傷口 상처(입은)자리 | 巻く 말다/감다 | しょうどく
消毒 소독 | しよう
使用 사용 | にゅうぎゅう
乳牛 젖소 | のんびり

유유히/한가로이

✏️ 문장으로 단어를 익히고 손으로 직접 써보세요

ぼくちく **牧畜** 목축	すずき　ぼくちくぎょう　じゅうじ 鈴木さんは牧畜業に従事しています。 스즈키 씨는 목축업에 종사하고 있습니다.
牧畜	鈴木さんは牧畜業に従事しています。

ほ けん **保健** 보건	きょう　　ほ けん　じゅぎょう 今日は保健の授業があります。 오늘은 보건 수업이 있습니다.
保健	今日は保健の授業があります。

ほ しょう **保証** 보증	しなもの　　ひんしつ ほ しょう き かん　　す この品物は品質保証期間が過ぎました。 이 물건은 품질 보증 기간이 지났습니다.
保証	この品物は品質保証期間が過ぎました。

ほっきょく **北極** 북극	ほっきょく　ひょう が　　と　　　かいすいめん　　じょうしょう 北極の氷河が溶けて海水面が上昇しています。 북극의 빙하가 녹아서 해수면이 상승하고 있습니다.
北極	北極の氷河が溶けて海水面が上昇しています。

じゅうじ
従事 종사 | じゅぎょう
授業 수업 | しなもの
品物 물품/물건 | ひんしつ
品質 품질 | き かん
期間 기간 | ひょう が
氷河 빙하 | と
溶ける
녹다 | かいすいめん
海水面 해수면 | じょうしょう
上昇 상승

✎ 문장으로 단어를 익히고 손으로 직접 써보세요

歩道 ほ どう	横断歩道の前で友達に会うことにしました。 _{おうだん ほ どう まえ ともだち あ}
보도	횡단보도 앞에서 친구를 만나기로 했습니다.
歩道	横断歩道の前で友達に会うことにしました。

本人 ほんにん	この書類は本人が直接署名しなければなりません。 _{しょるい ほんにん ちょくせつしょめい}
본인	이 서류는 본인이 직접 서명해야 합니다.
本人	この書類は本人が直接署名しなければなりません。

本部 ほん ぶ	本部に連絡してください。 _{ほん ぶ れんらく}
본부	본부로 연락해 주세요.
本部	本部に連絡してください。

本来 ほんらい	失われた本来の姿を取り戻すことになった。 _{うしな ほんらい すがた と もど}
본래	잃어버린 본래의 모습을 되찾게 되었다.
本来	失われた本来の姿を取り戻すことになった。

横断歩道_{おうだん ほ どう} 횡단보도 | 書類_{しょるい} 서류 | 直接_{ちょくせつ} 직접 | 署名_{しょめい} 서명 | 連絡_{れんらく} 연락 | 姿_{すがた} 맵시/모양/
모습 | 取り戻す_{と もど} 되찾다

36일차 단어 미리 보기 알고 있는 단어를 체크해 보세요

번호	단어	읽는 법	뜻	체크
1	毎度	まいど	매번/항상	☐
2	満員	まんいん	만원	☐
3	満点	まんてん	만점	☐
4	未満	みまん	미만	☐
5	未来	みらい	미래	☐
6	魅力	みりょく	매력	☐
7	民間	みんかん	민간	☐
8	民謡	みんよう	민요	☐
9	無限	むげん	무한	☐
10	無数	むすう	무수	☐
11	名作	めいさく	명작	☐
12	名刺	めいし	명함	☐
13	名詞	めいし	명사	☐
14	名所	めいしょ	명소	☐
15	迷信	めいしん	미신	☐
16	名物	めいぶつ	명물	☐
17	名誉	めいよ	명예	☐
18	面積	めんせき	면적	☐
19	木材	もくざい	목재	☐
20	目標	もくひょう	목표	☐

✎ 문장으로 단어를 익히고 손으로 직접 써보세요

まいど **毎度** 매번/항상	**まいど** 毎度ありがとうございます。
	매번 감사합니다.
毎度	毎度ありがとうございます。

まんいん **満員** 만원	**しゅっきん じ かん**　**まんいん**　**なや** 出勤時間にはいつも満員バスに悩まされる。
	출근 시간에는 항상 만원 버스에 시달린다.
満員	出勤時間にはいつも満員バスに悩まされる。

まんてん **満点** 만점	**こんど　しけん　まんてん　め ざ** 今度の試験は満点を目指している。
	이번 시험은 만점을 목표로 하고 있다.
満点	今度の試験は満点を目指している。

み まん **未満** 미만	**ろくじゅってん み まん　ふ ごうかく** 60点未満は不合格です。
	60점 미만은 불합격입니다.
未満	60点未満は不合格です。

しゅっきん　　　　**し けん**　　　　**め ざ**　　　　　　　　　　　　　　　**ふ ごうかく**
出勤 출근 ｜ 試験 시험 ｜ 目指す 지향하다/목표로 하다/노리다 ｜ 不合格 불합격

✏️ 문장으로 단어를 익히고 손으로 직접 써보세요

みらい **未来** 미래	わかもの　あか　　みらい　ゆめみ 若者たちは明るい未来を夢見る。 청년들은 밝은 미래를 꿈꾼다.
未来	若者たちは明るい未来を夢見る。

み りょく **魅力** 매력	わたし　じぶん　しごと　ねつじょうてき　ひと　みりょく　かん 私は自分の仕事に熱情的な人に魅力を感じる。 나는 자신의 일에 열정적인 사람에게 매력을 느낀다.
魅力	私は自分の仕事に熱情的な人に魅力を感じる。

みんかん **民間** 민간	えんしょう　　　　みんかんりょうほう 炎症をなくす民間療法があります。 염증을 없애는 민간요법이 있습니다.
民間	炎症をなくす民間療法があります。

みんよう **民謡** 민요	おんがく　　じかん　でんとうみんよう　なら 音楽の時間に伝統民謡を習いました。 음악 시간에 전통 민요를 배웠습니다.
民謡	音楽の時間に伝統民謡を習いました。

わかもの
若者 젊은이/청년 ｜ ゆめみ
夢見る 꿈꾸다/공상하다 ｜ ねつじょう
熱情 열정 ｜ えんしょう
炎症 염증 ｜ りょうほう
療法 요법

でんとう
伝統 전통

✎ 문장으로 단어를 익히고 손으로 직접 써보세요

むげん **無限** 무한	みち　　　　　　むげん　つづ　　　き 道はどこかに無限に続くような気がした。
	길은 어디론가 무한정 이어질 것만 같았다.
無限	道はどこかに無限に続くような気がした。

むすう **無数** 무수	なつ　そら　　　　ほし　むすう 夏の空には星が無数にある。
	여름 하늘에는 별이 무수히 많다.
無数	夏の空には星が無数にある。

めいさく **名作** 명작	こども　　せかいめいさくどうわ　　よ 子供に世界名作童話を読んであげました。
	아이에게 세계 명작동화를 읽어주었습니다.
名作	子供に世界名作童話を読んであげました。

めいし **名刺** 명함	か　　　　　　　　めいし　こうかん あいさつを交わしながら名刺を交換する。
	인사를 나누면서 명함을 주고받았다.
名刺	あいさつを交わしながら名刺を交換する。

つづ
続く (시간적·공간적으로)계속하다/계속되다 | ほし
星 별 | せかい
世界 세계 | どうわ
童話 동화 | こうかん
交換 교환

227

✏️ 문장으로 단어를 익히고 손으로 직접 써보세요

めい し **名詞** 명사	めい し ものごと な まえ あらわ ひん し 名詞は物事の名前を表す品詞である。
	명사는 사물의 이름을 나타내는 품사이다.
名詞	名詞は物事の名前を表す品詞である。

めいしょ **名所** 명소	がいこくじん おとず かんこうめいしょ ここは外国人がよく訪れる観光名所です。
	이곳은 외국인들이 자주 찾는 관광명소입니다.
名所	ここは外国人がよく訪れる観光名所です。

めいしん **迷信** 미신	かのじょ めいしん しん 彼女は迷信を信じなかった。
	그녀는 미신을 믿지 않았다.
迷信	彼女は迷信を信じなかった。

めいぶつ **名物** 명물	かく ち いき めいぶつ くわ しょうかい 各地域の名物を詳しく紹介しています。
	각 지역의 명물을 자세히 소개하고 있습니다.
名物	各地域の名物を詳しく紹介しています。

ものごと な まえ あらわ ひん し おとず
物事 사물 | **名前** 이름 | **表す** 나타내다/증명하다/표현하다 | **品詞** 품사 | **訪れる** 방문하
かんこう ち いき くわ しょうかい
다/찾다 | **観光** 관광 | **地域** 지역 | **詳しい** 상세하다/소상하다 | **紹介** 소개

✎ 문장으로 단어를 익히고 손으로 직접 써보세요

めいよ **名誉**	かのじょ　　かね　　めいよ　ちい　ゆうせん 彼女はお金よりも名誉や地位を優先する。
명예	그녀는 돈보다 명예나 지위를 우선시 한다.
名誉	彼女はお金よりも名誉や地位を優先する。

めんせき **面積**	じ む しつ　しつないめんせき　ひろ　ほう この事務室の室内面積は広い方だ。
면적	이 사무실의 실내 면적은 넓은 편이다.
面積	この事務室の室内面積は広い方だ。

もくざい **木材**	もくざい　　ね だん たか よい木材ほど値段が高い。
목재	좋은 목재일수록 가격이 비싸다.
木材	よい木材ほど値段が高い。

もくひょう **目標**	しんねん　　　　あたら　もくひょう 新年になると、新しい目標を立てる。
목표	새해가 되면 새로운 목표를 세운다.
目標	新年になると、新しい目標を立てる。

ち い
地位 지위 | ゆうせん
優先 우선 | じ む しつ
事務室 사무실 | しつない
室内 실내 | ね だん
値段 값/가격 | しんねん
新年 신년/새해

229

37일차 단어 미리 보기 알고 있는 단어를 체크해 보세요.

번호	단어	읽는 법	뜻	체크
1	夜間	やかん	야간	☐
2	役者	やくしゃ	배우	☐
3	役所	やくしょ	관청/관공서	☐
4	役人	やくにん	공무원	☐
5	薬品	やくひん	약품	☐
6	薬局	やっきょく	약국	☐
7	唯一	ゆいいつ	유일	☐
8	夕刊	ゆうかん	석간	☐
9	勇気	ゆうき	용기	☐
10	友好	ゆうこう	우호	☐
11	友情	ゆうじょう	우정	☐
12	友人	ゆうじん	친구	☐
13	郵便	ゆうびん	우편	☐
14	有料	ゆうりょう	유료	☐
15	溶岩	ようがん	용암	☐
16	容器	ようき	용기	☐
17	用語	ようご	용어	☐
18	用紙	ようし	용지	☐
19	要素	ようそ	요소	☐
20	要点	ようてん	요점	☐

230

✎ **문장으로 단어를 익히고 손으로 직접 써보세요**

や かん **夜間** 야간	まいにち ご ご じゅう じ 毎日午後10時まで夜間診療を行っています。 매일 오후10시까지 야간 진료를 실시하고 있습니다.
夜間	毎日午後10時まで夜間診療を行っています。

やくしゃ **役者** 배우	やくしゃ えん ぎ まな 役者になるために演技を学んでいます。 배우가 되기 위해 연기를 배우고 있습니다.
役者	役者になるために演技を学んでいます。

やくしょ **役所** 관청/관공서	きゅうよう やくしょ い 急用があって役所に行っています。 급한 용무가 있어서 관공서에 가고 있습니다.
役所	急用があって役所に行っています。

やくにん **役人** 공무원	た なか しゃかいふく し ぎょうむ たんとう やくにん 田中さんは社会福祉業務を担当している役人です。 다나카 씨는 사회복지 업무를 담당하고 있는 공무원입니다.
役人	田中さんは社会福祉業務を担当している役人です。

しんりょう　　　　えん ぎ　　　　　　　　　　　きゅうよう　　　　　　　　　　しゃかい　　　　ふく し
診療 진료 ｜ **演技** 연기/겉으로 꾸민 짓 ｜ **急用** 급한 볼일[용무] ｜ **社会** 사회 ｜ **福祉** 복지 ｜
ぎょう む　　　　たんとう
業務 업무 ｜ **担当** 담당

✏️ **문장으로 단어를 익히고 손으로 직접 써보세요**

やくひん **薬品**	<ruby>化<rt>か</rt></ruby><ruby>学<rt>がく</rt></ruby>薬<ruby>品<rt>ひん</rt></ruby><ruby>製<rt>せい</rt></ruby><ruby>造<rt>ぞう</rt></ruby><ruby>工<rt>こう</rt></ruby><ruby>場<rt>じょう</rt></ruby>で<ruby>爆<rt>ばく</rt></ruby><ruby>発<rt>はつ</rt></ruby><ruby>事<rt>じ</rt></ruby><ruby>故<rt>こ</rt></ruby>が<ruby>起<rt>お</rt></ruby>きました。
약품	화학약품 제조공장에서 폭발 사고가 일어났습니다.
薬品	化学薬品製造工場で爆発事故が起きました。

やっきょく **薬局**	やっきょく かぜぐすり か 薬局で風邪薬を買いました。
약국	약국에서 감기약을 샀습니다.
薬局	薬局で風邪薬を買いました。

ゆいいつ **唯一**	かれ ゆいいつ す さくひん 彼が唯一好きな作品です。
유일	그가 유일하게 좋아하는 작품입니다.
唯一	彼が唯一好きな作品です。

ゆうかん **夕刊**	ゆうかんしんぶん てい き こうどく 夕刊新聞を定期購読しています。
석간	석간신문을 정기 구독하고 있습니다.
夕刊	夕刊新聞を定期購読しています。

<ruby>化学<rt>かがく</rt></ruby> 화학 | <ruby>製造<rt>せいぞう</rt></ruby> 제조 | <ruby>工場<rt>こうじょう</rt></ruby> 공장 | <ruby>爆発<rt>ばくはつ</rt></ruby> 폭발 | <ruby>事故<rt>じこ</rt></ruby> 사고 | <ruby>風邪薬<rt>かぜぐすり</rt></ruby> 감기약 | <ruby>作品<rt>さくひん</rt></ruby> 작품 | <ruby>新聞<rt>しんぶん</rt></ruby> 신문 | <ruby>定期<rt>ていき</rt></ruby> 정기 | <ruby>購読<rt>こうどく</rt></ruby> 구독

✎ 문장으로 단어를 익히고 손으로 직접 써보세요

ゆうき **勇気**	先生はいつも私に勇気を出せと励ましてくれる。
용기	선생님은 항상 나에게 용기를 내라고 격려해 주신다.
勇気	先生はいつも私に勇気を出せと励ましてくれる。

ゆうこう **友好**	隣国と友好関係を維持する。
우호	이웃 나라와 우호 관계를 유지하다.
友好	隣国と友好関係を維持する。

ゆうじょう **友情**	私たちの友情は永久不滅です。
우정	우리의 우정은 영구 불멸입니다.
友情	私たちの友情は永久不滅です。

ゆうじん **友人**	つらいことがある時友人に助けてもらった。
친구	힘든 일이 있을 때 친구에게 도움을 받았다.
友人	つらいことがある時友人に助けてもらった。

励ます 붇돋(우)다/격려하다 | 隣国 이웃 나라 | 関係 관계 | 維持 유지 | 永久不滅

영구불멸

[N2 음독명사] や~ら행 단어 쓰기 04

✏️ **문장으로 단어를 익히고 손으로 직접 써보세요**

ゆうびん **郵便** 우편	しょるい　ゆうびん　おく 書類は郵便で送ってください。 서류는 우편으로 보내주세요.
郵便	書類は郵便で送ってください。

ゆうりょう **有料** 유료	にゅうじょうりょう　ゆうりょう 入場料は有料です。 입장료는 유료입니다.
有料	入場料は有料です。

ようがん **溶岩** 용암	か ざん　ばくはつ　　あつ　ようがん　なが　で 火山が爆発して熱い溶岩が流れ出た。 화산이 폭발해 뜨거운 용암이 흘러나왔다.
溶岩	火山が爆発して熱い溶岩が流れ出た。

よう き **容器** 용기	おお　　　よう き　　　　　　　　　　い 大きな容器におかずを入れてくれました。 큰 용기에 반찬을 담아주셨습니다.
容器	大きな容器におかずを入れてくれました。

しょるい　　　　　おく　　　　　　　　　　　　　　　　　　　　　　にゅうじょうりょう　　　　　か ざん　　　　　ばくはつ
書類 서류 | **送る** 보내다/(물건 따위를)부치다 | **入場料** 입장료 | **火山** 화산 | **爆発** 폭발 |
なが　で
流れ出る 흘러내리다/흘러 떨어지다

✏️ 문장으로 단어를 익히고 손으로 직접 써보세요

用語 ようご 용어	い がくてきせんもんよう ご　　　 り かい　　 がた 医学的専門用語は理解し難いです。 의학적 전문용어는 이해하기 어렵습니다.
用語	医学的専門用語は理解し難いです。

用紙 ようし 용지	よう し　　　 いんさつ A4用紙に印刷してください。 A4용지에 인쇄해 주세요.
用紙	A4用紙に印刷してください。

要素 ようそ 요소	もの　 えら　 とき　 じゅうよう　 よう そ　 ひと　　　　 ひんしつ 物を選ぶ時、重要な要素の一つは品質である。 물건을 고를 때 중요한 요소 중 하나는 품질이다.
要素	物を選ぶ時、重要な要素の一つは品質である。

要点 ようてん 요점	ようてん　　　 かんりゃく か 要点だけ簡略化してメモしました。 요점만 간략화해서 메모했습니다.
要点	要点だけ簡略化してメモしました。

い がくてき　　　　　　　 せんもん　　　　　　 り かい　　　　　 いんさつ　　　　　　 かんりゃく
医学的 의학적 | 専門 전문 | 理解 이해 | 印刷 인쇄 | 簡略 간략

번호	단어	읽는 법	뜻	체크
1	用途	ようと	용도	☐
2	曜日	ようび	요일	☐
3	養分	ようぶん	양분	☐
4	羊毛	ようもう	양모	☐
5	要領	ようりょう	요령	☐
6	予備	よび	예비	☐
7	余分	よぶん	여분	☐
8	予防	よぼう	예방	☐
9	余裕	よゆう	여유	☐
10	利益	りえき	이익	☐
11	理科	りか	이과	☐
12	利害	りがい	이해	☐
13	理想	りそう	이상	☐
14	料金	りょうきん	요금	☐
15	漁師	りょうし	어부	☐
16	臨時	りんじ	임시	☐
17	礼儀	れいぎ	예의	☐
18	列車	れっしゃ	열차	☐
19	煉瓦	れんが	벽돌	☐
20	話題	わだい	화제	☐

✏️ 문장으로 단어를 익히고 손으로 직접 써보세요

ようと **用途** 용도	しなもの さまざま ようと かつよう この品物は様々な用途に活用できます。 이 물건은 다양한 용도로 활용할 수 있습니다.
用途	この品物は様々な用途に活用できます。

ようび **曜日** 요일	にっ き ちょう ひ づけ よう び き ろく 日記帳には日付と曜日も記録します。 일기장에는 날짜와 요일도 기록합니다.
曜日	日記帳には日付と曜日も記録します。

ようぶん **養分** 양분	しょくぶつ ど じょう ようぶん きゅうしゅう そだ 植物は土壌の養分を吸収してこそよく育つ。 식물은 토양의 양분을 흡수해야 잘 자란다.
養分	植物は土壌の養分を吸収してこそよく育つ。

ようもう **羊毛** 양모	ようもう つく やわ あたた 羊毛で作ったコートは柔らかくて暖かいです。 양모로 만든 코트는 부드럽고 따뜻합니다.
羊毛	羊毛で作ったコートは柔らかくて暖かいです。

しなもの
品物 물품/물건 | かつよう
活用 활용 | にっ き ちょう
日記帳 일기장 | ひ づけ
日付 날짜 | き ろく
記録 기록 | しょくぶつ
植物 식물 |
ど じょう
土壌 토양 | きゅうしゅう
吸収 흡수

[N2 음독명사] や~わ행 단어 쓰기 02

✎ 문장으로 단어를 익히고 손으로 직접 써보세요

ようりょう **要領** 요령	むずか おも ようりょう え ようい 難しいと思っていたことが要領を得て容易になった。 어렵다고 생각했던 일이 요령을 터득하고 쉬워졌다.
要領	難しいと思っていたことが要領を得て容易になった。

よび **予備** 예비	よ び こうにゅう そちらは予備で購入したものです。 그것은 예비로 구입한 것입니다.
予備	そちらは予備で購入したものです。

よ ぶん **余分** 여분	よ ぶん ひつよう 余分は必要ありません。 여분은 필요 없습니다.
余分	余分は必要ありません。

よ ぼう **予防** 예방	びょう き じ ぜん よ ぼう 病気は事前に予防したほうがいい。 질병은 사전에 예방하는 것이 좋다.
予防	病気は事前に予防したほうがいい。

こうにゅう　　　　　ひつよう　　　　　びょう き　　　　　じ ぜん
購入 구입 | **必要** 필요 | **病気** 병/질병 | **事前** 사전

[N2 음독명사] や〜わ행 단어 쓰기 03

✎ 문장으로 단어를 익히고 손으로 직접 써보세요

よゆう **余裕**	けいざいてき よゆう こころ よゆう 経済的な余裕はないが、心に余裕はある。
여유	경제적인 여유는 없지만 마음에 여유는 있다.
余裕	経済的な余裕はないが、心に余裕はある。

りえき **利益**	ふどうさんとうし おお りえき え 不動産投資で大きな利益を得た。
이익	부동산 투자로 큰 이익을 얻었다.
利益	不動産投資で大きな利益を得た。

りか **理科**	きょう りか じゅぎょう じっけん 今日は理科の授業で実験をしました。
이과	오늘은 이과 수업에서 실험을 했습니다.
理科	今日は理科の授業で実験をしました。

りがい **利害**	あんけん りがいかんけい しら この案件について利害関係を調べてみる。
이해	이 안건에 대해 이해관계를 알아보다.
利害	この案件について利害関係を調べてみる。

けいざいてき 経済的 경제적 | ふどうさん 不動産 부동산 | とうし 投資 투자 | え 得る 얻다/획득하다 | じゅぎょう 授業 수업 |
じっけん 実験 실험 | あんけん 案件 안건 | かんけい 関係 관계

239

[N2 음독명사] や~わ행 단어 쓰기 04

✏️ 문장으로 단어를 익히고 손으로 직접 써보세요

りそう **理想**	はなし りそう ほどとお その話は理想とは程遠い。
이상	그 이야기는 이상과는 거리가 멀다.
理想	その話は理想とは程遠い。

りょうきん **料金**	りょかん しゅくはくりょうきん ちょうしょく ふく 旅館の宿泊料金には、朝食も含まれている。
요금	여관의 숙박 요금에는 조식도 포함되어 있다.
料金	旅館の宿泊料金には、朝食も含まれている。

りょうし **漁師**	りょうし おお さかな つか あとりくち もど 漁師は多くの魚を捕まえた後陸地に戻った。
어부	어부는 많은 물고기를 잡은 후에 육지로 돌아왔다.
漁師	漁師は多くの魚を捕まえた後陸地に戻った。

りんじ **臨時**	りんじ やくいん つと 臨時役員を務めることになりました。
임시	임시 임원을 맡게 되었습니다.
臨時	臨時役員を務めることになりました。

ほどとお
程遠い 좀 멀다/걸맞지 않다 | 旅館 여관 | 宿泊 숙박 | 朝食 조식 | 陸地 육지 | 役員
임원 | 務める 역을[임무를] 맡다

✎ 문장으로 단어를 익히고 손으로 직접 써보세요

れい ぎ 礼儀	れいぎ まも 礼儀を守らなければなりません。
예의	예의를 지켜야 합니다.
礼儀	礼儀を守らなければなりません。

れっしゃ 列車	れっしゃ うんこう じ かん かくにん 列車の運行時間をあらかじめ確認しておいた。
열차	열차 운행 시간을 미리 확인해 두었다.
列車	列車の運行時間をあらかじめ確認しておいた。

れん が 煉瓦	あかれん が た たてもの 赤煉瓦で建てた建物です。
벽돌	빨간 벽돌로 지은 건물입니다.
煉瓦	赤煉瓦で建てた建物です。

わ だい 話題	せいこう じょせい わ だい ダイエットに成功した女性が話題になっている。
화제	다이어트에 성공한 여성이 화제가 되고 있다.
話題	ダイエットに成功した女性が話題になっている。

まも 守る 지키다 | うんこう 運行 운행 | じ かん 時間 시간 | あらかじめ 미리/사전에 | かくにん 確認 확인 | たてもの 建物 건물 | ダイエット 다이어트 | せいこう 成功 성공 | じょせい 女性 여성

Part 3.

N2

형용사

39일차 단어 미리 보기 알고 있는 단어를 체크해 보세요

번호	단어	읽는 법	뜻	체크
1	青白い	あおじろい	푸르스름하다/창백하다	☐
2	厚かましい	あつかましい	뻔뻔하다	☐
3	危うい	あやうい	위태롭다	☐
4	怪しい	あやしい	수상하다/의심스럽다	☐
5	荒い	あらい	거칠다/난폭하다	☐
6	あわただしい	あわただしい	어수선하다/분주하다	☐
7	勇ましい	いさましい	늠름하다/용감하다	☐
8	偉い	えらい	훌륭하다/비범하다	☐
9	惜しい	おしい	아깝다	☐
10	恐ろしい	おそろしい	무섭다/두렵다	☐
11	大人しい	おとなしい	온순하다/얌전하다	☐
12	思いがけない	おもいがけない	생각도 못했다/의외다	☐
13	賢い	かしこい	현명하다/영리하다	☐
14	悲しい	かなしい	슬프다	☐
15	かゆい	かゆい	간지럽다	☐
16	辛い	からい	맵다	☐
17	厳しい	きびしい	엄하다/엄격하다	☐
18	清い	きよい	맑다/깨끗하다	☐
19	くだらない	くだらない	시시하다	☐
20	悔しい	くやしい	억울하다/분하다	☐

✎ **문장으로 단어를 익히고 손으로 직접 써보세요**

あおじろ **青白い**	かのじょ あおじろ かお な 彼女が青白い顔で泣いています。
푸르스름하다/창백하다	그녀가 창백한 얼굴로 울고 있습니다.
青白い	彼女が青白い顔で泣いています。

あつ **厚かましい**	かのじょ あつ たいど ゆる 彼女の厚かましい態度は許されない。
뻔뻔하다	그녀의 뻔뻔한 태도는 용서가 안 된다.
厚かましい	彼女の厚かましい態度は許されない。

あや **危うい**	かれ やくぶつちゅうどく いのち あや み 彼は薬物中毒で命が危うく見える。
위태롭다	그는 약물 중독으로 목숨이 위태로워 보인다.
危うい	彼は薬物中毒で命が危うく見える。

あや **怪しい**	いえ まえ おとこ あや み 家の前をうろついている男が怪しく見えた。
수상하다/의심스럽다	집 앞을 서성거리고 있는 남자가 수상해 보였다.
怪しい	家の前をうろついている男が怪しく見えた。

たいど やくぶつ ちゅうどく
態度 태도 | **薬物** 약물 | **中毒** 중독 | **うろつく** 헤매다/방황하다/서성거리다

[N2 형용사] い형용사 단어 쓰기 02

✏️ **문장으로 단어를 익히고 손으로 직접 써보세요**

あら **荒い**	ことば あら ひと きょり お 言葉の荒い人と距離を置いたほうがいい。
거칠다/난폭하다	말이 거친 사람과 거리를 두는 편이 좋다.
荒い	言葉の荒い人と距離を置いたほうがいい。
.	

あわただしい	にちじょう つづ あわただしい日常が続いている。
어수선하다/분주하다	분주한 일상이 계속되고 있다.
あわただしい	あわただしい日常が続いている。

いさ **勇ましい**	かれ いさ すがた ほ けっこん けっしん 彼の勇ましい姿に惚れて結婚を決心しました。
늠름하다/용감하다	그의 용감한 모습에 반해서 결혼을 결심했습니다.
勇ましい	彼の勇ましい姿に惚れて結婚を決心しました。

えら **偉い**	えら ひと せいかつしゅうかん みなら 偉い人の生活習慣を見習いたい。
훌륭하다/비범하다	훌륭한 사람의 생활 습관을 본받고 싶다.
偉い	偉い人の生活習慣を見習いたい。

にちじょう すがた ほ しゅうかん みなら
日常 일상 | **姿** 모습/모양 | **惚れる** (이성에게)반하다/마음에 들다 | **習慣** 습관 | **見習う**

본받다/보고 익히다

246

[N2 형용사] い 형용사 단어 쓰기 03

✎ 문장으로 단어를 익히고 손으로 직접 써보세요

お 惜しい	きんさ じゅんい さ お 僅差で順位が下がってとても惜しかった。
아깝다	근소한 차이로 순위가 내려가서 너무 아쉬웠다.
惜しい	僅差で順位が下がってとても惜しかった。

おそ 恐ろしい	く かえ わる しゅうかん おそ おも 繰り返される悪い習慣が恐ろしいと思った。
무섭다/두렵다	반복되는 나쁜 습관이 무섭다고 생각했다.
恐ろしい	繰り返される悪い習慣が恐ろしいと思った。

おとな 大人しい	いもうと ふ だん おとな おこ きゅうへん 妹は普段は大人しいが、怒ると急変する。
온순하다/얌전하다	여동생은 평소에는 온순하지만 화나면 돌변한다.
大人しい	妹は普段は大人しいが、怒ると急変する。

おも 思いがけない	ともだち おも 友達に思いがけないプレゼントをもらった。
생각도 못했다/의외다	친구에게 뜻밖의 선물을 받았다.
思いがけない	友達に思いがけないプレゼントをもらった。

きん さ
僅差 근소한 차이 | じゅん い
順位 순위 | く かえ
繰り返す 되풀이하다/반복하다 | わる
悪い 나쁘다/못되다 |
しゅうかん
習慣 습관 | ふ だん
普段 평상시/평소

✏️ 문장으로 단어를 익히고 손으로 직접 써보세요

かしこ **賢い**	かのじょ　　かしこ　　　そっちょく　　ひと 彼女は賢くて率直な人だ。
현명하다/영리하다	그녀는 현명하고 솔직한 사람이다.
賢い	彼女は賢くて率直な人だ。

かな **悲しい**	わたし　　　　　　　　かな　　えい が　　　み 私はいつからか悲しい映画は見ていない。
슬프다	나는 언제부턴가 슬픈 영화는 보지 않는다.
悲しい	私はいつからか悲しい映画は見ていない。

かゆい	おっと　　　　　　　　　　　　　　　　　はだ 夫はアレルギーがあって肌がかゆいという。
간지럽다	남편은 알레르기가 있어 피부가 가렵다고 한다.
かゆい	夫はアレルギーがあって肌がかゆいという。

から **辛い**	た なか　　　　から　　　　この　　　　た 田中さんは辛いものを好んで食べます。
맵다	다나카 씨는 매운 음식을 즐겨 먹습니다.
辛い	田中さんは辛いものを好んで食べます。

えい が
映画 영화 | **アレルギー** 알레르기 | はだ
肌 살갗/피부 | この
好む 좋아하다/즐기다

[N2 형용사] い형용사 단어 쓰기 05

✏️ 문장으로 단어를 익히고 손으로 직접 써보세요

きび 厳しい	たんにん せんせい きび ゆうめい 担任の先生は厳しいことで有名だ。
엄하다/엄격하다	담임선생님은 엄격하기로 유명하다.
厳しい	担任の先生は厳しいことで有名だ。

きよ 清い	きよ こころ も じゅんすい かのじょ こい 清い心を持った純粋な彼女に恋をしている。
맑다/깨끗하다	맑은 마음을 가진 순수한 그녀를 사랑하고 있다.
清い	清い心を持った純粋な彼女に恋をしている。

くだらない	かれ はなし き 彼のくだらない話は聞きたくない。
시시하다	그의 시시한 이야기는 듣고 싶지 않다.
くだらない	彼のくだらない話は聞きたくない。

くや 悔しい	ともだち うたが くや 友達に疑われたことがいまだに悔しい。
억울하다/분하다	친구에게 의심받은 일이 아직도 억울하다.
悔しい	友達に疑われたことがいまだに悔しい。

たんにん
担任 담임 | いまだに 아직껏/아직까지도/현재까지도

249

번호	단어	읽는 법	뜻	체크
1	詳しい	くわしい	상세하다/자세하다	☐
2	騒がしい	さわがしい	시끄럽다/떠들썩하다	☐
3	塩辛い	しおからい	짜다	☐
4	しつこい	しつこい	끈질기다/끈덕지다	☐
5	すっぱい	すっぱい	시다	☐
6	ずるい	ずるい	교활하다/약삭빠르다	☐
7	鋭い	するどい	날카롭다	☐
8	頼もしい	たのもしい	믿음직하다	☐
9	だらしない	だらしない	칠칠치 못하다	☐
10	力強い	ちからづよい	마음이 든든하다	☐
11	茶色い	ちゃいろい	갈색이다	☐
12	つまらない	つまらない	하찮다/시시하다	☐
13	辛い	つらい	괴롭다	☐
14	なつかしい	なつかしい	그립다	☐
15	苦い	にがい	(맛이)쓰다	☐
16	憎い	にくい	밉다	☐
17	ぬるい	ぬるい	미지근하다	☐
18	貧しい	まずしい	가난하다	☐
19	まぶしい	まぶしい	눈부시다	☐
20	柔らかい	やわらかい	부드럽다	☐

✎ 문장으로 단어를 익히고 손으로 직접 써보세요

くわ 詳しい	くわ　　　　　　　　　　　いち ど せつめい 詳しいことはのちほどもう一度説明します。
상세하다/자세하다	상세한 것은 나중에 다시 설명 드리겠습니다.
詳しい	詳しいことはのちほどもう一度説明します。

さわ 騒がしい	まつ　　　　き かんちゅう　　まち　　さわ 祭りの期間中は町が騒がしいです。
시끄럽다/떠들썩하다	축제 기간 중에는 동네가 떠들썩합니다.
騒がしい	祭りの期間中は町が騒がしいです。

しおから 塩辛い	しおから　　た　　もの　　けんこう 塩辛い食べ物は健康によくない。
짜다	짠 음식은 건강에 좋지 않다.
塩辛い	塩辛い食べ物は健康によくない。

しつこい	かれ　　ほんとう 彼は本当にしつこい人だ。
끈질기다/끈덕지다	그는 정말 끈질긴 사람이다.
しつこい	彼は本当にしつこい人だ。

のちほど 조금 지난 뒤에/나중에 | 説明(せつめい) 설명 | 健康(けんこう) 건강

[N2 형용사] い형용사 단어 쓰기 02

✏️ 문장으로 단어를 익히고 손으로 직접 써보세요

すっぱい	このオレンジジュースは甘^{あま}くもなくすっぱいだけだ。
시다	이 오렌지 주스는 달지도 않고 시기만 하다.
すっぱい	このオレンジジュースは甘くもなくすっぱいだけだ。

ずるい	あの人^{ひと}はずるくて野卑^{やひ}な人^{ひと}だ。
교활하다/약삭빠르다	저 사람은 교활하고 야비한 사람이다.
ずるい	あの人はずるくて野卑な人だ。

鋭^{するど}い	虎^{とら}は鋭^{するど}い歯^はを持^もっている。
날카롭다	호랑이는 날카로운 이빨을 가지고 있다.
鋭い	虎は鋭い歯を持っている。

頼^{たの}もしい	夫^{おっと}は優^{やさ}しくて頼^{たの}もしい人^{ひと}だ。
믿음직하다	남편은 다정하고 믿음직한 사람이다.
頼もしい	夫は優しくて頼もしい人だ。

甘^{あま}い 달다 | 野卑^{やひ}だ 야비하다 | 虎^{とら} 범/호랑이 | 歯^は 이(빨) | 優^{やさ}しい 상냥하다/다정하다

[N2 형용사] い형용사 단어 쓰기 03

🖌 문장으로 단어를 익히고 손으로 직접 써보세요

だらしない	こども こうどう おも 子供の行動がだらしないと思った。
칠칠치 못하다	아이의 행동이 칠칠치 못하다고 생각했다.
だらしない	子供の行動がだらしないと思った。

ちからづよ **力強い**	ともだち そば ちからづよ かん 友達が側にいてくれるだけでも力強く感じます。
마음이 든든하다	친구가 곁에 있어 주는 것만으로도 든든합니다.
力強い	友達が側にいてくれるだけでも力強く感じます。

ちゃいろ **茶色い**	かぐ か ちゃいろ えら 家具を買うなら茶色いものを選びたい。
갈색이다	가구를 산다면 갈색으로 고르고 싶다.
茶色い	家具を買うなら茶色いものを選びたい。

つまらない	ともだち こうろん つまらないことで友達と口論になった。
하찮다/시시하다	하찮은 일로 친구와 말다툼을 했다.
つまらない	つまらないことで友達と口論になった。

こうどう かぐ えら こうろん
行動 행동 | 家具 가구 | 選ぶ 고르다/택하다 | 口論 말다툼/언쟁

✎ 문장으로 단어를 익히고 손으로 직접 써보세요

辛(つら)い 괴롭다	辛(つら)いからといってお酒(さけ)ばかり飲(の)んではいけません。 괴롭다고 술만 마시면 안돼요.
辛い	辛いからといってお酒ばかり飲んではいけません。

なつかしい 그립다	なつかしい故郷(こきょう)の友達(ともだち)にまた会(あ)うことになった。 그리운 고향 친구를 다시 만나게 되었다.
なつかしい	なつかしい故郷の友達にまた会うことになった。

苦(にが)い (맛이)쓰다	体(からだ)に良(よ)い薬(くすり)は苦(にが)い。 몸에 좋은 약은 쓰다.
苦い	体に良い薬は苦い。

憎(にく)い 밉다	弟(おとうと)は憎(にく)い行動(こうどう)だけを選(えら)んでする。 (남)동생은 미운 행동만 골라서 한다.
憎い	弟は憎い行動だけを選んでする。

故郷(こきょう) 고향 | 体(からだ) 몸 | 薬(くすり) 약 | 行動(こうどう) 행동 | 選(えら)ぶ 고르다/택하다

✎ 문장으로 단어를 익히고 손으로 직접 써보세요

ぬるい	暖かかったお風呂がたちまちぬるくなった。
미지근하다	따뜻했던 목욕물이 금세 미지근해졌다.
ぬるい	暖かかったお風呂がたちまちぬるくなった。

まず 貧しい	貧しいからといって、心も貧しいわけではない。
가난하다	가난하다고 마음도 가난한 것은 아니다.
貧しい	貧しいからといって、心も貧しいわけではない。

まぶしい	彼女の笑顔はまぶしいほど美しかった。
눈부시다	그녀의 웃는 얼굴은 눈부시게 아름다웠다.
まぶしい	彼女の笑顔はまぶしいほど美しかった。

やわ 柔らかい	このドレスは素材も柔らかくて優雅に見える。
부드럽다	이 드레스는 소재도 부드럽고 우아해 보인다.
柔らかい	このドレスは素材も柔らかくて優雅に見える。

お風呂 목욕/목욕물 | たちまち 곧/금세/갑자기 | 心 마음/의식/정신 | 笑顔 웃는 얼굴 |
ドレス 드레스 | 素材 소재 | 優雅 우아

41일차 단어 미리 보기

알고 있는 단어를 체크해 보세요

번호	단어	읽는 법	뜻	체크
1	当たり前だ	あたりまえだ	당연하다	☐
2	新ただ	あらただ	새롭다	☐
3	意地悪だ	いじわるだ	심술궂다	☐
4	おおざっぱだ	おおざっぱだ	어림잡다/털털하다	☐
5	おおまかだ	おおまかだ	대범하다/대략적이다	☐
6	穏やかだ	おだやかだ	온화하다	☐
7	勝手だ	かってだ	제멋대로이다	☐
8	盛んだ	さかんだ	왕성하다/한창이다	☐
9	上品だ	じょうひんだ	고상하다/품위가 있다	☐
10	丈夫だ	じょうぶだ	튼튼하다	☐
11	真剣だ	しんけんだ	진지하다	☐
12	贅沢だ	ぜいたくだ	사치스럽다/분에 넘치다	☐
13	粗末だ	そまつだ	변변치 않다/허술하다	☐
14	適度だ	てきどだ	적당하다	☐
15	でたらめだ	でたらめだ	엉터리다	☐
16	徹底的だ	てっていてきだ	철저하다	☐
17	なだらかだ	なだらかだ	완만하다/순조롭다	☐
18	斜めだ	ななめだ	비스듬하다	☐
19	生意気だ	なまいきだ	건방지다	☐
20	のんきだ	のんきだ	느긋하다/태평하다	☐

✎ 문장으로 단어를 익히고 손으로 직접 써보세요

あ まえ 当たり前だ	りょうしん こ ども あい あ まえ 両親が子供を愛するのは当たり前だ。
당연하다	부모가 자식을 사랑하는 것은 당연하다.
当たり前だ	両親が子供を愛するのは当たり前だ。

あら 新ただ	さいきんあら しゅ み 最近新たな趣味ができました。
새롭다	요즘 새로운 취미가 생겼어요.
新ただ	最近新たな趣味ができました。

い じ わる 意地悪だ	おとうと わたし みず い じ わる ひょうじょう 弟は私に水をかけて意地悪な表情をしている。
심술궂다	(남)동생은 나에게 물을 끼얹고 심술궂은 표정을 하고 있다.
意地悪だ	弟は私に水をかけて意地悪な表情をしている。

おおざっぱだ	せいかく とく き おおざっぱな性格なので特に気にしません。
어림잡다/털털하다	성격이 털털해서 딱히 신경 쓰지 않아요.
おおざっぱだ	おおざっぱな性格なので特に気にしません。

りょうしん
両親 양친/부모/어버이 | こ ども
子供 아이/자식 | さいきん
最近 최근/현재에서 가장 가까운 과거 | しゅみ
趣味 취미 | ひょうじょう
表情 표정 | せいかく
性格 성격

✏️ 문장으로 단어를 익히고 손으로 직접 써보세요

おおまかだ	業務のおおまかな内容は把握しています。
대범하다/대략적이다	업무의 대략적인 내용은 파악하고 있습니다.
おおまかだ	業務のおおまかな内容は把握しています。

穏やかだ	明るく穏やかな雰囲気に心も温まった。
온화하다	밝고 온화한 분위기에 마음도 따뜻해졌다.
穏やかだ	明るく穏やかな雰囲気に心も温まった。

勝手だ	そんなに意地を張るなら勝手にしなさい。
제멋대로이다	그렇게 고집을 부리려면 멋대로 하세요.
勝手だ	そんなに意地を張るなら勝手にしなさい。

盛んだ	最近はいちごの収穫が盛んだ。
왕성하다/한창이다	최근에는 딸기 수확이 한창이다.
盛んだ	最近はいちごの収穫が盛んだ。

業務 업무 | 内容 내용 | 把握 파악 | 雰囲気 분위기 | 温まる 따뜻해지다/훈훈해지다
意地を張る 고집을 부리다[피우다] | 最近 최근 | 収穫 수확

✏️ **문장으로 단어를 익히고 손으로 직접 써보세요**

じょうひん **上品だ**	じょうひん　かのじょ　みりょく 上品な彼女は魅力があふれています。
고상하다/품위가 있다	고상한 그녀는 매력이 넘칩니다.
上品だ	上品な彼女は魅力があふれています。

じょう ぶ **丈夫だ**	よ　もくざい　じょうぶ　つく　　　　かぐ　ながも 良い木材で丈夫に作られた家具は長持ちします。
튼튼하다	좋은 목재로 튼튼하게 만들어진 가구는 오래 쓸 수 있습니다.
丈夫だ	良い木材で丈夫に作られた家具は長持ちします。

しんけん **真剣だ**	じ けん　しんそう　こくはく　　かれ　め　しんけん 事件の真相を告白した彼の目は真剣そのものだった。
진지하다	사건의 진상을 고백한 그의 눈은 진지 그 자체였다.
真剣だ	事件の真相を告白した彼の目は真剣そのものだった。

ぜいたく **贅沢だ**	がくせい　　　　こう か　うで ど けい　ぜいたく　み 学生にとって高価な腕時計は贅沢に見える。
사치스럽다/분에 넘치다	학생에게 비싼 손목시계는 사치스러워 보인다.
贅沢だ	学生にとって高価な腕時計は贅沢に見える。

みりょく
魅力 매력 | **あふれる** (가득 차서)넘치다 | もくざい
木材 목재/재목 | か ぐ
家具 가구 | じけん
事件 사건 |
しんそう
真相 진상 | こくはく
告白 고백 | こう か
高価 고가/값이 비쌈 | うで ど けい
腕時計 손목시계

✏ **문장으로 단어를 익히고 손으로 직접 써보세요**

そ まつ **粗末だ**	いぬごや そまつ み この犬小屋は粗末に見えます。
변변치 않다/허술하다	이 견사는 허술해 보입니다.
粗末だ	この犬小屋は粗末に見えます。

て き ど **適度だ**	た やす て き ど おお き 食べ安いように適度な大きさに切ってください。
적당하다	먹기 좋게 적당한 크기로 잘라주세요.
適度だ	食べ安いように適度な大きさに切ってください。

でたらめだ	しょくば じょうし しごと おし 職場の上司が仕事をでたらめに教えてくれた。
엉터리다	직장 상사가 일을 엉터리로 가르쳐 주었다.
でたらめだ	職場の上司が仕事をでたらめに教えてくれた。

てっていてき **徹底的だ**	じ けん げんいん てっていてき しら し じ 事件の原因を徹底的に調べるよう指示した。
철저하다	사건의 원인을 철저히 조사하도록 지시했다.
徹底的だ	事件の原因を徹底的に調べるよう指示した。

いぬごや
犬小屋 개집 | しょくば
職場 직장 | じょうし
上司 상사/상급 관청/직장의 윗사람 | じ けん
事件 사건 | げんいん
原因 원인 |
しら
調べる 조사하다/연구하다/검토하다/점검하다 | し じ
指示 지시

[N2 형용사] な 형용사 단어 쓰기 05

✎ 문장으로 단어를 익히고 손으로 직접 써보세요

なだらかだ	なだらかな山は小さな子供でも登れます。
완만하다/순조롭다	완만한 산은 어린 아이도 오를 수 있습니다.
なだらかだ	なだらかな山は小さな子供でも登れます。

斜めだ	額縁が斜めにかかっている。
비스듬하다	액자가 비스듬히 걸려 있다.
斜めだ	額縁が斜めにかかっている。

生意気だ	先生は学生の生意気な態度を叱った。
건방지다	선생님은 학생의 건방진 태도를 꾸짖었다.
生意気だ	先生は学生の生意気な態度を叱った。

のんきだ	何も考えずにのんきにテレビでも見たい。
느긋하다/태평하다	아무 생각 없이 태평하게 텔레비전이나 보고 싶다.
のんきだ	何も考えずにのんきにテレビでも見たい。

額縁 액자/사진틀 | 態度 태도 | 叱る 꾸짖다/야단치다 | 考える 생각하다/고안하다

42일차 단어 미리 보기 알고 있는 단어를 체크해 보세요

번호	단어	읽는 법	뜻	체크
1	皮肉だ	ひにくだ	빈정거리다/비꼬다	☐
2	微妙だ	びみょうだ	미묘하다	☐
3	物騒だ	ぶっそうだ	위험하다/어수선하다	☐
4	平気だ	へいきだ	아무렇지도 않다	☐
5	平凡だ	へいぼんだ	평범하다	☐
6	豊富だ	ほうふだ	풍부하다	☐
7	真っ黒だ	まっくろだ	새까맣다	☐
8	真っ青だ	まっさおだ	새파랗다	☐
9	稀だ	まれだ	드물다	☐
10	見事だ	みごとだ	훌륭하다	☐
11	惨めだ	みじめだ	비참하다	☐
12	妙だ	みょうだ	묘하다	☐
13	無駄だ	むだだ	헛되다/쓸데없다/소용없다	☐
14	厄介だ	やっかいだ	귀찮다/성가시다	☐
15	唯一だ	ゆいいつだ	유일하다	☐
16	豊かだ	ゆたかだ	풍부하다	☐
17	陽気だ	ようきだ	명랑하다/쾌활하다	☐
18	余計だ	よけいだ	쓸데없다	☐
19	利口だ	りこうだ	영리하다	☐
20	わがままだ	わがままだ	제멋대로이다	☐

✏️ **문장으로 단어를 익히고 손으로 직접 써보세요**

ひ にく **皮肉だ**	ひ にく い 皮肉を言われたくない。
빈정거리다/비꼬다	빈정대는 말은 듣고 싶지 않아.
皮肉だ	皮肉を言われたくない。

び みょう **微妙だ**	び みょう ちが スケッチしてみたが微妙に違う。
미묘하다	스케치해 보았지만 미묘하게 다르다.
微妙だ	スケッチしてみたが微妙に違う。

ぶっそう **物騒だ**	ぶっそう そと で とき き ほう 物騒だから外に出る時は気をつけた方がいい。
위험하다/어수선하다	위험하니까 밖에 나갈 때는 조심하는 것이 좋다.
物騒だ	物騒だから外に出る時は気をつけた方がいい。

へい き **平気だ**	てい ど だ げき へい き この程度の打撃は平気だ。
아무렇지도 않다	이 정도의 타격은 아무렇지도 않다.
平気だ	この程度の打撃は平気だ。

スケッチ 스케치 | 外 겉/표면/밖 | 程度 정도 | 打撃 타격

✏️ 문장으로 단어를 익히고 손으로 직접 써보세요

へいぼん **平凡だ**	へいぼん にちじょう つづ 平凡な日常が続いている。
평범하다	평범한 일상이 계속되고 있다.
平凡だ	平凡な日常が続いている。

ほう ふ **豊富だ**	おとうと れき し ち しき ほう ふ 弟は歴史についての知識が豊富だ。
풍부하다	남동생은 역사에 대한 지식이 풍부하다.
豊富だ	弟は歴史についての知識が豊富だ。

ま くろ **真っ黒だ**	ま くろ ねこ へい うえ すわ 真っ黒な猫が塀の上に座っています。
새까맣다	새까만 고양이가 담장 위에 앉아 있습니다.
真っ黒だ	真っ黒な猫が塀の上に座っています。

ま さお **真っ青だ**	きょう かぎ そら ま さお み 今日に限って空がよりいっそう真っ青に見える。
새파랗다	오늘따라 하늘이 더욱 새파랗게 보인다.
真っ青だ	今日に限って空がよりいっそう真っ青に見える。

にちじょう つづ れき し ち しき ねこ へい
日常 일상 | 続く 계속하다/계속되다 | 歴史 역사 | 知識 지식 | 猫 고양이 | 塀 담/담장
すわ きょう かぎ そら
座る 앉다 | 今日に限って 오늘따라 | 空 하늘 | よりいっそう 한층 더/보다 더

[N2 형용사] な 형용사 단어 쓰기 03

✎ 문장으로 단어를 익히고 손으로 직접 써보세요

まれ 稀だ	でんしゃ うんきゅう まれ 電車が運休するのはごく稀だ。
드물다	전철이 운휴하는 것은 극히 드물다.
稀だ	電車が運休するのはごく稀だ。

み ごと 見事だ	み ごと すい り あこが ホームズの見事な推理に憧れた。
훌륭하다	홈즈의 훌륭한 추리를 동경했다.
見事だ	ホームズの見事な推理に憧れた。

みじ 惨めだ	かれ じんせい みじ み 彼の人生は惨めに見えた。
비참하다	그의 인생은 비참해 보였다.
惨めだ	彼の人生は惨めに見えた。

みょう 妙だ	せいじゃく なが みょう ふん い き かん 静寂が流れ、妙な雰囲気が感じられた。
묘하다	정적이 흐르고 묘한 분위기가 느껴졌다.
妙だ	静寂が流れ、妙な雰囲気が感じられた。

うんきゅう
運休 운휴/운전·운항을 쉼 | ごく 극히/대단히 | すい り
推理 추리 | あこが
憧れる 동경하다/그리워하다
| じんせい
人生 인생 | せいじゃく
静寂 정적 | ふん い き
雰囲気 분위기

✏️ 문장으로 단어를 익히고 손으로 직접 써보세요

むだ **無駄だ**	こんげつ　むだ　ししゅつ　おお 今月は無駄な支出が多かった。
헛되다/쓸데없다	이번 달은 쓸데없는 지출이 많았다.
無駄だ	今月は無駄な支出が多かった。

やっかい **厄介だ**	やっかい 厄介なことはしたくない。
귀찮다/성가시다	성가신 일은 하고 싶지 않다.
厄介だ	厄介なことはしたくない。

ゆいいつ **唯一だ**	ひこうきついらくじこ　せいぞんしゃ　かれ　ゆいいつ 飛行機墜落事故の生存者は彼が唯一だ。
유일하다	비행기 추락사고의 생존자는 그가 유일하다.
唯一だ	飛行機墜落事故の生存者は彼が唯一だ。

ゆた **豊かだ**	かんじゅせいゆた 感受性豊かな子だ。
풍부하다	감수성이 풍부한 아이다.
豊かだ	感受性豊かな子だ。

こんげつ　　　　　しゅつ　　　　ひこうき　　　　　　ついらく　　　じこ　　　　せいぞんしゃ
今月 금월/이달 | **支出** 지출 | **飛行機** 비행기 | **墜落** 추락 | **事故** 사고 | **生存者** 생존자 |

かんじゅせい
感受性 감수성

✎ 문장으로 단어를 익히고 손으로 직접 써보세요

ようき **陽気だ**	さんか　ひと　みなようき このパーティーに参加した人たちは皆陽気だ。
명랑하다/쾌활하다	이 파티에 참석한 사람들은 모두 쾌활하다.
陽気だ	このパーティーに参加した人たちは皆陽気だ。

よけい **余計だ**	よけい 余計なおせっかいはしないでください。
쓸데없다	쓸데없는 참견은 하지 말아주세요.
余計だ	余計なおせっかいはしないでください。

りこう **利口だ**	となり　いえ　こ　りこう 隣の家の子はお利口だ。
영리하다	옆집아이는 영리하다.
利口だ	隣の家の子はお利口だ。

わがままだ	おとうと　れいぎ 弟は礼儀もなくいつもわがままだ。
제멋대로이다	남동생은 예의도 없고 늘 제멋대로이다.
わがままだ	弟は礼儀もなくいつもわがままだ。

パーティー 파티 | 参加_{さんか} 참가 | おせっかい 참견 | 礼儀_{れいぎ} 예의

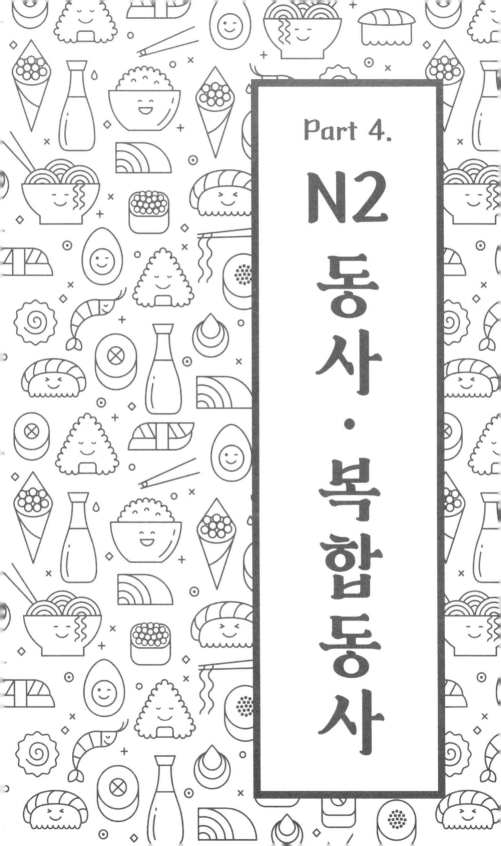

Part 4.

N2
동사 · 복합동사

43일차 단어 미리 보기 알고 있는 단어를 체크해 보세요

번호	단어	읽는 법	뜻	체크
1	遭う	あう	(안 좋은 경우를) 당하다	☐
2	仰ぐ	あおぐ	(얼굴을 들어) 우러러보다	☐
3	あきらめる	あきらめる	포기하다	☐
4	飽きる	あきる	질리다/싫증나다	☐
5	呆れる	あきれる	어이가 없다	☐
6	明ける	あける	동이 트다	☐
7	憧れる	あこがれる	동경하다	☐
8	預かる	あずかる	(남의 물건 등을) 맡다	☐
9	預ける	あずける	맡기다/보관시키다	☐
10	集まる	あつまる	모이다	☐
11	集める	あつめる	모으다	☐
12	当てはめる	あてはめる	적용시키다/꼭 들어 맞추다	☐
13	当てはまる	あてはまる	적용되다/꼭 들어맞다	☐
14	当てる	あてる	맞히다	☐
15	暴れる	あばれる	날뛰다/난폭하게 굴다	☐
16	あぶる	あぶる	불에 살짝 굽다	☐
17	あふれる	あふれる	넘치다/넘쳐흐르다	☐
18	甘やかす	あまやかす	응석을 받아주다	☐
19	編む	あむ	짜다/뜨다/엮다	☐
20	謝る	あやまる	사과하다	☐

✎ 문장으로 단어를 익히고 손으로 직접 써보세요

あ 遭う	こんかい じこ ひがい あ 今回の事故で被害に遭った。
(안 좋은 경우를) 당하다	이번 사고에서 피해를 당했다.
遭う	今回の事故で被害に遭った。

あお 仰ぐ	たか やま あお み 高い山を仰ぎ見た。
(얼굴을 들어)우러러보다	높은 산을 우러러보았다.
仰ぐ	高い山を仰ぎ見た。

あきらめる	こんかい しけん むずか 今回の試験は難しすぎてあきらめてしまった。
포기하다	이번 시험은 너무 어려워서 포기하고 말았다.
あきらめる	今回の試験は難しすぎてあきらめてしまった。

あ 飽きる	まいにちおな た もの た あ 毎日同じ食べ物を食べていたら飽きた。
질리다/싫증나다	매일 같은 음식을 먹었더니 질렸다.
飽きる	毎日同じ食べ物を食べていたら飽きた。

こんかい　　　　　　　　　じこ　　　　　　　ひがい　　　　　たか　　　　　　　　　　　　　やま　　　しけん
今回 이번/금번 | 事故 사고 | 被害 피해 | 高い 높다/(키가)크다 | 山 산 | 試験 시험 |
むずか　　　　　　　　　　　　　　　　まいにち　　　　　　　　　おな　　　　　　　　　　　た　　もの
難しい 어렵다/곤란하다 | 毎日 매일/날마다 | 同じ 같음/동일 | 食べ物 음식/먹을 것

✏️ 문장으로 단어를 익히고 손으로 직접 써보세요

あき **呆れる**	か がいしゃ　　 ずうずう　　 たい ど　 あき 加害者の図々しい態度に呆れた。
어이가 없다	가해자의 뻔뻔한 태도에 어이가 없었다.
呆れる	加害者の図々しい態度に呆れた。

あ **明ける**	れんしゅう　　　　　　　　　　 よる　 あ ギターの練習をしていたら夜が明けてきた。
동이 트다	기타 연습을 하고 있었더니 날이 밝아 왔다.
明ける	ギターの練習をしていたら夜が明けてきた。

あこが **憧れる**	あこが　　　　　 せんせい　　　 め 憧れていた先生にお目にかかれることになった。
동경하다	동경하던 선생님을 뵙게 되었다.
憧れる	憧れていた先生にお目にかかれることになった。

あず **預かる**	ともだち　　　　　　　 あず 友達のかばんを預かってあげた。
(남의 물건 등을)맡다	친구의 가방을 맡아주었다.
預かる	友達のかばんを預かってあげた。

か がいしゃ　　　　　　　　　　ずうずう
加害者 가해자 | 図々しい 뻔뻔스럽다/넉살 좋다/낯 두껍다 | 態度 태도 | ギター 기타 |
れんしゅう　　　　 ともだち
練習 연습 | 友達 친구 | かばん 가방

✎ 문장으로 단어를 익히고 손으로 직접 써보세요

あず **預ける**	ホテルに荷物を預けて買い物からしました。
맡기다/보관시키다	호텔에 짐을 맡기고 쇼핑부터 했습니다.
預ける	ホテルに荷物を預けて買い物からしました。

あつ **集まる**	花の周りにはミツバチが集まっています。
모이다	꽃 주위에는 꿀벌이 모여 있습니다.
集まる	花の周りにはミツバチが集まっています。

あつ **集める**	弟は切手を集めています。
모으다	남동생은 우표를 모으고 있습니다.
集める	弟は切手を集めています。

あ **当てはめる**	順番に当てはめてみたら何が適切か分かる。
적용시키다/꼭 들어맞추다	차례대로 적용해 보면 무엇이 적절한지 알 수 있다.
当てはめる	順番に当てはめてみたら何が適切か分かる。

ホテル 호텔 ｜ 荷物 화물/짐 ｜ 買い物 물건을 삼/쇼핑 ｜ 花 꽃 ｜ 周り 사물의 둘레/주위/주변 ｜ ミツバチ 꿀벌 ｜ 切手 우표 ｜ 順番 순번/차례 ｜ 適切 적절

✏️ 문장으로 단어를 익히고 손으로 직접 써보세요

あ **当てはまる** ······ 적용되다/꼭 들어맞다	すべての状況に当てはまるとは限らない。 모든 상황에 들어맞는다고 할 수 없다.
当てはまる	すべての状況に当てはまるとは限らない。

あ **当てる** ······ 맞히다	難しいクイズの正解を当てた。 어려운 퀴즈의 정답을 맞혔다.
当てる	難しいクイズの正解を当てた。

あば **暴れる** ······ 날뛰다/난폭하게 굴다	犯人が暴れる可能性があるので気をつけた。 범인이 난동 부릴 가능성이 있으므로 조심했다.
暴れる	犯人が暴れる可能性があるので気をつけた。

あぶる ······ 불에 살짝 굽다	母は魚をあぶっています。 엄마는 생선을 굽고 있습니다.
あぶる	母は魚をあぶっています。

難しい 어렵다 | 正解 정답 | 犯人 범인 | 可能性 가능성

✏️ 문장으로 단어를 익히고 손으로 직접 써보세요

あふれる	おおあめ かわ みず 大雨により川に水があふれている。
넘치다/넘쳐흐르다	큰비로 인해 강에 물이 넘쳐흐르고 있다.
あふれる	大雨により川に水があふれている。

あま **甘やかす**	こども あま ぎょうぎ わる 子供を甘やかしていたら行儀が悪くなった。
응석을 받아주다	아이의 응석을 받아 주었더니 버릇이 없어졌다.
甘やかす	子供を甘やかしていたら行儀が悪くなった。

あ **編む**	あ かれ きれいなマフラーを編んで彼にプレゼントしたい。
짜다/뜨다/엮다	예쁜 목도리를 짜서 그에게 선물하고 싶다.
編む	きれいなマフラーを編んで彼にプレゼントしたい。

あやま **謝る**	まちが ぶぶん ていねい あやま おも 間違った部分は丁寧に謝りたいと思います。
사과하다	잘못된 부분은 정중히 사과드리고 싶습니다.
謝る	間違った部分は丁寧に謝りたいと思います。

おおあめ かわ ぎょうぎ
大雨 큰비 | 川 강 | 行儀 예의범절/예절 | マフラー 머플러/목도리 | プレゼント 선물 |
まちが ぶぶん ていねい
間違う 잘못되다/틀리다/잘못이 일어나다 | 部分 부분 | 丁寧 정중함/공손함

번호	단어	읽는 법	뜻	체크
1	争う	あらそう	싸우다/경쟁하다	☐
2	改める	あらためる	고치다/개선하다	☐
3	表す	あらわす	표현하다	☐
4	現す	あらわす	드러내다/나타내다	☐
5	著す	あらわす	저술하다	☐
6	現れる	あらわれる	나타나다	☐
7	荒れる	あれる	거칠다/황폐해지다	☐
8	慌てる	あわてる	당황하다/허둥대다	☐
9	言い出す	いいだす	말을 꺼내다	☐
10	抱く	いだく	안다/껴안다/품다	☐
11	至る	いたる	이르다	☐
12	祈る	いのる	기도하다	☐
13	嫌がる	いやがる	싫어하다	☐
14	祝う	いわう	축하하다	☐
15	飢える	うえる	굶주리다	☐
16	浮かぶ	うかぶ	뜨다/떠오르다	☐
17	浮かべる	うかべる	뜨게 하다/띄우다	☐
18	受け持つ	うけもつ	맡다/담당하다	☐
19	失う	うしなう	잃다/잃어버리다	☐
20	薄める	うすめる	(농도를)옅게 하다/ 묽게 하다	☐

✎ 문장으로 단어를 익히고 손으로 직접 써보세요

あらそ 争う	不当な待遇を受けて会社側と争っている。
싸우다/경쟁하다	부당한 대우를 받아 회사측과 싸우고 있다.
争う	不当な待遇を受けて会社側と争っている。

あらた 改める	誤った生活習慣を改める。
고치다/개선하다	잘못된 생활 습관을 고치다.
改める	誤った生活習慣を改める。

あらわ 表す	感謝の気持ちを言葉で表した。
표현하다	감사한 마음을 말로 표현했다.
表す	感謝の気持ちを言葉で表した。

あらわ 現す	犯人は窮地に追い込まれると本性を現した。
드러내다/나타내다	범인은 궁지에 몰리자 본성을 드러냈다.
現す	犯人は窮地に追い込まれると本性を現した。

ふとう
不当 부당/정당하지 않음 | たいぐう
待遇 대우 | あやま
誤る 잘못되다/실패하다/실수하다 | せいかつ
生活 생활 |
しゅうかん
習慣 습관 | かんしゃ
感謝 감사 | きも
気持ち 마음/기분/감정 | ことば
言葉 말/이야기 | はんにん
犯人 범인 | きゅうち
窮地
궁지 | おこ
追い込む (괴로운 지경에)빠지게 하다 | ほんしょう
本性 본성

277

✎ 문장으로 단어를 익히고 손으로 직접 써보세요

 著す あらわ	かのじょ しごと や すうさつ ほん あらわ 彼女は仕事を辞めて数冊の本を著した。
저술하다	그녀는 직장을 그만두고 여러 권의 책을 저술했다.
著す	彼女は仕事を辞めて数冊の本を著した。

 現れる あらわ	か じょうせっしゅ げんかくしょうじょう ふくさよう あらわ 過剰摂取すると幻覚症状の副作用が現れる。
나타나다	과다복용하면 환각 증상의 부작용이 나타난다.
現れる	過剰摂取すると幻覚症状の副作用が現れる。

 荒れる あ	つめ かぜ あ はだ あ 冷たい風に当たったら肌が荒れた。
거칠어지다/황폐해지다	찬바람을 쐬었더니 피부가 거칠어졌다.
荒れる	冷たい風に当たったら肌が荒れた。

 慌てる あわ	きゅう あわ ようす あや み 急に慌てる様子が怪しく見えた。
당황하다/허둥대다	갑자기 당황하는 모습이 수상해 보였다.
慌てる	急に慌てる様子が怪しく見えた。

しごと や かじょう せっしゅ
仕事 일/업무/직업 | 辞める (일자리 등을)그만두다/사임하다/사직하다 | 過剰 과잉 | 摂取
げんかく しょうじょう ふくさよう つめ かぜ はだ
섭취 | 幻覚 환각 | 症状 증상 | 副作用 부작용 | 冷たい風 찬바람 | 肌 살갗/피부
きゅう ようす あや
急に 갑자기 | 様子 모습/모양 | 怪しい 수상하다/괴이하다

[N2 동사] あ행 단어 쓰기 03

✎ 문장으로 단어를 익히고 손으로 직접 써보세요

言い出す 말을 꺼내다	そのことを言い出すまでには葛藤があった。 그 일을 말하기까지는 갈등이 있었다.
言い出す	そのことを言い出すまでには葛藤があった。

抱く 안다/껴안다/품다	大きな夢を胸に抱く。 큰 꿈을 가슴에 품다.
抱く	大きな夢を胸に抱く。

至る 이르다	彼らは些細な争いで離婚まで至った。 그들은 사소한 다툼으로 이혼까지 이르렀다.
至る	彼らは些細な争いで離婚まで至った。

祈る 기도하다	皆が無事であることだけを切に祈った。 모두가 무사하기만을 간절히 기도했다.
祈る	皆が無事であることだけを切に祈った。

葛藤 갈등 | 胸 가슴/가슴속/마음속 | 些細 사소함/시시함/하찮음 | 争い 다툼/싸움/분쟁 |
離婚 이혼 | 無事 무사/평온함 | 切に 간절히/진심으로/부디

✎ **문장으로 단어를 익히고 손으로 직접 써보세요**

いや **嫌がる**	ふとう ぎょうむ し じ いや けはい み 不当な業務指示に嫌がる気配を見せた。
싫어하다	부당한 업무 지시에 싫어하는 기색을 보였다.
嫌がる	不当な業務指示に嫌がる気配を見せた。

いわ **祝う**	ゆうじん しょうしん こころ いわ 友人の昇進を心から祝ってくれた。
축하하다	친구의 승진을 진심으로 축하해 주었다.
祝う	友人の昇進を心から祝ってくれた。

う **飢える**	びんぼう う とき 貧乏で飢える時があった。
굶주리다	가난으로 굶주릴 때가 있었다.
飢える	貧乏で飢える時があった。

う **浮かぶ**	う いいアイデアが浮かびました。
뜨다/떠오르다	좋은 아이디어가 떠올랐습니다.
浮かぶ	いいアイデアが浮かびました。

ふ とう ぎょうむ し じ けはい しょうしん
不当 부당/정당하지 않음 | 業務 업무 | 指示 지시 | 気配 기미/기색/낌새/분위기 | 昇進
こころ びんぼう
승진 | 心から 마음으로부터/진심으로 | 貧乏 가난 | アイデア 아이디어/생각

✎ 문장으로 단어를 익히고 손으로 직접 써보세요

う 浮かべる	かわ　みず　かみぶね　う 川の水に紙舟を浮かべる。
뜨게 하다/띄우다	강물에 종이배를 띄우다.
浮かべる	川の水に紙舟を浮かべる。

う　も 受け持つ	ことし　さんねんせい　う　も 今年は3年生を受け持つことになった。
맡다/담당하다	올해는 3학년을 맡게 되었다.
受け持つ	今年は3年生を受け持つことになった。

うしな 失う	ひんけつ　　　　　き　うしな ひどい貧血のせいか気を失った。
잃다/잃어버리다	심한 빈혈 탓인지 정신을 잃었다.
失う	ひどい貧血のせいか気を失った。

うす 薄める	げんえき　みず　ま　うす　の 原液は水を混ぜて薄めて飲みます。
묽게 하다	원액은 물을 타서 희석해서 마십니다.
薄める	原液は水を混ぜて薄めて飲みます。

かみぶね　　　ことし　　　　　　　　ねんせい　　　　　　　　　　　　　　　　　　　　　ひんけつ
紙舟 종이배 | 今年 올해/금년 | 年生 학년 | ひどい (정도가)심하다 | 貧血 빈혈 |
き　　　　　　　　　　　　げんえき
気 기운/기/기력 | 原液 원액

45일차 단어 미리 보기 알고 있는 단어를 체크해 보세요

번호	단어	읽는 법	뜻	체크
1	打ち消す	うちけす	부정하다/없애다	☐
2	撃つ	うつ	쏘다/발사하다	☐
3	写す	うつす	베끼다	☐
4	移す	うつす	옮기다	☐
5	写る	うつる	찍히다	☐
6	奪う	うばう	빼앗다	☐
7	埋める	うめる	파묻다	☐
8	敬う	うやまう	존경하다/공경하다	☐
9	裏返す	うらがえす	뒤집다	☐
10	裏切る	うらぎる	배신하다	☐
11	恨む	うらむ	원망하다	☐
12	うらやむ	うらやむ	부러워하다	☐
13	追い掛ける	おいかける	뒤쫓아 가다/추적하다	☐
14	追い越す	おいこす	추월하다	☐
15	追い付く	おいつく	따라붙다/따라잡다	☐
16	覆う	おおう	덮다/가리다	☐
17	怠る	おこたる	게으름피우다	☐
18	納める	おさめる	납부하다	☐
19	恐れる	おそれる	두려워하다/우려하다	☐
20	思い出す	おもいだす	회상하다/상기하다/떠올리다	☐

900/1500

✎ 문장으로 단어를 익히고 손으로 직접 써보세요

打ち消す うけ 부정하다/없애다	この薬は毒の作用を打ち消す効果がある。 くすり どく さよう う け こうか 이 약은 독의 작용을 없애는 효과가 있다.
打ち消す	この薬は毒の作用を打ち消す効果がある。

撃つ う 쏘다/발사하다	警察は逃げる殺人犯に銃を撃ってしまった。 けいさつ に さつじんはん じゅう う 경찰은 도망치는 살인범에게 총을 쏘고 말았다.
撃つ	警察は逃げる殺人犯に銃を撃ってしまった。

写す うつ 베끼다	友達のノートを写すことになった。 ともだち うつ 친구의 노트를 베끼게 되었다.
写す	友達のノートを写すことになった。

移す うつ 옮기다	ベッドを移したら部屋が広く見える。 うつ へや ひろ み 침대를 옮겼더니 방이 넓어 보인다.
移す	ベッドを移したら部屋が広く見える。

薬 약 | 毒 독 | 作用 작용 | 効果 효과 | 警察 경찰 | 逃げる 도망치다/달아나다/도피하다
| 殺人犯 살인범 | 銃 총 | ベッド 침대

283

✎ 문장으로 단어를 익히고 손으로 직접 써보세요

うつ 写る	写真に写っている湖はまるで絵のようだった。
찍히다	사진에 찍힌 호수는 마치 그림 같았다.
写る	写真に写っている湖はまるで絵のようだった。

うば 奪う	金品を奪って逃げていた30代の男性が捕まった。
빼앗다	금품을 빼앗아 달아나던 30대 남성이 붙잡혔다.
奪う	金品を奪って逃げていた30代の男性が捕まった。

う 埋める	壺にキムチを入れて庭に埋めておいた。
파묻다	항아리에 김치를 담아 마당에 묻어 두었다.
埋める	壺にキムチを入れて庭に埋めておいた。

うやま 敬う	彼女はお年寄りを敬うことができる人だ。
존경하다/공경하다	그녀는 노인을 공경할 줄 아는 사람이다.
敬う	彼女はお年寄りを敬うことができる人だ。

写真 사진 | 湖 호수 | 金品 금품 | 男性 남성 | 捕まる (붙)잡히다 | 壺 단지/항아리 |
庭 마당/뜰/정원 | お年寄り 노인

✏️ 문장으로 단어를 익히고 손으로 직접 써보세요

<ruby>裏返<rt>うらがえ</rt></ruby>す	カードを<ruby>裏返<rt>うらがえ</rt></ruby>して<ruby>同<rt>おな</rt></ruby>じ<ruby>絵<rt>え</rt></ruby>を<ruby>合<rt>あ</rt></ruby>わせるゲームだ。
뒤집다	카드를 뒤집어서 같은 그림을 맞추는 게임이다.
裏返す	カードを裏返して同じ絵を合わせるゲームだ。

<ruby>裏切<rt>うらぎ</rt></ruby>る	<ruby>友達<rt>ともだち</rt></ruby>に<ruby>裏切<rt>うらぎ</rt></ruby>られた<ruby>気持<rt>きも</rt></ruby>ちだ。
배신하다	친구에게 배신당한 기분이다.
裏切る	友達に裏切られた気持ちだ。

<ruby>恨<rt>うら</rt></ruby>む	<ruby>子<rt>こ</rt></ruby>を<ruby>失<rt>うしな</rt></ruby>って<ruby>天<rt>てん</rt></ruby>を<ruby>恨<rt>うら</rt></ruby>んだ。
원망하다	자식을 잃고 하늘을 원망했다.
恨む	子を失って天を恨んだ。

うらやむ	<ruby>友人<rt>ゆうじん</rt></ruby>の<ruby>昇進<rt>しょうしん</rt></ruby>をうらやましがっている。
부러워하다	친구의 승진을 부러워하고 있다.
うらやむ	友人の昇進をうらやましがっている。

<ruby>合<rt>あ</rt></ruby>わせる 맞추다 | <ruby>失<rt>うしな</rt></ruby>う 잃다/잃어버리다 | <ruby>天<rt>てん</rt></ruby> 하늘 | <ruby>友人<rt>ゆうじん</rt></ruby> 친구/벗 | <ruby>昇進<rt>しょうしん</rt></ruby> 승진

✏️ 문장으로 단어를 익히고 손으로 직접 써보세요

おか **追い掛ける**	はんにん おか のが 犯人を追い掛けたが逃してしまった。
뒤쫓아 가다/추적하다	범인을 뒤쫓아 갔지만 놓치고 말았다.
追い掛ける	犯人を追い掛けたが逃してしまった。

おこ **追い越す**	しゃせん おこ この車線で追い越そうとする。
추월하다	이 차선에서 추월하려고 한다.
追い越す	この車線で追い越そうとする。

おつ **追い付く**	せんしんこく けいざいすいじゅん おつ 先進国の経済水準に追い付いた。
따라붙다/따라잡다	선진국의 경제 수준을 따라 잡았다.
追い付く	先進国の経済水準に追い付いた。

おお **覆う**	あんうん そら おお 暗雲が空を覆っている。
덮다/가리다	먹구름이 하늘을 뒤덮고 있다.
覆う	暗雲が空を覆っている。

はんにん のが
犯人 범인 | 逃す 놓치다/도망치게 하다 | しゃせん
車線 차선 | せんしんこく
先進国 선진국 | けいざい
経済 경제 | すいじゅん
水準
あんうん そら
수준 | 暗雲 먹구름/검은 구름 | 空 하늘

✏️ 문장으로 단어를 익히고 손으로 직접 써보세요

おこた **怠る**	がくぎょう おこた 学業を怠る。
게으름피우다	학업을 게을리하다.
怠る	学業を怠る。

おさ **納める**	ぜいきん おさ こくみん ぎむ 税金を納めることは国民の義務です。
납부하다	세금을 납부하는 것은 국민의 의무입니다.
納める	税金を納めることは国民の義務です。

おそ **恐れる**	こども おそ 子供はひどくおびえて恐れている。
두려워하다/우려하다	아이는 잔뜩 겁을 먹고 두려워하고 있다.
恐れる	子供はひどくおびえて恐れている。

おも だ **思い出す**	ときどき おも で おも だ 時々、いい思い出を思い出すことがある。
상기하다/떠올리다	가끔 좋았던 추억을 떠올릴 때가 있다.
思い出す	時々、いい思い出を思い出すことがある。

がくぎょう きん ぜいきん こくみん ぎむ
学業 학업 | 税金 세금 | 国民 국민 | 義務 의무 | ひどく 몹시/심히/매우 | おびえる
おも で
겁먹다/무서워 벌벌 떨다 | 思い出 추억

46일차 단어 미리 보기 알고 있는 단어를 체크해 보세요

번호	단어	읽는 법	뜻	체크
1	飼う	かう	기르다	☐
2	代える	かえる	대신하다	☐
3	替える	かえる	교환하다/대체하다	☐
4	換える	かえる	바꾸다/교환하다	☐
5	輝く	かがやく	빛나다	☐
6	係わる	かかわる	관계되다/관계가 있다	☐
7	嗅ぐ	かぐ	냄새 맡다	☐
8	隠す	かくす	감추다/숨기다	☐
9	隠れる	かくれる	숨다	☐
10	掛ける	かける	걸다	☐
11	飾る	かざる	장식하다	☐
12	稼ぐ	かせぐ	벌다	☐
13	数える	かぞえる	세다/열거하다	☐
14	片付く	かたづく	정돈되다/정리되다	☐
15	片付ける	かたづける	정돈하다/정리하다	☐
16	固まる	かたまる	굳다/딱딱해지다	☐
17	傾く	かたむく	기울다/기울어지다	☐
18	偏る	かたよる	기울다/치우치다	☐
19	語る	かたる	말하다/이야기하다	☐
20	担ぐ	かつぐ	짊어지다	☐

920/1500

✏️ 문장으로 단어를 익히고 손으로 직접 써보세요

か **飼う** 기르다	このアパートで大型犬は飼うことができません。
	이 아파트에서 대형견은 기를 수 없습니다.
飼う	このアパートで大型犬は飼うことはできません。

か **代える** 대신하다	卒業試験に代えて論文を大学に提出した。
	졸업 시험을 대신하여 논문을 대학에 제출했다.
代える	卒業試験に代えて論文を大学に提出した。

か **替える** 교환하다/대체하다	別の商品に替えました。
	다른 상품으로 대체했습니다.
替える	別の商品に替えました。

か **換える** 바꾸다/교환하다	小銭に換えて使った方か楽な時がある。
	잔돈으로 바꿔 쓰는 게 편할 때가 있다.
換える	小銭に換えて使った方か楽な時がある。

おおがたけん **大型犬** 대형견 | そつぎょう **卒業** 졸업 | し けん **試験** 시험 | ろんぶん **論文** 논문 | だいがく **大学** 대학 | ていしゅつ **提出** 제출 | **商品** 상품 | こぜに **小銭** 잔돈

289

[N2 동사] あ행 단어 쓰기 02

✎ 문장으로 단어를 익히고 손으로 직접 써보세요

輝く 빛나다	きらきらと輝く星を眺めている。
	반짝반짝 빛나는 별을 바라보고 있다.
輝く	きらきらと輝く星を眺めている。

関わる 관계되다/관계가 있다	今回の事件と関わった人々が召喚されています。
	이번 사건과 관련된 사람들이 소환되고 있습니다.
関わる	今回の事件と関わった人々が召喚されています。

嗅ぐ 냄새 맡다	赤ちゃんのうんちのにおいを嗅いだ。
	아기의 응가 냄새를 맡았다.
嗅ぐ	赤ちゃんのうんちのにおいを嗅いだ。

隠す 감추다/숨기다	つらい気持ちは隠すことができなかった。
	괴로운 마음은 감출 수가 없었다.
隠す	つらい気持ちは隠すことができなかった。

きらきら 아름답게 빛나는 모양/반짝반짝 | 星 별 | 眺める 바라보다 | 今回 이번 | 事件 사건 | 召喚 소환 | うんち 똥/대변 | つらい 고통스럽다/괴롭다 | 気持ち 마음/기분/감정

290

✎ 문장으로 단어를 익히고 손으로 직접 써보세요

かく 隠れる	安全な場所に隠れています。
숨다	안전한 곳에 숨어 있습니다.
隠れる	安全な場所に隠れています。

か 掛ける	鍵を掛けて家を出た。
걸다	자물쇠를 걸고 집을 나섰다.
掛ける	鍵を掛けて家を出た。

かざ 飾る	室内は赤いバラで飾りました。
장식하다	실내는 빨간 장미로 장식했습니다.
飾る	室内は赤いバラで飾りました。

かせ 稼ぐ	株式投資で少額のお金を稼いだ。
벌다	주식 투자로 소액의 돈을 벌었다.
稼ぐ	株式投資で少額のお金を稼いだ。

あんぜん
安全 안전 ǀ 場所 장소/곳/위치 ǀ 鍵 열쇠/키/자물쇠 ǀ 室内 실내 ǀ 赤い 붉다/빨갛다 ǀ

バラ 장미 ǀ 株式 주식 ǀ 投資 투자 ǀ 少額 소액

✎ 문장으로 단어를 익히고 손으로 직접 써보세요

かぞ **数える**	眠れないときに数字を逆に数える癖があります。
세다/열거하다	잠이 안 올 때 숫자를 거꾸로 세는 버릇이 있습니다.
数える	眠れないときに数字を逆に数える癖があります。

かたづ **片付く**	家に帰ると部屋が片付いていた。
정돈되다/정리되다	집에 돌아오니 방이 정리되어 있었다.
片付く	家に帰ると部屋が片付いていた。

かたづ **片付ける**	母に叱られたから部屋を片付けた。
정돈하다/정리하다	엄마에게 야단맞은 후에야 방을 정리했다.
片付ける	母に叱られたから部屋を片付けた。

かた **固まる**	粘土で作った人形が固まっていた。
굳다/딱딱해지다	찰흙으로 만든 인형이 굳어져 있었다.
固まる	粘土で作った人形が固まっていた。

ねむ
眠れない 잠이 안 오다 | すうじ 数字 숫자 | ぎゃく 逆 반대/거꾸로 임 | くせ 癖 버릇/습관 | かえ 帰る 돌아가다/
へや しか ねんど つく にんぎょう
아오다 | 部屋 방 | 叱る 꾸짖다/야단치다 | 粘土 점토/찰흙 | 作る 만들다 | 人形 인형

✏️ 문장으로 단어를 익히고 손으로 직접 써보세요

かたむ **傾く** 기울다/기울어지다	おも ほう かたむ シーソーは重い方に傾く。 시소는 무거운 쪽으로 기울어진다.
傾く	シーソーは重い方に傾く。

かたよ **偏る** 기울다/치우치다	じ ぶん ゆう り ほうこう かんが かたよ 自分に有利な方向に考えが偏る。 자신에게 유리한 방향으로 생각이 치우친다.
偏る	自分に有利な方向に考えが偏る。

かた **語る** 말하다/이야기하다	かれ とう じ じょうきょう しょうさい かた 彼は当時の状況を詳細に語った。 그는 당시의 상황을 자세하게 말했다.
語る	彼は当時の状況を詳細に語った。

かつ **担ぐ** 짊어지다	えい が しゅじんこう に もつ かつ かわ わた 映画の主人公は荷物を担いで川を渡った。 영화 속 주인공은 짐을 짊어지고 강을 건넜다.
担ぐ	映画の主人公は荷物を担いで川を渡った。

シーソー 시소 | おも
重い 무겁다 | じぶん
自分 자기/자신/스스로 | ゆうり
有利 유리 | ほうこう
方向 방향 | とう
当
じ
時 당시 | じょうきょう
状況 상황/정황 | しょうさい
詳細 상세함/자세함 | しゅじんこう
主人公 주인공 | に もつ
荷物 짐/화물 | わた
渡る
건너다/건너가다/건너오다

47일차 단어 미리 보기 알고 있는 단어를 체크해 보세요

번호	단어	읽는 법	뜻	체크
1	悲しむ	かなしむ	슬퍼하다	☐
2	兼ねる	かねる	겸하다	☐
3	被せる	かぶせる	덮다/씌우다	☐
4	被る	かぶる	쓰다/뒤집어쓰다	☐
5	からかう	からかう	놀리다/조롱하다	☐
6	枯れる	かれる	시들다	☐
7	乾かす	かわかす	말리다	☐
8	乾く	かわく	마르다/건조하다	☐
9	着替える	きがえる	옷 갈아입다	☐
10	効く	きく	듣다/효과가 있다	☐
11	刻む	きざむ	새기다	☐
12	着せる	きせる	입히다	☐
13	気付く	きづく	깨닫다/눈치채다	☐
14	嫌う	きらう	싫어하다	☐
15	腐る	くさる	썩다	☐
16	崩す	くずす	무너뜨리다	☐
17	配る	くばる	나누어주다	☐
18	組み立てる	くみたてる	조립하다	☐
19	悔やむ	くやむ	후회하다	☐
20	繰り返す	くりかえす	반복하다/되풀이하다	☐

940/1500

✏️ 문장으로 단어를 익히고 손으로 직접 써보세요

かな 悲しむ	かな　　つか　ま　　　　き 悲しむのも束の間だったような気がする。
슬퍼하다	슬퍼하는 것도 잠시였던 것 같다.
悲しむ	悲しむのも束の間だったような気がする。

か 兼ねる	にほんご　　べんきょう　か　　　にほん　えいが　　み 日本語の勉強を兼ねて日本の映画を見ます。
겸하다	일본어 공부를 겸해서 일본 영화를 봅니다.
兼ねる	日本語の勉強を兼ねて日本の映画を見ます。

かぶ 被せる	あか　ぼう　ぼうし　かぶ　　　な 赤ん坊に帽子を被せたら泣いてしまった。
덮다/씌우다	아기에게 모자를 씌웠더니 울어버렸다.
被せる	赤ん坊に帽子を被せたら泣いてしまった。

かぶ 被る	あか　　　　　　　　かたち　　　ぼうし　かぶ 赤ちゃんはうさぎの形をした帽子を被っています。
쓰다/뒤집어쓰다	아기는 토끼 모양의 모자를 쓰고 있어요.
被る	赤ちゃんはうさぎの形をした帽子を被っています。

つか　ま
束の間 잠깐 동안/순간 | べんきょう
勉強 공부 | えいが
映画 영화 | ぼうし
帽子 모자 | な
泣く 울다 | うさぎ 토끼 | かたち
形 모습/모양

✎ 문장으로 단어를 익히고 손으로 직접 써보세요

からかう	^{ともだち} 友達をからかってはいけない。
놀리다/조롱하다	친구를 놀리면 안 된다.
からかう	友達をからかってはいけない。

枯れる^か	^{まえ か} ^{はな} ^か この前買った花がもう枯れてしまった。
시들다	요전에 산 꽃이 벌써 시들어 버렸다.
枯れる	この前買った花がもう枯れてしまった。

乾かす^{かわ}	^{あと かなら かみ かわ} ^{がいしゅつ} シャワーの後、必ず髪を乾かしてから外出する。
말리다	샤워 후, 반드시 머리를 말리고 외출한다.
乾かす	シャワーの後、必ず髪を乾かしてから外出する。

乾く^{かわ}	^{きんちょう} ^{くちびる かわ} 緊張のせいか唇が乾いてカサカサになった。
마르다/건조하다	긴장한 탓인지 입술이 말라 푸석해졌다.
乾く	緊張のせいか唇が乾いてカサカサになった。

^か 買う 사다 | ^{はな} 花 꽃 | ^{かなら} 必ず 꼭/반드시 | ^{かみ} 髪 머리털/머리카락 | ^{がいしゅつ} 外出 외출 | ^{きんちょう} 緊張 긴장 |
^{くちびる} 唇 입술

[N2 동사] あ행 단어 쓰기 03

✏️ 문장으로 단어를 익히고 손으로 직접 써보세요

着替える (きが)	外出しようと服を着替えた。 (がいしゅつ)(ふく)(きが)
옷 갈아입다	외출하려고 옷을 갈아입었다.
着替える	外出しようと服を着替えた。

効く (き)	便秘にはこの薬が効きます。 (べんぴ)(くすり)(き)
듣다/효과가 있다	변비에는 이 약이 효과가 있습니다.
効く	便秘にはこの薬が効きます。

刻む (きざ)	先生の言葉を深く心に刻んだ。 (せんせい)(ことば)(ふか)(こころ)(きざ)
새기다	선생님의 말씀을 마음에 깊이 새겼다.
刻む	先生の言葉を深く心に刻んだ。

着せる (き)	子供にライフジャケットを着せてあげた。 (こども)(き)
입히다	아이에게 구명조끼를 입혀주었다.
着せる	子供にライフジャケットを着せてあげた。

外出 (がいしゅつ) 외출 | 服 (ふく) 옷/양복 | 便秘 (べんぴ) 변비 | 薬 (くすり) 약 | 言葉 (ことば) 말/이야기 | ライフジャケット

구명재킷/라이프재킷

297

✏️ 문장으로 단어를 익히고 손으로 직접 써보세요

気付く きづ 깨닫다/눈치채다	自分の間違いにまったく気付いていない。 じぶん まちが きづ 자신의 실수를 전혀 깨닫지 못하고 있다.
気付く	自分の間違いにまったく気付いていない。

嫌う きら 싫어하다	物事をほったらかしにすることを嫌います。 ものごと きら 일을 미루는 것을 싫어합니다.
嫌う	物事をほったらかしにすることを嫌います。

腐る くさ 썩다	暑い日に室内で常温保管したら腐ってしまった。 あつ ひ しつない じょうおん ほ かん くさ 더운 날씨에 실내에서 상온 보관했더니 썩어버렸다.
腐る	暑い日に室内で常温保管したら腐ってしまった。

崩す くず 무너뜨리다	最近は煉瓦を崩すゲームが流行っている。 さいきん れん が くず は や 요즘은 벽돌을 무너뜨리는 게임이 유행하고 있다.
崩す	最近は煉瓦を崩すゲームが流行っている。

自分 자기/자신/스스로 | 間違い 실수/잘못/과실 | まったく 아주/전혀/완전히 | 物事
じぶん   まちが   ものごと
모든 일 | ほったらかし 아무렇게나 내버려 둠/방치함 | 室内 실내 | 常温 상온 | 保管
                                                    しつない   じょうおん   ほ かん
보관 | 煉瓦 벽돌 | 流行る 유행하다
      れん が   は や

✎ 문장으로 단어를 익히고 손으로 직접 써보세요

くば **配る** 나누어주다	こども　あめ　ぜんぶくば 子供たちに飴を全部配った。 아이들에게 사탕을 전부 나누어 주었다.
配る	子供たちに飴を全部配った。

く　た **組み立てる** 조립하다	こども　く　た　　　　　　　　　　　か 子供が組み立てられるおもちゃを買ってくれた。 아이가 조립할 수 있는 장난감을 사 주었다.
組み立てる	子供が組み立てられるおもちゃを買ってくれた。

く **悔やむ** 후회하다	いま　　　とき　しつげん　く 今もその時の失言を悔やんでいる。 지금도 그때의 실언을 후회하고 있다.
悔やむ	今もその時の失言を悔やんでいる。

く　かえ **繰り返す** 반복하다/되풀이하다	おな　あやま　　く　かえ 同じ過ちを繰り返してはならない。 같은 실수를 반복해서는 안 된다.
繰り返す	同じ過ちを繰り返してはならない。

あめ　　　　　　　　ぜんぶ　　　　　　　　　　　　　　　　　　　　　　いま　　　　しつげん　　　　　　おな
飴 사탕 | 全部 모두/전부 | おもちゃ 장난감/완구 | 今 지금 | 失言 실언 | 同じ 같음/동일
あやま
| 過ち 잘못/실수/과오

48일차 단어 미리 보기 알고 있는 단어를 체크해 보세요

번호	단어	읽는 법	뜻	체크
1	狂う	くるう	미치다/고장나다	☐
2	加わる	くわわる	더해지다/가해지다	☐
3	削る	けずる	깎다/삭감하다	☐
4	蹴る	ける	차다	☐
5	凍る	こおる	얼다	☐
6	漕ぐ	こぐ	(노로 배를)젓다/ (자전거,그네 등을 탈 때) 발을 구르다	☐
7	焦げる	こげる	눋다/타다	☐
8	凍える	こごえる	얼어붙다	☐
9	心得る	こころえる	알다/이해하다/ 터득하다	☐
10	腰掛ける	こしかける	걸터앉다	☐
11	拵える	こしらえる	만들다/제조하다	☐
12	擦る	こする	문지르다/비비다	☐
13	言付ける	ことづける	전갈하다/전언(전달) 을 부탁하다	☐
14	異なる	ことなる	다르다	☐
15	断る	ことわる	거절하다	☐
16	好む	このむ	좋아하다/즐기다	☐
17	こぼす	こぼす	흘리다/엎지르다	☐
18	こぼれる	こぼれる	넘치다/흘러내리다	☐
19	こらえる	こらえる	참다/견디다	☐
20	転がる	ころがる	구르다/굴러가다	☐

✏️ 문장으로 단어를 익히고 손으로 직접 써보세요

くる 狂う	海に向かって狂ったように叫んだ。
미치다/고장나다	바다를 향해 미친 듯이 소리쳤다.
狂う	海に向かって狂ったように叫んだ。

くわ 加わる	新しいメニューが加わった。
더해지다/가해지다	새로운 메뉴가 더해졌다.
加わる	新しいメニューが加わった。

けず 削る	予算を半分に削った。
깎다/삭감하다	예산을 반으로 깎았다.
削る	予算を半分に削った。

け 蹴る	飛んできたサッカーボールを遠くへ蹴ってしまった。
차다	날아온 축구공을 멀리 차 버렸다.
蹴る	飛んできたサッカーボールを遠くへ蹴ってしまった。

海 바다 | 向かう 향하다 | 叫ぶ (큰소리로)외치다/소리지르다 | 予算 예산 | 半分 반/절반
| 飛ぶ 날다 | サッカーボール 축구공

✏️ 문장으로 단어를 익히고 손으로 직접 써보세요

こお **凍る**	気温が氷点下に下がると、水も凍ってしまった。
얼다	기온이 영하로 떨어지자 물도 얼어버렸다.
凍る	気温が氷点下に下がると、水も凍ってしまった。

こ **漕ぐ**	穏やかな川の上で櫓を漕いでいる。
젓다/발을 구르다	잔잔한 강 위에서 노를 젓고 있다.
漕ぐ	穏やかな川の上で櫓を漕いでいる。

こ **焦げる**	電話をしている間に鍋が焦げてしまった。
눋다/타다	전화를 하는 사이에 냄비가 타버렸다.
焦げる	電話をしている間に鍋が焦げてしまった。

こご **凍える**	外は雪が降っていて凍えるように寒い。
얼어붙다	밖은 눈이 내리고 있어서 얼어버릴 듯이 춥다.
凍える	外は雪が降っていて凍えるように寒い。

気温 기온 | 氷点下 빙점하/영하 | 下がる 내리다/(기온 등이)내려가다 | 櫓 노 | 電話
전화 | 鍋 냄비 | 外 겉/밖 | 雪 눈 | 降る (눈·비 등이)내리다

✏️ 문장으로 단어를 익히고 손으로 직접 써보세요

こころ え **心得る** 알다/이해하다	い ご　　　 すこ　　 こころ え 囲碁についても少しは心得ています。 바둑에 대해서도 조금은 알고 있습니다.
心得る	囲碁についても少しは心得ています。

こし か **腰掛ける** 걸터앉다	いわ　 こし か　　 みず　 の 岩に腰掛けて水を飲んだ。 바위에 걸터앉아 물을 마셨다.
腰掛ける	岩に腰掛けて水を飲んだ。

こしら **拵える** 만들다/제조하다	そ ぼ　 あさはや　　　 べんとう　 こしら 祖母が朝早くから弁当を拵えてくれました。 할머니가 아침 일찍부터 도시락을 싸주셨어요.
拵える	祖母が朝早くから弁当を拵えてくれました。

こす **擦る** 문지르다/비비다	ねむ　 め　 こす　　　　 みず　 いっぱい の 眠い目を擦りながら水を一杯飲んだ。 졸린 눈을 비비며 물을 한 잔 마셨다.
擦る	眠い目を擦りながら水を一杯飲んだ。

い ご　　　　　　 いわ　　　　　　 べんとう　　　　　 ねむ
囲碁 바둑 | **岩** 바위 | **弁当** 도시락 | **眠い** 졸리다

[N2 동사] あ행 단어 쓰기 04

✎ **문장으로 단어를 익히고 손으로 직접 써보세요**

こと づ **言付ける**	ちち あに て がみ こと づ 父が兄に手紙を言付けた。
전언(전달)을 부탁하다	아버지가 형에게 편지를 부탁했다.
言付ける	父が兄に手紙を言付けた。

こと **異なる**	よう と せいひん か かく こと 用途によって製品と価格が異なります。
다르다	용도에 따라 제품과 가격이 다릅니다.
異なる	用途によって製品と価格が異なります。

ことわ **断る**	かんたん ことわ ねが 簡単に断れないお願いだった。
거절하다	쉽게 거절할 수 없는 부탁이었다.
断る	簡単に断れないお願いだった。

この **好む**	わたし しず ひとり この 私は静かなところに一人でいることを好む。
좋아하다/즐기다	나는 조용한 곳에 혼자 있는 것을 좋아한다.
好む	私は静かなところに一人でいることを好む。

て がみ　　　　　よう と　　　　せいひん　　　　か かく
手紙 편지 | **用途** 용도 | **製品** 제품 | **価格** 값/가격

✏️ 문장으로 단어를 익히고 손으로 직접 써보세요

こぼす	子供にお菓子をあげたら床にこぼしてしまった。
흘리다/엎지르다	아이에게 과자를 주었더니 바닥에 쏟고 말았다.
こぼす	子供にお菓子をあげたら床にこぼしてしまった。

こぼれる	いっぱい溜まった涙がこぼれた。
넘치다/흘러내리다	잔뜩 고인 눈물이 흘러내렸다.
こぼれる	いっぱい溜まった涙がこぼれた。

こらえる	辛い時間だがよくこらえています。
참다/견디다	힘든 시간이지만 잘 견디고 있습니다.
こらえる	辛い時間だがよくこらえています。

転がる	ボールがごろごろ転がっていきます。
구르다/굴러가다	공이 데굴데굴 굴러갑니다.
転がる	ボールがごろごろ転がっていきます。

お菓子 과자 | 床 마루/바닥 | 溜まる (한곳에)모이다/(액체 등이 흐르지 않고)고이다 |
涙 눈물 | 辛い 고통스럽다/괴롭다/고되다 | ボール 볼/공 | ごろごろ 데굴데굴/덜컹덜컹

번호	단어	읽는 법	뜻	체크
1	さかのぼる	さかのぼる	거슬러 올라가다	☐
2	逆らう	さからう	거스르다	☐
3	探る	さぐる	찾다	☐
4	ささやく	ささやく	속삭이다	☐
5	刺さる	ささる	박히다/꽂히다	☐
6	差し引く	さしひく	빼다/차감하다	☐
7	さびる	さびる	녹슬다	☐
8	冷ます	さます	식히다	☐
9	覚ます	さます	깨다/깨우다	☐
10	妨げる	さまたげる	방해하다	☐
11	去る	さる	떠나다/때가 지나가다	☐
12	仕上げる	しあげる	완성하다/끝내다	☐
13	敷く	しく	깔다	☐
14	静まる	しずまる	조용해지다/잠잠해지다	☐
15	沈む	しずむ	가라앉다	☐
16	従う	したがう	따르다	☐
17	縛る	しばる	묶다/포박하다	☐
18	しびれる	しびれる	저리다/마비가 되다	☐
19	締め切る	しめきる	마감하다	☐
20	占める	しめる	차지하다	☐

✍️ 문장으로 단어를 익히고 손으로 직접 써보세요

さかのぼる	どこまでさかのぼるのか。
거슬러 올라가다	어디까지 거슬러 올라갈 것인가.
さかのぼる	どこまでさかのぼるのか。

さか 逆らう	じ だい なが さか 時代の流れに逆らう。
거스르다	시대의 흐름을 거스르다.
逆らう	時代の流れに逆らう。

さぐ 探る	く かえ しっぱい げんいん さぐ 繰り返される失敗の原因を探っている。
찾다	반복되는 실패의 원인을 찾고 있다.
探る	繰り返される失敗の原因を探っている。

ささやく	ないしょはなし ともだち みみもと 内緒話があると友達が耳元でささやいた。
속삭이다	비밀 이야기가 있다고 친구가 귓가에 속삭였다.
ささやく	内緒話があると友達が耳元でささやいた。

じ だい　　　　く かえ
時代 시대 ｜ 繰り返される 되풀이하다/반복하다 ｜ 失敗 실패 ｜ 原因 원인 ｜ 内緒 비밀 ｜
みみもと
耳元 귓전

307

✏️ 문장으로 단어를 익히고 손으로 직접 써보세요

刺さる 박히다/꽂히다	足の裏にとげが刺さった。 발바닥에 가시가 박혔다.
刺さる	足の裏にとげが刺さった。

差し引く 빼다/차감하다	ポイントを差し引いて残った金額だけ会計しました。 포인트를 차감하고 남은 금액만 계산했습니다.
差し引く	ポイントを差し引いて残った金額だけ会計しました。

さびる 녹슬다	公園の前に建てられた銅像は古くてさびた。 공원 앞에 세워진 동상은 낡고 녹슬었다.
さびる	公園の前に建てられた銅像は古くてさびた。

冷ます 식히다	赤ちゃんにあげるスープを冷ました。 아기에게 줄 스프를 식혔다.
冷ます	赤ちゃんにあげるスープを冷ました。

足の裏 발바닥 | とげ 가시 | 残る 남다 | 金額 금액 | 会計 회계 | 建てる 세우다/짓다/(건물·건조물 등을)만들다 | 銅像 동상

[N2 동사] さ행 단어 쓰기 03

✏️ 문장으로 단어를 익히고 손으로 직접 써보세요

さ **覚ます** 깨다/깨우다	そうちょう しぜん め さ 早朝、自然に目を覚まします。 이른 아침, 저절로 눈을 뜹니다.
覚ます	早朝、自然に目を覚まします。

さまた **妨げる** 방해하다	あか ひかり ふか ねむ さまた 明るい光は深い眠りを妨げる。 밝은 빛은 깊은 잠을 방해한다.
妨げる	明るい光は深い眠りを妨げる。

さ **去る** 떠나다/때가 지나가다	ことし さいご かいしゃ さ 今年を最後に会社を去ることになった。 올해를 끝으로 회사를 떠나게 되었다.
去る	今年を最後に会社を去ることになった。

し あ **仕上げる** 완성하다/끝내다	てん じ さくひん み ごと し あ 展示する作品を見事に仕上げた。 전시할 작품을 멋지게 완성했다.
仕上げる	展示する作品を見事に仕上げた。

ふか 深い 깊다 | ねむ 眠り 잠/수면 | ことし 今年 올해/금년 | さいご 最後 최후/마지막 | てん じ 展示 전시 | さくひん 作品 작품 | み ごと 見事 멋짐/훌륭함

✎ **문장으로 단어를 익히고 손으로 직접 써보세요**

し **敷く** 깔다	芝生にござを敷いて座った。 잔디밭에 돗자리를 깔고 앉았다.
敷く	芝生にござを敷いて座った。

しず **静まる** 잠잠해지다	なみ しず 波が静まった。 파도가 잠잠해졌다.
静まる	波が静まった。

しず **沈む** 가라앉다	ふね じょじょ しず 船が徐々に沈んでいます。 배가 서서히 가라앉고 있습니다.
沈む	船が徐々に沈んでいます。

したが **従う** 따르다	ちょくぞく じょうかん めいれい したが 直属の上官の命令は従うほかない。 직속상관의 명령은 따를 수밖에 없다.
従う	直属の上官の命令は従うほかない。

しば ふ
芝生 잔디밭 | ござ 돗자리 | なみ
波 파도 | ふね
船 배 | じょじょ
徐々に 서서히/천천히/점점/점차 | ちょくぞく
直属
じょうかん   めいれい
직속 | 上官 상관 | 命令 명령

✎ 문장으로 단어를 익히고 손으로 직접 써보세요

しば **縛る**	ふるほん　あつ　　　　　　　　しば 古本を集めてひもで縛っておきました。
묶다/포박하다	헌책을 모아 끈으로 묶어두었습니다.
縛る	古本を集めてひもで縛っておきました。

しびれる	て　　あし　　　　　　　　　　　　　とき 手と足がしびれてめまいがする時があります。
저리다/마비가 되다	손과 발이 저리고 어지러울 때가 있습니다.
しびれる	手と足がしびれてめまいがする時があります。

し　き **締め切る**	し　き もう締め切りました。
마감하다	이미 마감했습니다.
締め切る	もう締め切りました。

し **占める**	うみ　ひょうめんせき　　ち きゅう　やくななわり　し 海の表面積は地球の約７割を占める。
차지하다	바다의 표면적은 지구의 약 70%를 차지한다.
占める	海の表面積は地球の約7割を占める。

ふるほん
古本 헌책 | **ひも** 끈 | **めまいがする** 현기증이 나다 | **もう** 이미/이제/벌써 | ひょうめんせき
表面積

표면적/겉넓이 | ち きゅう
地球 지구

50일차 단어 미리 보기 알고 있는 단어를 체크해 보세요

번호	단어	읽는 법	뜻	체크
1	しゃべる	しゃべる	말하다/지껄이다	☐
2	透き通る	すきとおる	투명하다	☐
3	救う	すくう	구하다	☐
4	優れる	すぐれる	뛰어나다/우수하다	☐
5	涼む	すずむ	시원한 바람을 쐬다	☐
6	進める	すすめる	진행시키다	☐
7	滑る	すべる	미끄러지다	☐
8	澄む	すむ	맑[아지]다	☐
9	刷る	する	인쇄하다/박다	☐
10	すれ違う	すれちがう	엇갈리다/서로 어긋나다	☐
11	ずれる	ずれる	어긋나다/빗나가다	☐
12	背負う	せおう	짊어지다/업다	☐
13	接する	せっする	접하다	☐
14	迫る	せまる	다가오다/육박하다	☐
15	攻める	せめる	공격하다	☐
16	属する	ぞくする	속하다	☐
17	備える	そなえる	대비하다/준비하다	☐
18	剃る	そる	(수염 등을) 깎다/면도하다	☐
19	逸れる	それる	벗어나다/빗나가다	☐
20	揃える	そろえる	갖추다/맞추다	☐

1000/1500

✎ 문장으로 단어를 익히고 손으로 직접 써보세요

しゃべる	人の話をむやみにしゃべる。
말하다/지껄이다	남의 이야기를 함부로 지껄이다.
しゃべる	人の話をむやみにしゃべる。

透き通る	窓ガラスが透き通っている。
투명하다	유리창이 투명하다.
透き通る	窓ガラスが透き通っている。

救う	20代の青年が溺れた子供を救った。
구하다	20대 청년이 물에 빠진 아이를 구했다.
救う	20代の青年が溺れた子供を救った。

優れる	この機械の性能は優れています。
뛰어나다/우수하다	이 기계의 성능은 뛰어납니다.
優れる	この機械の性能は優れています。

むやみに 함부로 | 青年 청년 | 溺れる 빠지다/물에 빠지다 | 機械 기계 | 性能 성능

[N2 동사] さ행 단어 쓰기 02

✎ 문장으로 단어를 익히고 손으로 직접 써보세요

すず **涼む**	こかげ すわ すず 木陰に座って涼む。
시원한 바람을 쐬다	나무 그늘에 앉아 시원한 바람을 쐬다.
涼む	木陰に座って涼む。

すす **進める**	ながねんけいかく しごと すす 長年計画していた仕事を進めた。
진행시키다	오랫동안 계획했던 일을 진행시켰다.
進める	長年計画していた仕事を進めた。

すべ **滑る**	ゆきみち すべ 雪道で滑ってしまいました。
미끄러지다	눈길에서 미끄러지고 말았습니다.
滑る	雪道で滑ってしまいました。

す **澄む**	いけ みず す 池の水が澄んできた。
맑[아지]다	연못의 물이 맑아졌다.
澄む	池の水が澄んできた。

こかげ
木陰 나무 그늘 |
ながねん
長年 긴[오랜]세월/여러 해 |
けいかく
計画 계획 |
ゆきみち
雪道 눈길 |
いけ
池 연못

314

✎ 문장으로 단어를 익히고 손으로 직접 써보세요

す **刷る** 인쇄하다/박다	しょくば うつ あたら めいし す 職場を移して新しい名刺を刷った。 직장을 옮기고 새 명함을 찍었다.
刷る	職場を移して新しい名刺を刷った。

ちが **すれ違う** 엇갈리다/서로 어긋나다	い けん ち が けつろん で 意見がすれ違って結論が出ない。 의견이 엇갈려서 결론이 나지 않는다.
すれ違う	意見がすれ違って結論が出ない。

ずれる 어긋나다/빗나가다	ほね いた 骨がずれたように痛いです。 뼈가 어긋난 것처럼 아픕니다.
ずれる	骨がずれたように痛いです。

せ お **背負う** 짊어지다/업다	おも にもつ せ お おか のぼ 重い荷物を背負って丘を登っています。 무거운 짐을 짊어지고 언덕을 오르고 있습니다.
背負う	重い荷物を背負って丘を登っています。

しょくば うつ めいし い けん けつろん ほね
職場 직장 | 移す 옮기다/자리를 바꾸다 | 名刺 명함 | 意見 의견 | 結論 결론 | 骨 뼈/골
おも にもつ おか のぼ
| 重い 무겁다 | 荷物 짐 | 丘 언덕 | 登る 오르다/(높은 곳으로)올라가다

✎ **문장으로 단어를 익히고 손으로 직접 써보세요**

せっ **接する** 접하다	この住宅は川に接している。
	이 주택은 강에 접해있다.
接する	この住宅は川に接している。

せま **迫る** 다가오다/육박하다	大学入試の試験が明日に迫った。
	대학입시 시험이 내일로 다가왔다.
迫る	大学入試の試験が明日に迫った。

せ **攻める** 공격하다	相手の陣地を攻めた。
	상대편 진지를 공격했다.
攻める	相手の陣地を攻めた。

ぞく **属する** 속하다	この程度の収入なら上流層に属します。
	이 정도의 수입이면 상류층에 속합니다.
属する	この程度の収入なら上流層に属します。

じゅうたく
住宅 주택 ㅣ
にゅうし
入試 입시 ㅣ
しけん
試験 시험 ㅣ
あいて
相手 상대 ㅣ
ていど
程度 정도 ㅣ
しゅうにゅう
収入 수입 ㅣ
じょうりゅうそう
上流層

상류층

✎ 문장으로 단어를 익히고 손으로 직접 써보세요

そな **備える**	さいなん そな たいさくかい ぎ 災難に備えるための対策会議をしました。
대비하다/준비하다	재난에 대비하기 위한 대책회의를 했습니다.
備える	災難に備えるための対策会議をしました。

そ **剃る**	まえ そ デートの前にひげをきれいに剃った。
수염 등을 깎다	데이트 전에 수염을 깨끗하게 깎았다.
剃る	デートの前にひげをきれいに剃った。

そ **逸れる**	や まと そ すいさつ 矢が的を逸れると推察した。
벗어나다/빗나가다	화살이 과녁을 빗나갈 거라고 짐작했다.
逸れる	矢が的を逸れると推察した。

そろ **揃える**	くち そろ うそ みんな口を揃えて嘘をついています。
갖추다/맞추다	모두 입을 맞춰 거짓말을 하고 있습니다.
揃える	みんな口を揃えて嘘をついています。

さいなん
災難 재난 | たいさく
対策 대책 | かい ぎ
会議 회의 | デート 데이트 | ひげ 수염/콧수염 | や
矢 화살 |
まと
的 과녁 | すいさつ
推察 짐작 | うそ
嘘 거짓말

51일차 단어 미리 보기 알고 있는 단어를 체크해 보세요

번호	단어	읽는 법	뜻	체크
1	高める	たかめる	높이다/고조시키다	☐
2	耕す	たがやす	(논밭을)갈다	☐
3	炊く	たく	(밥을) 짓다	☐
4	蓄える	たくわえる	쌓다/비축하다	☐
5	足す	たす	더하다	☐
6	戦う	たたかう	싸우다	☐
7	叩く	たたく	두드리다	☐
8	立ち上がる	たちあがる	일어나다/일어서다	☐
9	立ち止まる	たちどまる	멈추어 서다	☐
10	経つ	たつ	(시간·때가) 지나다/경과하다	☐
11	発つ	たつ	떠나다/출발하다	☐
12	達する	たっする	달하다	☐
13	だます	だます	속이다	☐
14	ためらう	ためらう	망설이다/주저하다	☐
15	ためる	ためる	모으다/저축하다	☐
16	頼る	たよる	의지하다/기대다	☐
17	誓う	ちかう	맹세하다	☐
18	近づく	ちかづく	접근하다/근접하다/ 가까이 가다	☐
19	縮む	ちぢむ	줄어들다/오그라들다	☐
20	縮める	ちぢめる	줄이다/축소하다	☐

✏️ **문장으로 단어를 익히고 손으로 직접 써보세요**

たか 高める	せいかつ しつ たか 生活の質を高める。
높이다/고조시키다	삶의 질을 높이다.
高める	生活の質を高める。

たがや 耕す	のうぎょう りょうしん はたけ たがや き かい か 農業をする両親に畑を耕す機械を買ってあげた。
(논밭을)갈다	농사를 짓는 부모님께 밭을 가는 기계를 사 드렸다.
耕す	農業をする両親に畑を耕す機械を買ってあげた。

た 炊く	はは はん た あいだ わたし しゅくだい 母がご飯を炊いている間、私は宿題をした。
(밥을) 짓다	엄마가 밥을 짓는 동안 나는 숙제를 했다.
炊く	母がご飯を炊いている間、私は宿題をした。

たくわ 蓄える	けんきゅう ひつよう ち しき じつりょく たくわ 研究に必要な知識と実力を蓄えた。
쌓다/비축하다	연구에 필요한 지식과 실력을 쌓았다.
蓄える	研究に必要な知識と実力を蓄えた。

せいかつ 生活 생활/삶 | しつ 質 질 | のうぎょう 農業 농사 | りょうしん 両親 부모님 | はたけ 畑 밭 | き かい 機械 기계 | はん ご飯 밥 |
しゅくだい 宿題 숙제 | けんきゅう 研究 연구 | ひつよう 必要 필요 | ち しき 知識 지식 | じつりょく 実力 실력

✏️ 문장으로 단어를 익히고 손으로 직접 써보세요

た 足す	^ご5に^{さん}3を^た足すと^{はち}8になります。
더하다	5에 3을 더하면 8이 됩니다.
足す	5に3を足すと8になります。

たたか 戦う	^{へいし}兵士たちは^{いのち}命をかけて^{てき}敵と^{たたか}戦った。
싸우다	병사들은 목숨을 걸고 적과 싸웠다.
戦う	兵士たちは命をかけて敵と戦った。

たた 叩く	^{だれ}誰かがドアを^{たた}叩く^{おと}音で^め目が^さ覚めた。
두드리다	누군가가 문을 두드리는 소리에 잠이 깼다.
叩く	誰かがドアを叩く音で目が覚めた。

た あ 立ち上がる	^{かれ}彼は^{おこ}怒って^{せき}席から^た立ち^あ上がった。
일어나다/일어서다	그는 화를 내며 자리에서 일어났다.
立ち上がる	彼は怒って席から立ち上がった。

^{へいし}兵士 병사/사병 | ^{いのち}命 목숨/생명 | ^{だれ}誰か 누군가 | ^{おと}音 소리 | ^め目が^さ覚める 눈을 뜨다/잠에서 깨다 | ^{おこ}怒る 성내다/화내다/노하다 | ^{せき}席 자리/자석

✎ 문장으로 단어를 익히고 손으로 직접 써보세요

立ち止まる た ど	子供は立ち止まって後ろを振り返った。 こども た ど うし ふ かえ
멈추어 서다	아이는 멈춰 서서 뒤를 돌아보았다.
立ち止まる	子供は立ち止まって後ろを振り返った。

経つ た	時が経てば愛も変わる。 とき た あい か
지나다/경과하다	시간이 지나면 사랑도 변한다.
経つ	時が経てば愛も変わる。

発つ た	私は明日ここを発つつもりです。 わたし あす た
떠나다/출발하다	저는 내일 이곳을 떠날 예정입니다.
発つ	私は明日ここを発つつもりです。

達する たっ	最近は私の能力が限界に達したような気がする。 さいきん わたし のうりょく げんかい たっ き
달하다	요즘은 내 능력이 한계에 달한 것 같은 느낌이 든다.
達する	最近は私の能力が限界に達したような気がする。

振り返る 돌아보다/뒤쪽을 돌아보다 | 時 때/시/시간 | 変わる 변(화)하다/바뀌다 | 最近
최근/현재에서 가장 가까운 과거 | 能力 능력 | 限界 한계

321

[N2 동사] た행 단어 쓰기 04

🖊 문장으로 단어를 익히고 손으로 직접 써보세요

だます 속이다	人をうまくだます人とは親しくなりたくない。 남을 잘 속이는 사람과는 친해지고 싶지 않다.
だます	人をうまくだます人とは親しくなりたくない。

ためらう 망설이다/주저하다	彼がためらっているのが感じられた。 그가 망설이는 것이 느껴졌다.
ためらう	彼がためらっているのが感じられた。

ためる 모으다/저축하다	お金をためて誕生日プレゼントを買いました。 돈을 모아서 생일 선물을 샀습니다.
ためる	お金をためて誕生日プレゼントを買いました。

頼る 의지하다/기대다	苦しい時に頼れる家族もいない。 힘들 때 의지할 가족도 없다.
頼る	苦しい時に頼れる家族もいない。

親しい 친하다/사이가 좋다/의좋다 | 誕生日 생일 | 苦しい 괴롭다/고통스럽다/힘겹다

[N2 동사] た행 단어 쓰기 05

✎ 문장으로 단어를 익히고 손으로 직접 써보세요

ちか **誓う** 맹세하다	**かれ にど あ ちか** 彼には二度と会わないと誓った。 그를 다시는 만나지 않겠다고 맹세했다.
誓う	彼には二度と会わないと誓った。

ちか **近づく** 근접하다/가까이 가다	**もくてきち ちか きんちょう はじ** 目的地に近づくと緊張し始めた。 목적지에 가까워지자 긴장하기 시작했다.
近づく	目的地に近づくと緊張し始めた。

ちぢ **縮む** 줄어들다/오그라들다	**せんたく ちぢ** 洗濯したセーターが縮んだ。 세탁한 스웨터가 줄어들었다.
縮む	洗濯したセーターが縮んだ。

ちぢ **縮める** 줄이다/축소하다	**あしくび き たけ ちぢ** 足首まで来ていたワンピースの丈を縮めた。 발목까지 오던 원피스의 기장을 줄였다.
縮める	足首まで来ていたワンピースの丈を縮めた。

もくてきち **きんちょう** **せんたく** **あしくび**
目的地 목적지 | 緊張 긴장 | 洗濯 세탁 | セーター 스웨터 | 足首 발목 | ワンピース
たけ
원피스 | 丈 기장/길이

52일차 **단어 미리 보기** 알고 있는 단어를 체크해 보세요

번호	단어	읽는 법	뜻	체크
1	散らかす	ちらかす	흩뜨리다/어지르다	☐
2	散らかる	ちらかる	흩어지다/어질러지다	☐
3	捕まえる	つかまえる	잡다/붙잡다	☐
4	捕まる	つかまる	(붙)잡히다	☐
5	突き当たる	つきあたる	막다르다/충돌하다	☐
6	突く	つく	찌르다	☐
7	漬ける	つける	담그다/절이다	☐
8	突っ込む	つっこむ	돌진하다/깊이 파고들다	☐
9	努める	つとめる	힘쓰다/노력하다	☐
10	繋がる	つながる	이어지다/연결되다	☐
11	繋ぐ	つなぐ	매다/연결하다/ 묶어 두다	☐
12	つぶす	つぶす	으깨다/파산시키다	☐
13	詰まる	つまる	꽉 차다/막히다	☐
14	詰める	つめる	채우다	☐
15	積もる	つもる	쌓이다/누적되다	☐
16	釣る	つる	낚다/(낚시 도구로)잡다	☐
17	出来上がる	できあがる	완성되다	☐
18	出迎える	でむかえる	마중하다/나가서 맞다	☐
19	照らす	てらす	비추다	☐
20	照る	てる	비치다	☐

1040/1500

✎ 문장으로 단어를 익히고 손으로 직접 써보세요

ち **散らかす** 흩뜨리다/어지르다	子供たちは家中を散らかしながら遊んでいます。 아이들은 온 집안을 어지럽히며 놀고 있습니다.
散らかす	子供たちは家中を散らかしながら遊んでいます。

ち **散らかる** 흩어지다/어질러지다	子供たちは散らかった部屋を片付け始めた。 아이들은 어질러진 방을 치우기 시작했다.
散らかる	子供たちは散らかった部屋を片付け始めた。

つか **捕まえる** 잡다/붙잡다	素手で殺人犯を捕まえた警察官がニュースに出た。 맨손으로 살인범을 붙잡은 경찰관이 뉴스에 나왔다.
捕まえる	素手で殺人犯を捕まえた警察官がニュースに出た。

つか **捕まる** (붙)잡히다	犯人が密航を試みて捕まったという。 범인이 밀항을 시도하다가 붙잡혔다고 한다.
捕まる	犯人が密航を試みて捕まったという。

うちじゅう
家中 온 집안/집안 전체 | 遊ぶ 놀다 | 片付ける 치우다/정돈[정리]하다 | 素手 맨손/맨주먹
| 殺人犯 살인범 | 警察官 경찰관 | 犯人 범인 | 密航 밀항 | 試みる 시도해 보다/시험해
보다

[N2 동사] た행 단어 쓰기 02

✏️ 문장으로 단어를 익히고 손으로 직접 써보세요

突き当たる つ　あ	道をまっすぐ行ったら突き当たりを右に曲がります。 みち　　　　　い　　　つ　あ　　　　　みぎ　ま
막다르다/충돌하다	길을 따라 쭉 가면 막다른 길에서 오른쪽으로 돌아요.
突き当たる	道をまっすぐ行ったら突き当たりを右に曲がります。

突く つ	彼はいつも私の弱点を突くようなことを言う。 かれ　　　　わたし　じゃくてん　つ　　　　　　　い
찌르다	그는 늘 나의 약점을 찌르는 듯한 말을 한다.
突く	彼はいつも私の弱点を突くようなことを言う。

漬ける つ	ワインを漬けるためにぶどうをきれいに洗った。 あら
담그다/절이다	와인을 담그기 위해 포도를 깨끗하게 씻었다.
漬ける	ワインを漬けるためにぶどうをきれいに洗った。

突っ込む つ　こ	自動車が突っ込む急発進事故が起きました。 じ どうしゃ　つ　こ　きゅうはっしんじ こ　お
돌진하다	자동차가 돌진하는 급발진 사고가 일어났습니다.
突っ込む	自動車が突っ込む急発進事故が起きました。

道 길 | まっすぐ 곧장/똑바로/쭉 곧음 | 弱点 약점 | ワイン 와인/포도주 | ぶどう 포도
じゃくてん
| 急発進 급발진 | 事故 사고
きゅうはっしん　　　じ こ

326

[N2 동사] た행 단어 쓰기 03

✎ 문장으로 단어를 익히고 손으로 직접 써보세요

つと 努める	新製品の開発研究に努めています。
힘쓰다/노력하다	신제품 개발 연구에 힘쓰고 있습니다.
努める	新製品の開発研究に努めています。

つな 繋がる	飲酒運転は交通事故に繋がる危険な行為だ。
이어지다/연결되다	음주 운전은 교통사고로 이어질 수 있는 위험한 행위다.
繋がる	飲酒運転は交通事故に繋がる危険な行為だ。

つな 繋ぐ	顧客から問い合わせがあり、担当者に電話を繋いだ。
매다/연결하다	고객으로부터 문의가 있어 담당자에게 전화를 연결했다.
繋ぐ	顧客から問い合わせがあり、担当者に電話を繋いだ。

つぶす	茹でたじゃがいもをつぶしてサラダを作りました。
으깨다/파산시키다	삶은 감자를 으깨서 샐러드를 만들었습니다.
つぶす	茹でたじゃがいもをつぶしてサラダを作りました。

新製品 신제품 | 開発 개발 | 研究 연구 | 飲酒運転 음주운전 | 交通事故 교통사고 | 危険 위험 | 行為 행위 | 顧客 고객/(단골)손님 | 問い合わせ 조회/문의 | 担当者 담당자 | 茹でる 데치다/삶다 | じゃがいも 감자 | サラダ 샐러드 | 作る 만들다

327

✏️ 문장으로 단어를 익히고 손으로 직접 써보세요

詰まる 꽉 차다/막히다	便器が詰まって水が流れない。 변기가 막혀서 물이 내려가지 않는다.
詰まる	便器が詰まって水が流れない。

詰める 채우다	箱の中にお菓子とジュースをいっぱい詰めた。 상자 안에 과자와 주스를 가득 채웠다.
詰める	箱の中にお菓子とジュースをいっぱい詰めた。

積もる 쌓이다/누적되다	一晩中降った雪がどっさりと積もっていた。 밤새 내린 눈이 소복이 쌓여 있었다.
積もる	一晩中降った雪がどっさりと積もっていた。

釣る 낚다/(낚시 도구로)잡다	ヒラメを釣りたかったが、ウミヘビが釣れた。 광어를 잡고 싶었는데 바다뱀이 잡혔다.
釣る	ヒラメを釣りたかったが、ウミヘビが釣れた。

便器 변기/요강 | 箱 상자 | お菓子 과자 | ジュース 주스 | 一晩中 밤새도록/밤새 |

ヒラメ 광어/넙치 | ウミヘビ 바다뱀

[N2 동사] た행 단어 쓰기 05

✏️ 문장으로 단어를 익히고 손으로 직접 써보세요

で き あ **出来上がる** 완성되다	さくひん で き あ てん じ よ てい 作品が出来上がったら展示する予定です。 작품이 완성되면 전시할 예정입니다.
出来上がる	作品が出来上がったら展示する予定です。

で むか **出迎える** 마중하다/나가서 맞다	で せんしゅ で むか グラウンドに出て選手たちを出迎えた。 그라운드에 나가서 선수들을 맞이했다.
出迎える	グラウンドに出て選手たちを出迎えた。

て **照らす** 비추다	うみ て つき あ うつく 海を照らす月明かりは美しかったです。 바다를 비추는 달빛은 아름다웠습니다.
照らす	海を照らす月明かりは美しかったです。

て **照る** 비치다	そと ひ て き も 外は日が照っていて気持ちがいい。 밖은 해가 비치고 있어서 기분이 좋다.
照る	外は日が照っていて気持ちがいい。

さくひん てん じ よ てい せんしゅ うみ つき あ
作品 작품 | 展示 전시 | 予定 예정 | 選手 선수 | 海 바다 | 月明かり 달빛

번호	단어	읽는 법	뜻	체크
1	通り過ぎる	とおりすぎる	지나치다	☐
2	溶かす	とかす	녹이다/풀다	☐
3	尖る	とがる	뾰족해지다	☐
4	退く	どく	물러나다/비키다	☐
5	溶け込む	とけこむ	용해하다/융화하다/녹아들다	☐
6	溶ける	とける	녹다/용해되다	☐
7	退ける	どける	치우다/물리치다	☐
8	届く	とどく	닿다/도착하다	☐
9	届ける	とどける	보내어 주다/배달하다	☐
10	整う	ととのう	정리되다/갖추어지다	☐
11	止まる	とどまる	머물다/멈추다	☐
12	怒鳴る	どなる	고함치다/꾸짖다/호통치다	☐
13	飛ばす	とばす	날리다	☐
14	飛び込む	とびこむ	뛰어들다	☐
15	飛び出す	こびだす	뛰어나오다/뛰어나가다	☐
16	捕らえる	とらえる	잡다/포착(파악)하다	☐
17	取り替える	とりかえる	갈다/교체하다/바꾸다	☐
18	取り消す	とりけす	취소하다	☐
19	取り出す	とりだす	꺼내다/빼내다	☐
20	採る	とる	뽑다/채취(수확)하다	☐

✏️ 문장으로 단어를 익히고 손으로 직접 써보세요

とお す **通り過ぎる**	ちか やっきょく し とお す 近くに薬局があることも知らずに通り過ぎた。
지나치다	근처에 약국이 있는 줄도 모르고 지나쳤다.
通り過ぎる	近くに薬局があることも知らずに通り過ぎた。

と **溶かす**	と ま で き あ バターを溶かし、ソースを混ぜれば出来上がります。
녹이다/풀다	버터를 녹이고, 소스를 섞으면 완성됩니다.
溶かす	バターを溶かし、ソースを混ぜれば出来上がります。

とが **尖る**	かがみ うつ わたし はなさき とが かん 鏡に映った私の鼻先が尖った感じだった。
뾰족해지다	거울에 비친 나의 코끝이 뾰족해진 느낌이었다.
尖る	鏡に映った私の鼻先が尖った感じだった。

ど **退く**	じゃま はし ほう ど 邪魔なので端の方に退いてほしい。
물러나다/비키다	방해되므로 가장자리로 물러나 주세요.
退く	邪魔なので端の方に退いてほしい。

やっきょく
薬局 약국 | **バター** 버터 | **ソース** 소스 | ま
混ぜる 넣어 섞다/혼합하다 | で き あ
出来上がる
완성되다 | かがみ
鏡 거울 | うつ
映る 반영하다/비치다 | はなさき
鼻先 코끝 | じゃま
邪魔 방해/방해가 되는 것

[N2 동사] た행 단어 쓰기 02

✎ 문장으로 단어를 익히고 손으로 직접 써보세요

溶け込む (と こ) 융화하다/녹아들다	チーズが溶け込んで、さらにおいしく感じられた。
	치즈가 녹아들어 더욱 맛있게 느껴졌다.
溶け込む	チーズが溶け込んで、さらにおいしく感じられた。

溶ける (と) 녹다/용해되다	チーズが口の中で溶けた。
	치즈가 입에서 녹았다.
溶ける	チーズが口の中で溶けた。

退ける (ど) 치우다/물리치다	机の上にあった本を退けた。
	책상 위에 있던 책을 치웠다.
退ける	机の上にあった本を退けた。

届く (とど) 닿다/도착하다	この郵便物は明日までに届くのでしょうか。
	이 우편물은 내일까지 도착할 수 있을까요?
届く	この郵便物は明日までに届くのでしょうか。

チーズ 치즈 | 郵便物 우편물

332

[N2 동사] た행 단어 쓰기 03

✎ 문장으로 단어를 익히고 손으로 직접 써보세요

とど **届ける**	かのじょ 彼女にプレゼントを届ける予定です。
보내어 주다/배달하다	그녀에게 선물을 보낼 예정입니다.
届ける	彼女にプレゼントを届ける予定です。

ととの **整う**	じゅんび ととの ひと かなら 準備が整った人には必ずチャンスがくる。
정리되다/갖추어지다	준비가 갖추어진 사람에게는 반드시 기회가 온다.
整う	準備が整った人には必ずチャンスがくる。

とど **留まる**	とうぶん こきょう とど 当分は故郷に留まることにしました。
머물다/멈추다	당분간은 고향에 머물기로 했습니다.
留まる	当分は故郷に留まることにしました。

ど な **怒鳴る**	かれ こうふん ぶ か ど な 彼は興奮して部下に怒鳴った。
꾸짖다/호통치다	그는 흥분하며 부하에게 호통을 쳤다.
怒鳴る	彼は興奮して部下に怒鳴った。

よてい じゅんび かなら とうぶん
予定 예정 | **準備** 준비 | **必ず** 반드시/꼭 | **チャンス** 찬스/기회 | **当分** 당분간/잠시 동안
こきょう こうふん ぶ か
| **故郷** 고향 | **興奮** 흥분 | **部下** 부하

[N2 동사] た행 단어 쓰기 04

✎ 문장으로 단어를 익히고 손으로 직접 써보세요

<ruby>飛<rt>と</rt></ruby>ばす	<ruby>作<rt>つく</rt></ruby>った<ruby>模型<rt>も けい</rt></ruby><ruby>飛行機<rt>ひ こう き</rt></ruby>を<ruby>空<rt>そら</rt></ruby>に<ruby>飛<rt>と</rt></ruby>ばした。
날리다	만든 모형 비행기를 하늘로 날렸다.
飛ばす	作った模型飛行機を空に飛ばした。

<ruby>飛<rt>と</rt></ruby>び<ruby>込<rt>こ</rt></ruby>む	<ruby>溺<rt>おぼ</rt></ruby>れた<ruby>友達<rt>ともだち</rt></ruby>を<ruby>見<rt>み</rt></ruby>つけて<ruby>水中<rt>すいちゅう</rt></ruby>に<ruby>飛<rt>と</rt></ruby>び<ruby>込<rt>こ</rt></ruby>んだ。
뛰어들다	물에 빠진 친구를 발견하고 물속으로 뛰어들었다.
飛び込む	溺れた友達を見つけて水中に飛び込んだ。

<ruby>飛<rt>と</rt></ruby>び<ruby>出<rt>だ</rt></ruby>す	<ruby>扉<rt>とびら</rt></ruby>を<ruby>開<rt>あ</rt></ruby>けたら<ruby>動物<rt>どうぶつ</rt></ruby>たちが<ruby>飛<rt>と</rt></ruby>び<ruby>出<rt>だ</rt></ruby>してきた。
뛰어나오다	문을 열자 동물들이 뛰어나왔다.
飛び出す	扉を開けたら動物たちが飛び出してきた。

<ruby>捕<rt>と</rt></ruby>らえる	<ruby>水<rt>みず</rt></ruby>の<ruby>上<rt>うえ</rt></ruby>に<ruby>上<rt>あ</rt></ruby>がってくる<ruby>魚<rt>さかな</rt></ruby>を<ruby>捕<rt>と</rt></ruby>らえた。
잡다/포착(파악)하다	물 위로 올라오는 물고기를 잡았다.
捕らえる	水の上に上がってくる魚を捕らえた。

<ruby>模型<rt>も けい</rt></ruby> 모형 | <ruby>飛行機<rt>ひ こう き</rt></ruby> 비행기 | <ruby>溺<rt>おぼ</rt></ruby>れる 빠지다/물에 빠지다/익사하다 | <ruby>見<rt>み</rt></ruby>つける 발견하다/
찾아내다 | <ruby>水中<rt>すいちゅう</rt></ruby> 수중 | <ruby>上<rt>あ</rt></ruby>がる 오르다/올라가다 | <ruby>魚<rt>さかな</rt></ruby> 물고기/생선

[N2 동사] た행 단어 쓰기 05

✏️ 문장으로 단어를 익히고 손으로 직접 써보세요

取り替える	部品は新しいものと取り替えることにしました。
갈다/교체하다/바꾸다	부품은 새것으로 교체하기로 했습니다.
取り替える	部品は新しいものと取り替えることにしました。

取り消す	突然すべての日程を取り消して旅に出ました。
취소하다	갑자기 모든 일정을 취소하고 여행을 떠났습니다.
取り消す	突然すべての日程を取り消して旅に出ました。

取り出す	コートを取り出して着て、ヒールの高い靴を履きました。
꺼내다/빼내다	코트를 꺼내 입고 굽이 높은 구두를 신었습니다.
取り出す	コートを取り出して着て、ヒールの高い靴を履きました。

採る	お祖母さんは野菜を採るために山に登った。
뽑다/채취(수확)하다	할머니는 채소를 캐기 위해 산에 올라가셨다.
採る	お祖母さんは野菜を採るために山に登った。

部品 부품 | 突然 돌연/갑자기 | すべて 모두/전부/일체/전체 | 日程 일정 | 旅 여행 |
コート 코트 | 着る (의류 등을)입다/몸에 걸치다 | 靴 구두/신/신발 | 履く (신발 등을)신다

335

번호	단어	읽는 법	뜻	체크
1	眺める	ながめる	바라보다/조망하다	☐
2	慰める	なぐさめる	위로하다	☐
3	無くす	なくす	잃어버리다/없애다	☐
4	亡くす	なくす	잃다/여의다/사별하다	☐
5	殴る	なぐる	때리다	☐
6	撫でる	なでる	쓰다듬다/어루만지다	☐
7	怠ける	なまける	게으름 피우다	☐
8	成る	なる	완성되다/이루어지다	☐
9	生る	なる	열매가 열리다/맺히다	☐
10	握る	にぎる	잡다/쥐다	☐
11	憎む	にくむ	미워하다/증오하다	☐
12	濁る	にごる	흐려지다/탁해지다	☐
13	濡らす	ぬらす	적시다	☐
14	濡れる	ぬれる	젖다	☐
15	狙う	ねらう	겨누다/겨냥하다	☐
16	覗く	のぞく	들여다보다/엿보다	☐
17	除く	のぞく	제외하다/빼다	☐
18	望む	のぞむ	바라다/원하다	☐
19	述べる	のべる	말하다/서술하다	☐
20	登る	のぼる	높은 곳에 오르다	☐

✏️ **문장으로 단어를 익히고 손으로 직접 써보세요**

なが **眺める**	まど そと なが 窓の外を眺めていると、ふとアイデアが浮かんだ。
바라보다/조망하다	창밖을 바라보다가 문득 아이디어가 떠올랐다.
眺める	窓の外を眺めていると、ふとアイデアが浮かんだ。

なぐさ **慰める**	かな しず ともだち なぐさ 悲しみに沈んでいる友達を慰めてあげた。
위로하다	슬픔에 잠겨 있는 친구를 위로해 주었다.
慰める	悲しみに沈んでいる友達を慰めてあげた。

な **無くす**	こうえん さいふ な 公園で財布を無くしました。
잃어버리다/없애다	공원에서 지갑을 잃어버렸습니다.
無くす	公園で財布を無くしました。

な **亡くす**	びょうき あい ともだち な 病気で愛する友達を亡くした。
잃다/여의다/사별하다	병으로 사랑하는 친구를 잃었다.
亡くす	病気で愛する友達を亡くした。

ふと 문득/뜻밖에 | アイデア 아이디어 | 浮かぶ^う 뜨다/떠오르다 | 悲しみ^{かな} 슬픔 | 沈む^{しず} 가라앉다/잠기다 | 財布^{さいふ} 지갑 | 病気^{びょうき} 병/질병 | 愛^{あい} 사랑

[N2 동사] な행 단어 쓰기 02

✏️ 문장으로 단어를 익히고 손으로 직접 써보세요

なぐ **殴る** 때리다	**おとうと なぐ はは しか** 弟を殴ったと母に叱られた。 (남)동생을 때렸다고 어머니께 야단맞았다.
殴る	弟を殴ったと母に叱られた。

な **撫でる** 쓰다듬다/어루만지다	**こども あたま な ねむ** 子供の頭を撫でてあげると、すぐに眠りにつきます。 아이의 머리를 쓰다듬어 주면 금세 잠이 듭니다.
撫でる	子供の頭を撫でてあげると、すぐに眠りにつきます。

なま **怠ける** 게으름 피우다	**あに なま** 兄はゲームばかりして怠けています。 형은 게임만 하고 게으릅니다.
怠ける	兄はゲームばかりして怠けています。

な **成る** 완성되다/이루어지다	**さんかくけい みっ へん みっ ちょうてん な ずけい** 三角形は三つの辺と三つの頂点から成る図形です。 삼각형은 세 개의 변과 세 개의 꼭짓점으로 이루어진 도형입니다.
成る	三角形は三つの辺と三つの頂点から成る図形です。

しか あたま さんかくけい ちょうてん ずけい
叱る 꾸짖다/야단치다 | 頭 머리 | ゲーム 게임 | 三角形 삼각형 | 頂点 꼭짓점 | 図形

도형

[N2 동사] な행 단어 쓰기 03

✏️ 문장으로 단어를 익히고 손으로 직접 써보세요

な 生る	はな お ところ み な 花が落ちた所に実が生った。
열매가 열리다/맺히다	꽃이 떨어진 자리에 열매가 열렸다.
生る	花が落ちた所に実が生った。

にぎ 握る	こども ははおや て にぎ ある 子供は母親の手を握って歩いている。
잡다/쥐다	아이는 엄마의 손을 잡고 걷고 있다.
握る	子供は母親の手を握って歩いている。

にく 憎む	ひと りゆう にく 人を理由もなく憎んではいけない。
미워하다/증오하다	사람을 이유도 없이 미워해서는 안 된다.
憎む	人を理由もなく憎んではいけない。

にご 濁る	くうき にご まど あ 空気が濁ると、窓を開けた。
흐려지다/탁해지다	공기가 탁해지자 창문을 열었다.
濁る	空気が濁ると、窓を開けた。

お
落ちる 떨어지다 | ところ
所 곳/장소 | み
実 열매 | ははおや
母親 모친/어머니 | て
手 손 | ある
歩く 걷다/산책하다
| りゆう
理由 이유 | くうき
空気 공기 | まど
窓 창/창문 | あ
開ける (문·덮개 등을)열다

[N2 동사] な행 단어 쓰기 04

✏️ 문장으로 단어를 익히고 손으로 직접 써보세요

ぬ **濡らす**	タオルを水で濡らして顔を拭いた。
적시다	수건을 물에 적셔 얼굴을 닦았다.
濡らす	タオルを水で濡らして顔を拭いた。

ぬ **濡れる**	雨に濡れた宅配ダンボールが破れてしまった。
젖다	비에 젖은 택배상자가 찢어지고 말았다.
濡れる	雨に濡れた宅配ダンボールが破れてしまった。

ねら **狙う**	グローバル市場を狙って新製品を準備しています。
겨누다/겨냥하다	글로벌 시장을 겨냥해 신제품을 준비하고 있습니다.
狙う	グローバル市場を狙って新製品を準備しています。

のぞ **覗く**	戸のすき間から覗いている。
들여다보다/엿보다	문틈으로 들여다보고 있다.
覗く	戸のすき間から覗いている。

タオル 타월/수건 | 顔 얼굴 | 拭く 닦다/훔치다 | 宅配 택배 | 破れる 찢어지다/터지다/뚫어지다/깨지다 | グローバル 글로벌 | 市場 시장/장 | 新製品 신제품 | 準備 준비 | 戸 문/문짝 | すき間 틈/빈틈

340

✎ 문장으로 단어를 익히고 손으로 직접 써보세요

<ruby>除<rt>のぞ</rt></ruby>く	<ruby>負傷者<rt>ふ しょうしゃ</rt></ruby>を<ruby>除<rt>のぞ</rt></ruby>いて<ruby>全員<rt>ぜんいん</rt></ruby>が<ruby>大会<rt>たいかい</rt></ruby>に<ruby>参加<rt>さんか</rt></ruby>する。
제외하다/빼다	부상자를 제외하고 전원이 대회에 참가한다.
除く	負傷者を除いて全員が大会に参加する。

<ruby>望<rt>のぞ</rt></ruby>む	<ruby>彼<rt>かれ</rt></ruby>がまた<ruby>戻<rt>もど</rt></ruby>ってくることを<ruby>望<rt>のぞ</rt></ruby>んでいる。
바라다/원하다	그가 다시 돌아오기를 바라고 있다.
望む	彼がまた戻ってくることを望んでいる。

<ruby>述<rt>の</rt></ruby>べる	<ruby>物静<rt>ものしず</rt></ruby>かに<ruby>考<rt>かんが</rt></ruby>えを<ruby>述<rt>の</rt></ruby>べる。
말하다/서술하다	침착하게 생각을 말하다.
述べる	物静かに考えを述べる。

<ruby>登<rt>のぼ</rt></ruby>る	<ruby>週末<rt>しゅうまつ</rt></ruby>には<ruby>友達<rt>ともだち</rt></ruby>と<ruby>富士山<rt>ふ じ さん</rt></ruby>に<ruby>登<rt>のぼ</rt></ruby>ることにしました。
높은 곳에 오르다	주말에는 친구와 후지산에 오르기로 했습니다.
登る	週末には友達と富士山に登ることにしました。

<ruby>負傷者<rt>ふ しょうしゃ</rt></ruby> 부상자 | <ruby>全員<rt>ぜんいん</rt></ruby> 전원 | <ruby>大会<rt>たいかい</rt></ruby> 대회 | <ruby>参加<rt>さんか</rt></ruby> 참가 | <ruby>戻<rt>もど</rt></ruby>る 되돌아가다/되돌아오다 | <ruby>物静<rt>ものしず</rt></ruby>か (언행이)차분함/침착함 | <ruby>考<rt>かんが</rt></ruby>え 생각 | <ruby>週末<rt>しゅうまつ</rt></ruby> 주말 | <ruby>富士山<rt>ふ じ さん</rt></ruby> 후지산(일본에서 가장 높은 산)

번호	단어	읽는 법	뜻	체크
1	這う	はう	기다	☐
2	生える	はえる	자라다	☐
3	剥がす	はがす	벗기다/떼다	☐
4	測る	はかる	재다/측정하다	☐
5	吐く	はく	토하다	☐
6	掃く	はく	쓸다	☐
7	挟まる	はさまる	끼이다	☐
8	挟む	はさむ	끼우다	☐
9	離す	はなす	풀다/떼다/놓다	☐
10	放す	はなす	놓다/놓아주다	☐
11	跳ねる	はねる	뛰다/뛰어오르다/튀다	☐
12	省く	はぶく	생략하다	☐
13	流行る	はやる	유행하다	☐
14	払い戻す	はらいもどす	환불하다	☐
15	貼る	はる	붙이다	☐
16	反する	はんする	반하다/위배되다	☐
17	引き受ける	ひきうける	떠맡다	☐
18	引き返す	ひきかえす	되돌아가다/되돌리다	☐
19	引き止める	ひきとめる	만류하다/말리다	☐
20	弾く	ひく	연주하다	☐

✎ **문장으로 단어를 익히고 손으로 직접 써보세요**

は **這う** 기다	土^{つち}の上^{うえ}を這^はうミミズを見^みつけました。 땅 위를 기어가는 지렁이를 발견했습니다.
這う	土の上を這うミミズを見つけました。

は **生える** 자라다	公園^{こうえん}の片隅^{かたすみ}には雑草^{ざっそう}がたくさん生^はえていた。 공원 한쪽에는 잡초가 많이 자라 있었다.
生える	公園の片隅には雑草がたくさん生えていた。

は **剥がす** 벗기다/떼다	ごちゃごちゃに貼^はってあるステッカーを剥^はがす。 너저분하게 붙어있는 스티커를 떼어내다.
剥がす	ごちゃごちゃに貼ってあるステッカーを剥がす。

はか **測る** 재다/측정하다	子供^{こども}の額^{ひたい}を触^{さわ}ってみて体温計^{たいおんけい}で体温^{たいおん}を測^{はか}った。 아이의 이마를 만져보고 체온계로 체온을 쟀다.
測る	子供の額を触ってみて体温計で体温を測った。

ミミズ 지렁이 | 見^みつける 찾아내다/발견하다 | 公園^{こうえん} 공원 | 片隅^{かたすみ} 한쪽/한쪽구석 | 雑草^{ざっそう}
잡초 | ごちゃごちゃ 어수선하게/너저분하게 | 貼^はる 붙이다 | ステッカー 스티커 | 額^{ひたい}
이마 | 触^{さわ}る 손으로 만지다 | 体温計^{たいおんけい} 체온계 | 体温^{たいおん} 체온

✏️ **문장으로 단어를 익히고 손으로 직접 써보세요**

は **吐く**	しょくちゅうどく　　　　た　　もの　　ぜんぶ　は 食中毒になって食べた物を全部吐いた。
토하다	식중독에 걸려서 먹은 음식을 전부 토했다.
吐く	食中毒になって食べた物を全部吐いた。

は **掃く**	きょうしつ　ゆか　　　　　　　は 教室の床をきれいに掃いた。
쓸다	교실 바닥을 깨끗하게 쓸었다.
掃く	教室の床をきれいに掃いた。

はさ **挟まる**	すそ　と　　　　　ま　はさ 裾が戸のすき間に挟まりました。
끼이다	옷자락이 문틈에 끼었습니다.
挟まる	裾が戸のすき間に挟まりました。

はさ **挟む**	ともだち　　　　　　て　がみ　ほん　あいだ　はさ 友達からもらった手紙を本の間に挟んでおいた。
끼우다	친구에게 받은 편지를 책 사이에 끼워 두었다.
挟む	友達からもらった手紙を本の間に挟んでおいた。

しょくちゅうどく　　　　　　ぜん ぶ　　　　　　　　　　　きょうしつ　　　　　　ゆか　　　　　　　すそ　　　　　　　と
食中毒 식중독 | 全部 전부/모두/전체 | 教室 교실 | 床 바닥/마루 | 裾 옷단/옷자락 | 戸
　　　　　　　　　　　　ま　　　　　　　　　　　　　て がみ
문/문짝 | すき間 틈/빈틈 | 手紙 편지 | おく 놓다/두다

[N2 동사] は행 단어 쓰기 03

✏️ 문장으로 단어를 익히고 손으로 직접 써보세요

はな **離す**	ほんだな かべ すこ はな お 本棚を壁から少し離して置く。
풀다/떼다/놓다	책장을 벽에서 조금 떼어놓다.
離す	本棚を壁から少し離して置く。

はな **放す**	いちにちじゅう つ さかな ぜん ぶ はな 一日中釣った魚を全部放してやった。
놓다/놓아주다	하루 종일 잡은 물고기를 전부 놓아주었다.
放す	一日中釣った魚を全部放してやった。

は **跳ねる**	あたら か どろみず は 新しく買ったコートに泥水が跳ねた。
뛰다/뛰어오르다/튀다	새로 산 코트에 흙탕물이 튀었다.
跳ねる	新しく買ったコートに泥水が跳ねた。

はぶ **省く**	ふ よう ないよう はぶ 不要な内容は省きましょう。
생략하다	불필요한 내용은 생략합시다.
省く	不要な内容は省きましょう。

ほんだな かべ つ ぜん ぶ どろみず ふ よう
本棚 책장 | **壁** 벽 | **釣る** 잡다/낚다 | **全部** 전부/모두/전체 | **泥水** 흙탕물 | **不要** 불요/불
ないよう
필요 | **内容** 내용

345

[N2 동사] は행 단어 쓰기 04

✏️ 문장으로 단어를 익히고 손으로 직접 써보세요

流行る はや 유행하다	最近流行っているデザインを選んでください。 さいきん はや えら 요즘 유행하는 디자인으로 골라주세요.
流行る	最近流行っているデザインを選んでください。

払い戻す はら もど 환불하다	キャンセルされた公演の入場料を払い戻す。 こうえん にゅうじょうりょう はら もど 취소된 공연의 입장료를 환불하다.
払い戻す	キャンセルされた公演の入場料を払い戻す。

貼る は 붙이다	子供たちはステッカーを貼って遊んでいます。 こども は あそ 아이들은 스티커를 붙이며 놀고 있습니다.
貼る	子供たちはステッカーを貼って遊んでいます。

反する はん 반하다/위배되다	大会規定に反する行為をすると失格処理される。 たいかい きてい はん こうい しっかくしょり 대회 규정에 반하는 행위를 하면 실격 처리된다.
反する	大会規定に反する行為をすると失格処理される。

最近 さいきん 최근/현재에서 가장 가까운 과거 | デザイン 디자인 | 選ぶ えら 고르다/택하다 | キャン
セル 캔슬/취소/해약 | 公演 こうえん 공연 | 入場料 にゅうじょうりょう 입장료 | ステッカー 스티커 | 遊ぶ あそ 놀다 |
大会 たいかい 대회 | 規定 きてい 규정 | 行為 こうい 행위 | 失格 しっかく 실격 | 処理 しょり 처리

346

✏️ 문장으로 단어를 익히고 손으로 직접 써보세요

引き受ける ひ う 떠맡다	会社で大変な仕事を引き受けることになった。 かいしゃ たいへん しごと ひ う 회사에서 힘든 일을 떠맡게 되었다.
引き受ける	会社で大変な仕事を引き受けることになった。

引き返す ひ かえ 되돌아가다/되돌리다	来た道をまた引き返すことになった。 き みち ひ かえ 왔던 길을 다시 되돌아가게 되었다.
引き返す	来た道をまた引き返すことになった。

引き止める ひ と 만류하다/말리다	引き止めることだけが良い方法ではありません。 ひ と よ ほうほう 만류하는 것만이 좋은 방법은 아닙니다.
引き止める	引き止めることだけが良い方法ではありません。

弾く ひ 연주하다	彼女がピアノを弾くときが一番美しかったです。 かのじょ ひ いちばんうつく 그녀가 피아노를 연주할 때가 가장 아름다웠어요.
弾く	彼女がピアノを弾くときが一番美しかったです。

仕事 일 | 道 길/도로 | 方法 방법 | ピアノ 피아노 | 一番 가장/제일/첫째
しごと　　みち　　　　　　ほうほう　　　　　　　　　　　　　　いちばん

56일차 단어 미리 보기 알고 있는 단어를 체크해 보세요

번호	단어	읽는 법	뜻	체크
1	引っ掛ける	ひっかける	걸다/걸려들게 하다	☐
2	引っくり返す	ひっくりかえす	뒤집다	☐
3	引っくり返る	ひっくりかえる	뒤집히다	☐
4	引っ越す	ひっこす	이사하다	☐
5	引っ張る	ひっぱる	(잡아)끌다/잡아당기다	☐
6	ひねる	ひねる	비틀다/돌리다/뒤틀다	☐
7	響く	ひびく	울리다	☐
8	冷やす	ひやす	식히다/차게 하다	☐
9	広める	ひろめる	넓히다/널리 알리다	☐
10	深まる	ふかまる	깊어지다	☐
11	含む	ふくむ	포함하다/함유하다	☐
12	膨らます	ふくらます	부풀게 하다	☐
13	膨らむ	ふくらむ	부풀어 오르다	☐
14	更ける	ふける	깊어지다/이슥해지다	☐
15	防ぐ	ふせぐ	막다/방지하다	☐
16	振り向く	ふりむく	뒤돌아보다	☐
17	振る	ふる	흔들다	☐
18	振る舞う	ふるまう	행동하다	☐
19	吠える	ほえる	짖다	☐
20	掘る	ほる	파다	☐

✏️ **문장으로 단어를 익히고 손으로 직접 써보세요**

<ruby>引<rt>ひ</rt></ruby>っ<ruby>掛<rt>か</rt></ruby>ける	<ruby>お気<rt>き</rt></ruby>に<ruby>入<rt>い</rt></ruby>りの<ruby>絵<rt>え</rt></ruby>を<ruby>壁<rt>かべ</rt></ruby>に<ruby>引<rt>ひ</rt></ruby>っ<ruby>掛<rt>か</rt></ruby>けた。
걸다/걸려들게 하다	마음에 드는 그림을 벽에 걸었다.
引っ掛ける	お気に入りの絵を壁に引っ掛けた。

<ruby>引<rt>ひ</rt></ruby>っくり<ruby>返<rt>かえ</rt></ruby>す	<ruby>赤<rt>あか</rt></ruby>ちゃんが<ruby>初<rt>はじ</rt></ruby>めて<ruby>体<rt>からだ</rt></ruby>を<ruby>引<rt>ひ</rt></ruby>っくり<ruby>返<rt>かえ</rt></ruby>しました。
뒤집다	아기가 처음으로 몸을 뒤집었습니다.
引っくり返す	赤ちゃんが初めて体を引っくり返しました。

<ruby>引<rt>ひ</rt></ruby>っくり<ruby>返<rt>かえ</rt></ruby>る	<ruby>暴風雨<rt>ぼうふうう</rt></ruby>によって<ruby>船<rt>ふね</rt></ruby>が<ruby>引<rt>ひ</rt></ruby>っくり<ruby>返<rt>かえ</rt></ruby>った。
뒤집히다	폭풍우로 인해 배가 뒤집혔다.
引っくり返る	暴風雨によって船が引っくり返った。

<ruby>引<rt>ひ</rt></ruby>っ<ruby>越<rt>こ</rt></ruby>す	<ruby>来月<rt>らいげつ</rt></ruby><ruby>引<rt>ひ</rt></ruby>っ<ruby>越<rt>こ</rt></ruby>すことになりました。
이사하다	다음 달에 이사하게 되었습니다.
引っ越す	来月引っ越すことになりました。

<ruby>お気<rt>き</rt></ruby>に<ruby>入<rt>い</rt></ruby>り 마음에 듦 | <ruby>絵<rt>え</rt></ruby> 그림 | <ruby>壁<rt>かべ</rt></ruby> 벽 | <ruby>体<rt>からだ</rt></ruby> 몸 | <ruby>暴風雨<rt>ぼうふうう</rt></ruby> 폭풍우 | <ruby>船<rt>ふね</rt></ruby> 배/선박 | <ruby>来月<rt>らいげつ</rt></ruby>
내월/내달/다음 달

[N2 동사] は행 단어 쓰기 02

✏️ 문장으로 단어를 익히고 손으로 직접 써보세요

ひ ぱ **引っ張る**	アイスクリームを買ってくれと母親の手を引っ張った。
(잡아)끌다/잡아당기다	아이스크림을 사 달라며 엄마의 손을 잡아당겼다.
引っ張る	アイスクリームを買ってくれと母親の手を引っ張った。

ひねる	全身をひねりながらする運動です。
비틀다/돌리다/뒤틀다	온몸을 비틀면서 하는 운동입니다.
ひねる	全身をひねりながらする運動です。

ひび **響く**	家具がないせいか話し声が響く。
울리다	가구가 없어서 그런지 말소리가 울린다.
響く	家具がないせいか話し声が響く。

ひ **冷やす**	ビールは冷蔵庫に入れておいて冷やして飲む。
식히다/차게 하다	맥주는 냉장고에 넣어 두었다가 차게 해서 마신다.
冷やす	ビールは冷蔵庫に入れておいて冷やして飲む。

ぜんしん
全身 전신/온몸 | うんどう
運動 운동 | かぐ
家具 가구 | はな ごえ
話し声 말소리 | **ビール** 맥주 | れいぞうこ
冷蔵庫 냉장고

✏️ **문장으로 단어를 익히고 손으로 직접 써보세요**

ひろ **広める**	りょこう どくしょ わか ころ けんぶん ひろ 旅行や読書で若い頃から見聞を広めることができた。
넓히다/널리 알리다	여행이나 독서로 젊었을 때부터 견문을 넓힐 수 있었다.
広める	旅行や読書で若い頃から見聞を広めることができた。

ふか **深まる**	ともだち あいだ ごかい しょう みぞ ふか 友達との間で誤解が生じてから溝が深まるばかりだ。
깊어지다	친구들과의 사이에 오해가 생기고 나서 골이 깊어졌다.
深まる	友達との間で誤解が生じてから溝が深まるばかりだ。

ふく **含む**	け しょうひん せいぶん ふく この化粧品にはビタミン成分が含まれています。
포함하다/함유하다	이 화장품에는 비타민 성분이 함유되어 있습니다.
含む	この化粧品にはビタミン成分が含まれています。

ふく **膨らます**	ふくろ ふうせん ふく ビニール袋を風船のように膨らませることができる。
부풀게 하다	비닐봉지를 풍선처럼 부풀게 할 수 있다.
膨らます	ビニール袋を風船のように膨らませることができる。

りょこう
旅行 여행 | どくしょ
読書 독서 | けんぶん
見聞 견문 | ごかい
誤解 오해 | けしょうひん
化粧品 화장품 | ビタミン 비타민 |

せいぶん
成分 성분 | ふうせん
風船 풍선

✏️ 문장으로 단어를 익히고 손으로 직접 써보세요

ふく **膨らむ**	ふく ふうせん 膨らんだ風船にリボンをつけた。
부풀어 오르다	부풀어 오른 풍선에 리본을 달았다.
膨らむ	膨らんだ風船にリボンをつけた。

ふ **更ける**	よる ふ かんが おお 夜が更けると考えることが多くなる。
깊어지다/이슥해지다	밤이 깊어지면 생각이 많아진다.
更ける	夜が更けると考えることが多くなる。

ふせ **防ぐ**	がっぺいしょう ふせ いし そうだん 合併症を防ぐために医師に相談しました。
막다/방지하다	합병증을 방지하기 위해 의사와 상담했습니다.
防ぐ	合併症を防ぐために医師に相談しました。

ふ む **振り向く**	かれ おおごえ よ ふ む 彼を大声で呼んでみたが振り向きもしない。
뒤돌아보다	그를 큰 소리로 불러 보았지만 뒤돌아보지도 않는다.
振り向く	彼を大声で呼んでみたが振り向きもしない。

ふうせん
風船 풍선 | つける 붙이다/부착시키다/달다 | よる
夜 밤 | かんが
考え 생각 | がっぺいしょう
合併症 합병증 | いし
医師
의사 | そうだん
相談 상담 | おおごえ
大声 대성/큰소리

[N2 동사] は행 단어 쓰기 05

✎ 문장으로 단어를 익히고 손으로 직접 써보세요

振る 흔들다	子犬がしっぽを振って走ってくる。 강아지가 꼬리를 흔들며 달려온다.
振る	子犬がしっぽを振って走ってくる。

振る舞う 행동하다	彼は危険な状況でも落ち着いて振る舞った。 그는 위험한 상황에서도 침착하게 행동했다.
振る舞う	彼は危険な状況でも落ち着いて振る舞った。

吠える 짖다	庭で犬が吠えています。 마당에서 개가 짖고 있습니다.
吠える	庭で犬が吠えています。

掘る 파다	フェネックは土を掘る習性があるという。 사막여우는 땅을 파는 습성이 있다고 한다.
掘る	フェネックは土を掘る習性があるという。

子犬 강아지 | しっぽ 꼬리 | 危険 위험 | 状況 상황 | 庭 마당/정원 | フェネック 사막여우 | 習性 습성

353

번호	단어	읽는 법	뜻	체크
1	巻く	まく	말다/감다	☐
2	まく	まく	뿌리다	☐
3	曲げる	まげる	구부리다	☐
4	混ざる	まざる	섞이다	☐
5	混じる	まじる	섞이다	☐
6	混ぜる	まぜる	섞다/혼합하다	☐
7	跨ぐ	またぐ	가랑이를 벌리고 넘다	☐
8	まとめる	まとめる	모으다/정리하다	☐
9	真似る	まねる	흉내 내다	☐
10	見上げる	みあげる	올려다 보다	☐
11	見送る	みおくる	배웅하다	☐
12	見下ろす	みおろす	내려다 보다	☐
13	満ちる	みちる	그득 차다/넘치다	☐
14	見つかる	みつかる	발견되다	☐
15	見つける	みつける	발견하다	☐
16	見つめる	みつめる	바라보다/응시하다	☐
17	見直す	みなおす	재검토하다/다시 보다	☐
18	見慣れる	みなれる	낯익다	☐
19	実る	みのる	열매(결실)를 맺다	☐
20	診る	みる	진찰하다	☐

1140/1500

✎ 문장으로 단어를 익히고 손으로 직접 써보세요

巻く 말다/감다	傷口に包帯を巻いて家に帰った。 상처 부위에 붕대를 감고 집으로 돌아왔다.
巻く	傷口に包帯を巻いて家に帰った。

まく 뿌리다	春になると庭に花の種をまきます。 봄이 되면 정원에 꽃씨를 뿌립니다.
まく	春になると庭に花の種をまきます。

曲げる 구부리다	腰を曲げるときに痛みがあります。 허리를 구부릴 때 통증이 있습니다.
曲げる	腰を曲げるときに痛みがあります。

混ざる 섞이다	水と油は混ざりません。 물과 기름은 섞이지 않습니다.
混ざる	水と油は混ざりません。

傷口 상처(입은)자리 | 包帯 붕대 | 庭 마당/정원 | 種 심다/종자/씨 | 腰 허리 | 痛み 아픔/통증 | 油 기름

✎ 문장으로 단어를 익히고 손으로 직접 써보세요

ま **混じる**	あめ こう さ ま ふ 雨に黄砂が混じって降ることもあります。
섞이다	비에 황사가 섞여 내리기도 합니다.
混じる	雨に黄砂が混じって降ることもあります。

ま **混ぜる**	さい ご さ とう い ま 最後に砂糖を入れてよく混ぜてください。
섞다/혼합하다	마지막으로 설탕을 넣고 잘 섞어주세요.
混ぜる	最後に砂糖を入れてよく混ぜてください。

また **跨ぐ**	と さく また と い ボールが飛んでしまって柵を跨いで取りに行った。
가랑이를 벌리고 넘다	공이 날아가 버려서 울타리를 넘어 가지러 갔다.
跨ぐ	ボールが飛んでしまって柵を跨いで取りに行った。

まとめる	ろんぶん さんこう し りょう 論文の参考資料をまとめてみた。
모으다/정리하다	논문에 참고할 자료를 정리해 보았다.
まとめる	論文の参考資料をまとめてみた。

こう さ さい ご さ とう と
黄砂 황사/누런 모래 | **最後** 최후/마지막 | **砂糖** 설탕 | **飛ぶ** 날다/날아가다/날아오다 |
さく ろんぶん さんこう し りょう
柵 울짱/울타리 | **論文** 논문 | **参考** 참고 | **資料** 자료

✏️ **문장으로 단어를 익히고 손으로 직접 써보세요**

まね **真似る** 흉내 내다	おとうと ときどき 弟は時々、とんでもない動物の鳴き声を真似る。 동생은 가끔 엉뚱하게 동물 울음소리를 흉내 낸다.
真似る	弟は時々、とんでもない動物の鳴き声を真似る。

みあ **見上げる** 올려다 보다	ほし よぞら みあ こころ やす 星がきらめく夜空を見上げると、心が安らかになる。 별이 반짝이는 밤하늘을 올려다보면 마음이 편안해진다.
見上げる	星がきらめく夜空を見上げると、心が安らかになる。

みおく **見送る** 배웅하다	きゃくさま かえ とき みおく れいぎ おも お客様が帰られる時に見送るのは礼儀だと思う。 손님이 가실 때 배웅하는 것은 예의라고 생각한다.
見送る	お客様が帰られる時に見送るのは礼儀だと思う。

みお **見下ろす** 내려다보다	さんちょう みお きも 山頂から見下ろすと気持ちがよかった。 산꼭대기에서 내려다보니 기분이 좋았다.
見下ろす	山頂から見下ろすと気持ちがよかった。

どうぶつ
動物 동물 | なごえ
鳴き声 (새·벌레·짐승 등의)울음소리 | きらめく 빛나다/번쩍이다 | よぞら
夜空
밤하늘 | きゃくさま
お客様 손님/고객 | れいぎ
礼儀 예의 | さんちょう
山頂 산꼭대기/정상

[N2 동사] ま행 단어 쓰기 04

✏️ 문장으로 단어를 익히고 손으로 직접 써보세요

満ちる み	彼の自信に満ちた姿に惚れた。 かれ じしん み すがた ほ
그득 차다/넘치다	그의 자신감 넘치는 모습에 반했다.
満ちる	彼の自信に満ちた姿に惚れた。

見つかる み	人通りの少ない山で遺体が見つかった。 ひとどお すく やま いたい み
발견되다	인적이 드문 산에서 시신이 발견되었다.
見つかる	人通りの少ない山で遺体が見つかった。

見つける み	捨て犬を見つけて動物保護施設に連絡した。 す いぬ み どうぶつほごしせつ れんらく
발견하다	유기견을 발견하고 동물보호시설에 연락했다.
見つける	捨て犬を見つけて動物保護施設に連絡した。

見つめる み	彼は私の目を見つめながら本気で言った。 かれ わたし め み ほんき い
바라보다/응시하다	그는 내 눈을 바라보며 진심으로 말했다.
見つめる	彼は私の目を見つめながら本気で言った。

自信 자신(감) | **惚れる** (이성에게)반하다 | **人通り** 사람의 왕래 | **遺体** 시체 | **捨て犬**
じしん ほ ひとどお いたい す いぬ

유기견/(주인에게)버려진 개 | **連絡** 연락 | **本気** 본마음/진심
れんらく ほんき

358

✏️ 문장으로 단어를 익히고 손으로 직접 써보세요

見直す みなお 재검토하다/다시 보다	安全管理マニュアルを原点から見直す。 あんぜんかんり　　　　げんてん　　みなお 안전관리 매뉴얼을 원점에서 재검토한다.
見直す	安全管理マニュアルを原点から見直す。

見慣れる みな 낯익다	窓の外は見慣れた景色が広がっている。 まど　そと　みな　　　けしき　ひろ 창밖은 낯익은 풍경이 펼쳐져 있다.
見慣れる	窓の外は見慣れた景色が広がっている。

実る みの 열매(결실)를 맺다	花が落ち、桃が実った。 はな　お　　もも　みの 꽃이 떨어지고, 복숭아가 열렸다.
実る	花が落ち、桃が実った。

診る み 진찰하다	頭が痛くてお医者さんに診てもらいたいです。 あたま　いた　　　いしゃ　　　み 머리가 아파서 의사에게 진찰을 받고 싶습니다.
診る	頭が痛くてお医者さんに診てもらいたいです。

管理 관리 | マニュアル 매뉴얼 | 原点 원점 | 景色 경치/풍경 | 桃 복숭아 | 医者 의사
かんり　　　　　　　　　　　　　げんてん　　　けしき　　　　　　もも　　　　いしゃ

58일차 단어 미리 보기 알고 있는 단어를 체크해 보세요

번호	단어	읽는 법	뜻	체크
1	剥く	むく	벗기다	☐
2	蒸す	むす	찌다	☐
3	結ぶ	むすぶ	맺다/잇다/묶다	☐
4	命じる·ずる	めいじる·ずる	명하다/명령하다	☐
5	恵まれる	めぐまれる	타고나다/혜택 받다	☐
6	巡る	めぐる	돌다/둘러싸다	☐
7	目指す	めざす	목표로 하다	☐
8	目立つ	めだつ	눈에 띄다	☐
9	儲かる	もうかる	벌리다/벌이가 되다	☐
10	儲ける	もうける	벌다/이익을 보다	☐
11	燃える	もえる	타다	☐
12	潜る	もぐる	잠수하다/잠복하다	☐
13	もたれる	もたれる	기대다	☐
14	持ち上げる	もちあげる	들어 올리다/쳐들다	☐
15	用いる	もちいる	사용하다/이용하다	☐
16	基づく	もとづく	근거로 하다/의거하다	☐
17	物語る	ものがたる	말하다/이야기하다	☐
18	揉む	もむ	주무르다	☐
19	燃やす	もやす	태우다	☐
20	盛る	もる	쌓아 올리다/수북이 담다	☐

1160/1500

✎ 문장으로 단어를 익히고 손으로 직접 써보세요

む **剥く**	^{たま}玉ねぎの^{かわ}皮を^む剥いたら^{なみだ}涙が^で出ます。
벗기다	양파 껍질을 벗기면 눈물이 납니다.
剥く	玉ねぎの皮を剥いたら涙が出ます。

む **蒸す**	^{あさ}朝は^む蒸したじゃがいもを^た食べます。
찌다	아침에는 찐 감자를 먹습니다.
蒸す	朝は蒸したじゃがいもを食べます。

むす **結ぶ**	^{がいしゅつ}外出する^{まえ}前に^{かみ}髪をきれいに^{むす}結びました。
맺다/잇다/묶다	외출하기 전에 머리를 예쁘게 묶었습니다.
結ぶ	外出する前に髪をきれいに結びました。

めい **命じる·ずる**	^{ひ がい ほ しょう}被害補償を^{し きゅう}支給するように^{めい}命じた。
명하다/명령하다	피해보상을 지급하도록 명령했다.
命じる·ずる	被害補償を支給するように命じた。

^{たま}玉ねぎ 양파 | ^{かわ}皮 가죽/표면/껍질 | じゃがいも 감자 | ^{がいしゅつ}外出 외출 | ^{かみ}髪 머리털/머리카락
| ^{ひ がい}被害 피해 | ^{ほ しょう}補償 보상 | ^{し きゅう}支給 지급

[N2 동사] ま행 단어 쓰기 02

✏️ 문장으로 단어를 익히고 손으로 직접 써보세요

めぐ **恵まれる**	こ おんがく さいのう めぐ この子は音楽の才能に恵まれている。
타고나다/혜택 받다	이 아이는 음악적 재능을 타고났다.
恵まれる	この子は音楽の才能に恵まれている。

めぐ **巡る**	けいえいけん めぐ ふんそう つづ 経営権を巡る紛争が続いています。
돌다/둘러싸다	경영권을 둘러싼 분쟁이 계속되고 있습니다.
巡る	経営権を巡る紛争が続いています。

め ざ **目指す**	ゆうしょう め ざ いっしょうけんめい どりょく 優勝を目指して一生懸命努力した。
목표로 하다	우승을 목표로 열심히 노력했다.
目指す	優勝を目指して一生懸命努力した。

め だ **目立つ**	さいきん しらが め だ おお 最近になって白髪が目立って多くなった。
눈에 띄다	최근 들어 흰머리가 눈에 띄게 많아졌다.
目立つ	最近になって白髪が目立って多くなった。

さいのう けいえいけん ふんそう ゆうしょう いっしょうけんめい
才能 재능 | **経営権** 경영권 | **紛争** 분쟁 | **優勝** 우승 | **一生懸命** 매우 열심히 함
どりょく しら が
努力 노력 | **白髪** 백발/흰머리

✎ 문장으로 단어를 익히고 손으로 직접 써보세요

もう **儲かる**	いそが わり もう 忙しい割には儲からない。
벌리다/벌이가 되다	바쁜 것치고는 벌이가 시원찮다.
儲かる	忙しい割には儲からない。

もう **儲ける**	ふ どうさんとう し さ がく もう 不動産投資で差額を儲ける。
벌다/이익을 보다	부동산 투자로 차액을 벌다.
儲ける	不動産投資で差額を儲ける。

も **燃える**	も ぶんべつ す 燃えないゴミは分別して捨てなければなりません。
타다	타지 않는 쓰레기는 분리해서 버려야 합니다.
燃える	燃えないゴミは分別して捨てなければなりません。

もぐ **潜る**	もぐ とき ふ あん プールに潜る時にゴーグルがないと不安になる。
잠수하다/잠복하다	수영장에서 잠수할 때 고글이 없으면 불안해진다.
潜る	プールに潜る時にゴーグルがないと不安になる。

ふ どうさん　　　　　 とう し　　　　 さ がく　　　　　　　　　　　　　　　ぶんべつ　　　　 す
不動産 부동산 | 投資 투자 | 差額 차액 | ゴミ 쓰레기 | 分別 분별 | 捨てる 버리다 |

　　　　　　　　　　　　　　　　　　　　　 ふ あん
プール 풀/수영장 | ゴーグル 고글 | 不安 불안

✎ 문장으로 단어를 익히고 손으로 직접 써보세요

もたれる	ソファにもたれてテレビを見ました。
기대다	소파에 기대서 텔레비전을 봤습니다.
もたれる	ソファにもたれてテレビを見ました。

持ち上げる	重いかばんを片手で持ち上げた。
들어 올리다/쳐들다	무거운 가방을 한 손으로 들어 올렸다.
持ち上げる	重いかばんを片手で持ち上げた。

用いる	パワーポイントを用いて説明しました。
사용하다/이용하다	파워포인트를 이용하여 설명했습니다.
用いる	パワーポイントを用いて説明しました。

基づく	民法に基づいて行政処分等を行いました。
근거로 하다/의거하다	민법에 근거해 행정처분 등을 실시했습니다.
基づく	民法に基づいて行政処分等を行いました。

ソファ 소파 | 重い 무겁다/무게가 나가다 | 片手 한 손/(한 쌍을 이루는 것의)한 짝 | パワーポイント 파워포인트 | 説明 설명 | 民法 민법 | 行政 행정 | 処分 처분

[N2 동사] ま행 단어 쓰기 05

✎ 문장으로 단어를 익히고 손으로 직접 써보세요

ものがた **物語る** 말하다/이야기하다	じゅよう じったい ものがた しりょう 受容の実態を物語る資料です。 수용의 실태를 말해주는 자료입니다.
物語る	受容の実態を物語る資料です。

も **揉む** 주무르다	はは かた も よろこ 母の肩を揉んであげたら喜ばれた。 엄마의 어깨를 주물러 드렸더니 좋아하셨다.
揉む	母の肩を揉んであげたら喜ばれた。

も **燃やす** 태우다	も ここでゴミを燃やしてはいけません。 이곳에서 쓰레기를 태워서는 안됩니다.
燃やす	ここでゴミを燃やしてはいけません。

も **盛る** 수북이 담다	はん やまも も おばあちゃんはご飯を山盛りに盛ってくれた。 할머니는 밥을 수북이 담아 주셨다.
盛る	おばあちゃんはご飯を山盛りに盛ってくれた。

じゅよう　じったい　しりょう　かた　よろこ
受容 수용 | **実態** 실태 | **資料** 자료 | **肩** 어깨 | **喜ぶ** 즐거워하다/기뻐하다/좋아하다 |
やまも
ゴミ 쓰레기 | **山盛り** 고봉으로 담음

59일차 단어 미리 보기 알고 있는 단어를 체크해 보세요

번호	단어	읽는 법	뜻	체크
1	訳す	やくす	번역하다	☐
2	役立つ	やくだつ	도움이 되다	☐
3	雇う	やとう	고용하다	☐
4	破る	やぶる	깨다/찢다/깨뜨리다	☐
5	破れる	やぶれる	찢어지다/깨지다	☐
6	譲る	ゆずる	양보하다/물려주다	☐
7	茹でる	ゆでる	데치다/삶다	☐
8	許す	ゆるす	용서하다/허락하다	☐
9	揺れる	ゆれる	흔들리다	☐
10	酔う	よう	취하다	☐
11	呼び掛ける	よびかける	(행동을)촉구하다	☐
12	呼び出す	よびだす	불러내다/호출하다	☐
13	蘇る	よみがえる	되살아나다/소생하다	☐
14	因る	よる	기인하다/의하다	☐
15	論じる·ずる	ろんじる·ずる	논하다	☐
16	沸かす	わかす	끓이다/데우다	☐
17	沸く	わく	끓다/데워지다	☐
18	湧く	わく	솟다/솟아나다	☐
19	分ける	わける	나누다	☐
20	詫びる	わびる	사과하다	☐

1180/1500

✎ 문장으로 단어를 익히고 손으로 직접 써보세요

やく **訳す**	にほんご やく き 日本語に訳すときに気をつけることはありますか。
번역하다	일본어로 번역할 때 신경 쓸 부분이 있습니까?
訳す	日本語に訳すときに気をつけることはありますか。

やくだ **役立つ**	ろんぶん やくだ しりょう しゅうしゅう 論文に役立つような資料を収集した。
도움이 되다	논문에 도움이 될 만한 자료를 수집했다.
役立つ	論文に役立つような資料を収集した。

やと **雇う**	じけん いにん べんごし やと 事件を委任するために弁護士を雇った。
고용하다	사건을 위임하기 위해 변호사를 고용했다.
雇う	事件を委任するために弁護士を雇った。

やぶ **破る**	さだ きそく やぶ 定められた規則を破ってはいけない。
깨다/찢다/깨뜨리다	정해진 규칙을 깨서는 안 된다.
破る	定められた規則を破ってはいけない。

ろんぶん しりょう しゅうしゅう じけん いにん べんごし さだ
論文 논문 ㅣ 資料 자료 ㅣ 収集 수집 ㅣ 事件 사건 ㅣ 委任 위임 ㅣ 弁護士 변호사 ㅣ 定め
きそく
る 정하다/결정하다 ㅣ 規則 규칙

✎ 문장으로 단어를 익히고 손으로 직접 써보세요

やぶ **破れる**	ぼうふう ふ あ ほ やぶ 暴風が吹き荒れ、帆が破れました。
찢어지다/깨지다	폭풍이 몰아쳐서 돛이 찢어졌습니다.
破れる	暴風が吹き荒れ、帆が破れました。

ゆず **譲る**	こうはい しょうしん きかい ゆず 後輩に昇進の機会を譲った。
양보하다/물려주다	후배에게 승진의 기회를 양보했다.
譲る	後輩に昇進の機会を譲った。

ゆ **茹でる**	ゆ つく じゃがいもを茹でてサラダを作りました。
데치다/삶다	감자를 삶아서 샐러드를 만들었습니다.
茹でる	じゃがいもを茹でてサラダを作りました。

ゆる **許す**	わたし けっ かれ ゆる 私は決して彼を許さない。
용서하다/허락하다	나는 결코 그를 용서하지 않을 것이다.
許す	私は決して彼を許さない。

ぼうふう
暴風 폭풍 | 吹き荒れる (바람이)몹시 거칠게 불다/불어 대다 | こうはい
後輩 후배 | しょうしん
昇進 승진 |
きかい
機会 기회 | じゃがいも 감자 | サラダ 샐러드

[N2 동사] や~わ행 단어 쓰기 03

✎ 문장으로 단어를 익히고 손으로 직접 써보세요

揺れる 흔들리다	地震で建物が揺れています。 지진으로 건물이 흔들리고 있습니다.
揺れる	地震で建物が揺れています。

酔う 취하다	彼女は酒に酔うと口数が多くなる。 그녀는 술에 취하면 말이 많아진다.
酔う	彼女は酒に酔うと口数が多くなる。

呼び掛ける (행동을)촉구하다	政府は伝染病によるマスク着用を呼び掛けた。 정부는 전염병에 의한 마스크 착용을 촉구했다.
呼び掛ける	政府は伝染病によるマスク着用を呼び掛けた。

呼び出す 불러내다/호출하다	先生は私を教室の外に呼び出した。 선생님은 나를 교실 밖으로 불러내셨다.
呼び出す	先生は私を教室の外に呼び出した。

地震 지진 | 建物 건물 | 口数 말수/인원수 | 政府 정부 | 伝染病 전염병 | 着用 착용 | 教室 교실

✏️ 문장으로 단어를 익히고 손으로 직접 써보세요

よみがえ **蘇る**	**わす** 忘れていたひどい **きおく よみがえ** 記憶が蘇った。
되살아나다/소생하다	잊고 있던 끔찍한 기억이 되살아났다.
蘇る	忘れていたひどい記憶が蘇った。

よ **因る**	**ろうでん よ かさいじこ はっせい** 漏電に因る火災事故が発生しました。
기인하다/의하다	누전으로 인한 화재사고가 발생했습니다.
因る	漏電に因る火災事故が発生しました。

ろん **論じる·ずる**	**かのじょ がくもん ろん す** 彼女は学問について論じるのが好きです。
논하다	그녀는 학문에 대해 논하기를 좋아합니다.
論じる·ずる	彼女は学問について論じるのが好きです。

わ **沸かす**	**わたし ときどきむぎちゃ わ の** 私は時々麦茶を沸かして飲む。
끓이다/데우다	나는 가끔 보리차를 끓여 마신다.
沸かす	私は時々麦茶を沸かして飲む。

わす
忘れる 잊다/기억이 없어지다 | ひどい (정도가)심하다/가혹하다/잔인하다/끔찍하다 | **きおく**
記憶
기억 | **ろうでん**漏電 누전 | **かさい**火災 화재 | **じこ**事故 사고 | **はっせい**発生 발생 | **がくもん**学問 학문 | **むぎちゃ**麦茶 보리차

✍ 문장으로 단어를 익히고 손으로 직접 써보세요

わ **沸く**	^{みず}水が^わ沸くまでには^{そうとう}相当な^{じかん}時間がかかります。
끓다/데워지다	물이 끓기까지는 상당한 시간이 걸립니다.
沸く	水が沸くまでには相当な時間がかかります。

わ **湧く**	^{せんせい}先生の^{じょげん}助言を聞いて^{きぼう}希望が^わ湧いた。
솟다/솟아나다	선생님의 조언을 듣고 희망이 샘솟았다.
湧く	先生の助言を聞いて希望が湧いた。

わ **分ける**	パンを^{はんぶん}半分に^わ分けた。
나누다	빵을 반으로 나누었다.
分ける	パンを半分に分けた。

わ **詫びる**	^{やくそく}約束の^{じかん}時間に^{おく}遅れたことをお^わ詫びいたします。
사과하다	약속 시간에 늦은 것을 사과드립니다.
詫びる	約束の時間に遅れたことをお詫びいたします。

^{じょげん}助言 조언 | ^{きぼう}希望 희망 | ^{はんぶん}半分 반/절반 | ^{やくそく}約束 약속 | ^{おく}遅れる 늦다

번호	단어	읽는 법	뜻	체크
1	言いつける	いいつける	명령하다/지시하다	☐
2	裏切る	うらぎる	배신하다	☐
3	売り切れる	うりきれる	매진되다	☐
4	追い付く	おいつく	따라잡다/따라붙다	☐
5	思いつく	おもいつく	생각이 떠오르다	☐
6	組み立てる	くみたてる	짜 맞추다/조립하다	☐
7	差し引く	さしひく	빼다/제하다/공제하다	☐
8	付き合う	つきあう	사귀다	☐
9	突っ込む	つっこむ	깊이 파고들다/돌진하다	☐
10	出会う	であう	만나다	☐
11	似合う	にあう	어울리다/조화되다	☐
12	乗り換える	のりかえる	갈아타다	☐
13	引き受ける	ひきうける	떠맡다/책임지고 맡다	☐
14	引き出す	ひきだす	꺼내다/끌어내다	☐
15	間に合う	まにあう	제시간에 대다/ 시간에 맞추다	☐
16	見上げる	みあげる	올려다보다/쳐다보다	☐
17	見舞う	みまう	문안하다/문병하다	☐
18	召し上がる	めしあがる	먹다/마시다의 존경어	☐
19	申し上げる	もうしあげる	말씀 드리다	☐
20	申し込む	もうしこむ	신청하다	☐

✎ 문장으로 단어를 익히고 손으로 직접 써보세요

言_いいつける	お母_{かあ}さんに言_いいつけるぞ。
명령하다/지시하다	엄마에게 일러바칠 거야.
言いつける	お母さんに言いつけるぞ。

裏切_{うら ぎ}る	彼_{かれ}は自分_{じ ぶん}の利益_{り えき}のために友人_{ゆうじん}を裏切_{うら ぎ}った。
배신하다	그는 자신의 이익을 위해 친구를 배신했다.
裏切る	彼は自分の利益のために友人を裏切った。

売_うり切_きれる	有名_{ゆうめい}なミュージカルはあっという間_まに売_うり切_きれる。
매진되다	유명한 뮤지컬은 순식간에 매진된다.
売り切れる	有名なミュージカルはあっという間に売り切れる。

追_おい付_つく	努力_{ど りょく}してもあの選手_{せんしゅ}の実力_{じつりょく}は追_おい付_つけなかった。
따라잡다/따라붙다	노력해도 저 선수의 실력은 따라잡지 못했다.
追い付く	努力してもあの選手の実力は追い付けなかった。

利益_{り えき} 이익 | ミュージカル 뮤지컬 | あっという間_まに 눈 깜짝할 사이에/순식간에 |
努力_{ど りょく} 노력 | 選手_{せんしゅ} 선수 | 実力_{じつりょく} 실력

✎ **문장으로 단어를 익히고 손으로 직접 써보세요**

おも **思いつく**	何か思いついたらすぐメモする習慣があります。
생각이 떠오르다	무언가 생각이 떠오르면 바로 메모하는 습관이 있습니다.
思いつく	何か思いついたらすぐメモする習慣があります。

く た **組み立てる**	簡単な方法で組み立てることができる。
짜 맞추다/조립하다	간단한 방법으로 조립할 수 있다.
組み立てる	簡単な方法で組み立てることができる。

さ ひ **差し引く**	収入から支出を差し引いて残った金額は貯蓄する。
제하다/공제하다	수입에서 지출을 제하고 남은 금액은 저축한다.
差し引く	収入から支出を差し引いて残った金額は貯蓄する。

つ あ **付き合う**	異性に会う時、外見だけで付き合ってはいけない。
사귀다	이성을 만날 때 외모만으로 사귀면 안 된다.
付き合う	異性に会う時、外見だけで付き合ってはいけない。

メモ 메모 | 習慣 습관 | 簡単 간단 | 収入 수입 | 支出 지출 | 金額 금액 | 貯蓄 저축
| 異性 이성 | 外見 외관/겉보기

✏️ 문장으로 단어를 익히고 손으로 직접 써보세요

突_っ込_こむ	急発進_{きゅうはっしん}で乗用車_{じょうようしゃ}が街灯_{がいとう}に突_つっ込_こむ事故_{じこ}があった。
돌진하다	급발진으로 승용차가 가로등으로 돌진하는 사고가 있었다.
突っ込む	急発進で乗用車が街灯に突っ込む事故があった。

出_で会_あう	病院_{びょういん}で友達_{ともだち}に偶然_{ぐうぜん}出_で会_あった。
만나다	병원에서 친구를 우연히 만났다.
出会う	病院で友達に偶然出会った。

似_に合_あう	田中_{たなか}さんは赤_{あか}いセーターがよく似_に合_あいます。
어울리다/조화되다	다나카 씨는 빨간 스웨터가 잘 어울립니다.
似合う	田中さんは赤いセーターがよく似合います。

乗_のり換_かえる	市庁駅_{しちょうえき}でバスに乗_のり換_かえる。
갈아타다	시청역에서 버스로 갈아탄다.
乗り換える	市庁駅でバスに乗り換える。

急発進_{きゅうはっしん} 급발진 | 乗用車_{じょうようしゃ} 승용차 | 街灯_{がいとう} 가로등 | 事故_{じこ} 사고 | 偶然_{ぐうぜん} 우연 | セーター 스웨터 | 市庁_{しちょう} 시청

✎ 문장으로 단어를 익히고 손으로 직접 써보세요

引き受ける ひ　う	仕事を引き受けることになった。 しごと　ひ　う
떠맡다/책임지고 맡다	일을 떠맡게 되었다.
引き受ける	仕事を引き受けることになった。

引き出す ひ　だ	最近は銀行からお金を引き出していない。 さいきん　ぎんこう　かね　ひ　だ
꺼내다/끌어내다	최근에는 은행에서 돈을 인출하지 않고 있다.
引き出す	最近は銀行からお金を引き出していない。

間に合う ま　あ	締め切りに間に合うように頑張っています。 し　き　ま　あ　がんば
시간에 맞추다	마감 시간에 맞추도록 노력하고 있습니다.
間に合う	締め切りに間に合うように頑張っています。

見上げる み　あ	空を飛んでいる鳥たちを見上げる。 そら　と　とり　み　あ
올려다보다/쳐다보다	하늘을 날고 있는 새들을 올려다본다.
見上げる	空を飛んでいる鳥たちを見上げる。

銀行 은행 | 締め切り 마감
ぎんこう　　　　し　き

✎ 문장으로 단어를 익히고 손으로 직접 써보세요

見舞う みま 문안하다/문병하다	入院中の友人を見舞うために病院に行った。 にゅういんちゅう ゆうじん みま びょういん い 입원 중인 친구를 문병하기 위해 병원에 갔다.
見舞う	入院中の友人を見舞うために病院に行った。

召し上がる め あ 먹다/마시다의 존경어	どうぞお召し上がりください。 め あ 맛있게 드세요.
召し上がる	どうぞお召し上がりください。

申し上げる もう あ 말씀 드리다	東京からお越しのお客様にご案内申し上げます。 とうきょう こ きゃくさま あんないもう あ 도쿄에서 오신 고객님께 안내 말씀 드립니다.
申し上げる	東京からお越しのお客様にご案内申し上げます。

申し込む もう こ 신청하다	テニス大会に参加を申し込みます。 たいかい さんか もう こ 테니스 대회에 참가를 신청했습니다.
申し込む	テニス大会に参加を申し込みます。

入院 입원 | 東京 도쿄 | 客様 손님 | 案内 안내 | テニス 테니스 | 大会 대회 | 参加
にゅういん とうきょう きゃくさま あんない たいかい さんか

참가

플러스 단어 300

1220/1500

✎ 단어와 읽는 법, 의미를 손으로 직접 써보세요

あくてんこう **悪天候** 악천후		い しょくじゅう **衣食住** 의식주	
か そく ど **加速度** 가속도		きょう か しょ **教科書** 교과서	
けいよう し **形容詞** 형용사		げ ねつざい **解熱剤** 해열제	
けん び きょう **顕微鏡** 현미경		しゅっぱんしゃ **出版社** 출판사	
しょうぼうしょ **消防署** 소방서		すいじょう き **水蒸気** 수증기	
すいへいせん **水平線** 수평선		せいしょうねん **青少年** 청소년	
だいとうりょう **大統領** 대통령		だい ぶ ぶん **大部分** 대부분	
だいめい し **代名詞** 대명사		ち へいせん **地平線** 지평선	
ていりゅうじょ **停留所** 정류소		て すうりょう **手数料** 수수료	
のうさんぶつ **農産物** 농산물		はくぶつかん **博物館** 박물관	

✎ 단어와 읽는 법, 의미를 손으로 직접 써보세요

ひつじゅひん **必需品** 필수품		ほうこくしょ **報告書** 보고서	
よう ち えん **幼稚園** 유치원		おうだん ほ どう **横断歩道** 횡단보도	
こうつう き かん **交通機関** 교통기관		し ぜん か がく **自然科学** 자연과학	
しゃかい か がく **社会科学** 사회과학		じんぶん か がく **人文科学** 인문과학	
しん や えいぎょう **深夜営業** 심야영업		ひゃっ か じ てん **百科事典** 백과사전	
いきいき 생생함, 활발함		**いらいら** 안절부절(조바심)	
うろうろ 어슬렁어슬렁		**どきどき** 두근두근(설렘)	
にこにこ 싱글벙글		**のろのろ** 느릿느릿	
ぴかぴか 번쩍번쩍		**ぶつぶつ** 중얼중얼	
ふわふわ 둥실둥실, 푹신푹신		**まごまご** 갈팡질팡, 우물쭈물	

✏️ 단어와 읽는 법, 의미를 손으로 직접 써보세요

み かんせい **未完成** 미완성		み せいねん **未成年** 미성년	
み しょう **未使用** 미사용		ひ こうしき **非公式** 비공식	
ひ えいせい **非衛生** 비위생		ひ げんじつ **非現実** 비현실	
ひ こうかい **非公開** 비공개		ひ こうりつ **非効率** 비효율	
む いしき **無意識** 무의식		む かんしん **無関心** 무관심	
む ひょうじょう **無表情** 무표정		む きりょく **無気力** 무기력	
む せきにん **無責任** 무책임		ふ かのう **不可能** 불가능	
ふ びょうどう **不平等** 불평등		ふ ひつよう **不必要** 불필요	
ふ まんぞく **不満足** 불만족		ふ かんぜん **不完全** 불완전	
ふ しんせつ **不親切** 불친절		ふ きそく **不規則** 불규칙	

🔍 단어와 읽는 법, 의미를 손으로 직접 써보세요

めい ば めん 名場面 명장면		えい ご けん 英語圏 영어권	
たい き けん 大気圏 대기권		しゅ と けん 首都圏 수도권	
ぶん か けん 文化権 문화권		しょにんきゅう 初任給 첫월급	
ひ かくてき 比較的 비교적		いっぱんてき 一般的 일반적	
うんめいてき 運命的 운명적		し げきてき 刺激的 자극적	
み りょくてき 魅力的 매력적		かっ き てき 画期的 획기적	
せいしんてき 精神的 정신적		こうこうりつ 高効率 고효율	
こうけつあつ 高血圧 고혈압		こうせいのう 高性能 고성능	
さいかいはつ 再開発 재개발		さいけんとう 再検討 재검토	
さいせいさん 再生産 재생산		さい り よう 再利用 재활용	

✏️ 단어와 읽는 법, 의미를 손으로 직접 써보세요

あらた 改めて		あるいは	
새로이, 새롭게		혹은	
いくぶん		いちおう 一応	
다소, 얼마쯤, 일부		일단, 우선	
いち じ 一時		いちだん 一段と	
한때, 그 당시		한층 더/훨씬	
いっしゅん 一瞬		いっせい 一斉に	
한순간		일제히	
いっそう 一層		いったい 一体	
한층 더		도대체	
いったん 一旦		いっぽう 一方	
일단		한편	
いま 今に		うっかり	
이제 곧, 머지않아		무심코	
うんと		おお 大いに	
잔뜩, 실컷, 몹시		매우, 많이	
たが お互いに		おも き 思い切り	
서로		마음껏	
おも 主に		おも 思わず	
주로		엉겁결에	

플러스 단어 – 부사 쓰기 02

1320/1500

단어와 읽는 법, 의미를 손으로 직접 써보세요

きちんと 제대로, 똑바로		**ぎっしり** 빽빽이	
ぐっすり 푹		**くれぐれも** 부디	
けっ **決して** 결코		げん **現に** 지금, 실제로	
ごういん **強引に** 억지로, 강제로		ごく **極** 극히	
こっそり 몰래, 살짝		さきほど **先程** 조금 전에	
さすが 과연		**さっさと** 재빨리	
さら **更に** 한층 더, 더욱 더		じか **直に** 직접, 바로	
し きゅう **至急** 지금 즉시		し だい **次第に** 점차로	
したがって 따라서		じつ **実に** 실로	
じつ **実は** 실은		**しばしば** 절실히	

385

플러스 단어 – 부사 쓰기 03

✎ 단어와 읽는 법, 의미를 손으로 직접 써보세요

じょじょ **徐々に** 서서히		**ずいぶん** 꽤, 상당히	
ずっと 쭉, 계속해서		**すっかり** 죄다, 모조리, 아주	
すでに 이미, 벌써		**すなわち** 즉	
せいぜい 기껏해야		**せっかく** 모처럼	
せっせと 부지런히		**そういえば** 그러고 보니	
そっくり 똑 같이 닮음		**そのうえ** 게다가	
そのうち 머지않아		**それほど** 그 정도로, 그 만큼	
たい **大した** 굉장한, 대단한		たい **大して** 그다지, 별로	
たいてい **大抵** 대체로, 대략		たいはん **大半** 대부분	
だいぶ 꽤, 상당히		た **絶えず** 끊임없이	

386

🔆 단어와 읽는 법, 의미를 손으로 직접 써보세요

たが **互いに** 서로		**ただし** 단지	
ただ **直ちに** 즉시, 바로		**たちまち** 금방, 순식간에	
たった 단, 겨우		**だって** 왜냐하면	
たっぷり 듬뿍		**たびたび** 자주, 누차	
たまたま 우연히, 가끔		たん **単なる** 단순한	
たん **単に** 단지, 다만		**ちっとも** 전혀	
ちゃんと 제대로, 똑바로		**つい** 그만/무심결에	
ついに 마침내, 드디어		つね **常に** 늘, 항상	
つまり 즉, 결국		**できるだけ** 가능한 한	
できれば 가능하면		**どうか** 아무쪼록	

단어와 읽는 법, 의미를 손으로 직접 써보세요

どうせ 어차피		**とうとう** 드디어	
とっくに 이미, 벌써		**とつぜん** **突然** 돌연히, 갑자기	
ともかく 여하튼		**なにも** 아무것도	
なるべく 가능한 한, 되도록		**なん** **何でも** 뭐든지, 어쨌든	
なんとか 어떻게 좀		**なんとなく** 왠지 모르게	
なんとも 뭐라고도, 정말로		**にわかに** 갑자기	
のこ **残らず** 남김없이		**はた** **果して** 과연	
はっきり 확실히		**ひ じょう** **非常に** 매우	
ふたた **再び** 재차		**ふ だん** **普段** 평상시	
ふと 문득		**べつ** **別に** 딱히, 특별히	

플러스 단어 – 부사 쓰기 06

✏️ 단어와 읽는 법, 의미를 손으로 직접 써보세요

ほぼ 거의		**ぼんやり** 희미하게, 어렴풋이	
まさか 설마		**まさに** 바로, 정말로	
真っ先 제일 먼저		**真っ直ぐ** 똑바로	
まったく 전혀		**めちゃくちゃ** 엉망진창	
めっきり 눈에 띄게		**めったに** 좀처럼	
間もなく 머지않아		**最も** 가장	
やがて 이윽고		**やたらに** 무턱대고, 함부로	
やや 다소		**要するに** 요컨대	
ようやく 겨우		**わざと** 일부러	
わずか 불과		**割に** 비교적	

✎ 단어와 읽는 법, 의미를 손으로 직접 써보세요

アイロン		アウト	
다리미		아웃	
アクセサリ-		アナウンサ-	
액세서리		아나운서	
アルバイト		アルバム	
아르바이트		앨범	
イメージ		インタビュ-	
이미지		인터뷰	
ウール		エチケット	
울		에티켓	
エネルギ-		オフィス	
에너지		사무실	
カーテン		ガソリン	
커텐		가솔린	
ガソリンスタ ンド		カバー	
주유소		커버	
カレンダー		キャプテン	
달력		주장, 캡틴	
キャンパス		キャンプ	
캠퍼스		캠프	

1440/1500

단어와 읽는 법, 의미를 손으로 직접 써보세요

グラウンド		クリーニング	
운동장, 땅		클리닝	
ケース		コース	
케이스		코스	
コーチ		コード	
코치		코드	
コーラス		コミュニケーション	
코러스		대화	
コレクション		コンクール	
컬렉션, 수집		콩쿠르	
コンクリート		コンセント	
콘크리트		콘센트	
サークル		サンダル	
서클		샌들	
サンプル		シーズン	
샘플		시즌	
ジーンズ		ジャーナリスト	
진, 청바지		기자	
シャッター		シリーズ	
셔터		시리즈	

✏️ 단어와 읽는 법, 의미를 손으로 직접 써보세요

スーツケース 옷가방(여행용)		スーツ 정장	
スケジュール 스케줄		スタイル 스타일	
スタンド 스탠드		ストーブ 스토브	
ストッキング 스타킹		スプーン 스푼, 숟가락	
スライド 슬라이드		スリッパ 슬리퍼	
セーター 스웨터		セメント 시멘트	
ソファー 소파		タイプ 타입	
タイヤ 타이어		ダイヤモンド 다이아몬드	
ダイヤル 다이얼		ダブル 더블	
チーズ 치즈		チーム 팀	

단어와 읽는 법, 의미를 손으로 직접 써보세요

テーマ		テキスト	
테마, 제목		교과서	
テニスコート		テント	
테니스코트		텐트	
ドライブ		トラック	
드라이브		트럭	
トレーニング		ドレス	
트레이닝		드레스	
トンネル		ナイフ	
터널		나이프, 칼	
ナンバー		ネックレス	
넘버, 번호		목걸이	
ハイキング		パイロット	
하이킹		파일럿	
バケツ		パターン	
양동이		패턴	
ハンカチ		ピクニック	
손수건		피크닉, 소풍	
フィルム		プール	
필름		풀장	

1500/1500

✏️ 단어와 읽는 법, 의미를 손으로 직접 써보세요

フォーク		フライパン	
포크		프라이팬	
ブラシ		プラスチック	
브러시, 솔		플라스틱	
プラットホーム		フリー	
플랫폼		프리, 자유	
ベッド		ポスター	
침대		포스터	
ポスト		マフラー	
우체통		머플러	
マラソン		ミシン	
마라톤		재봉틀	
モダン		モノレール	
모던, 현대적인		모노레일	
ランニング		リズム	
런닝		리듬	
レインコート		レジャー	
레인코트		레저	
レポート リポート		ローマ字	
리포트		로마자	

기적의 쓰기 학습법으로 공부하는

JLPT N2 일본어 단어 쓰기 노트

1판 1쇄 발행   2024년 11월 1일

1판 1쇄 발행   2024년 11월 8일

저   자   박다진

펴 낸 이   최수진

펴 낸 곳   세나북스

제   작   넥스트 프린팅

출 판 등 록   2015년 2월 10일 제300-2015-10호

주   소   서울시 종로구 통일로 18길 9

홈 페 이 지   http://blog.naver.com/banny74

이 메 일   banny74@naver.com

전 화 번 호   02-737-6290

팩   스   02-6442-5438

I S B N   979-11-93614-10-5 13730